정부혁신 컨버전스의 12가지 Fact

- 준비와 희생과 열정적 혁신만이 성공한다. -

박재목(朴在睦)

시인이자 현직 행정자치부 공무원인 저자는
2004년 정치 비평서 「시간의 보복」으로 화제를 불러 일으킨 바 있다.
그는 항상 현실을 '겸손, 열망' 이라는 인간의 삶과 질서로
시간과 역사적 관점으로 분석하고 있다.
대구고, 경북대학교와 동 행정대학원 및 국민대학교 정치대학원을 졸업했고,
외무부, 총무처, 국무총리실, 관세청을 거쳐
현재 행정자치부 제도혁신팀에서 근무하고 있다.
대구매일신문 신춘문에 당선으로 등단한 저자는
시집으로 「생명의 환상(1989)」, 「결국 사랑인 것을(1992)」,
「숯쟁이 움막에서의 좌망(座忘)(1997)」, 「시같은 애인 소설같은 아내
(2005)」 정치 비평서 「시간의 보복(2004)」, 이 있다.

정부혁신 컨버전스의 12가지 Fact

2004년 11월 1일 발행   2004년 11월 8일 1쇄
2005년 3월 14일 2쇄   2006년 7월 24일 3쇄

지 은 이 /**박 재 목**
펴 낸 이 /**윤 현 호**
펴 낸 곳 /**뿌리출판사**
홈페이지/**www.rootgo.com**
E-mail / root1115@hanmail.net / rootgo@dreamwiz.com
주   소 /서울시 성동구 성수 2가 3동 317-10 2층 우편번호/133-835
전   화/(代)2247-1115, 466-4516, 팩 스/466-4517
출판등록/서울시 등록(카) 제 1-551호 1987.11.23

값 / 10,000원
ISBN 89-85622-46-3

정부혁신 컨버전스의 12가지 Fact

- 준비와 희생과 열정적 혁신만이 성공한다. -

박 재 목 지음

뿌리출판사

혁신의 길

〈뭐! 공무원이 혁신한다고?〉란 의미는 역설이고 반어법이다. 〈그래 이제부터 바로 공무원들이 혁신다운 혁신을 주도해 간다〉라는 의미를 강조하기 위해서이다. 혁신의 길은 언제나 험난하고 어렵기 때문에 열정과 학습과 주도면밀한 사전 계획으로 혁신의 매몰적 함정에 빠지지 말아야 한다는 것을 먼저 강조하는 말이다.

그리하여 이제까지 공무원들의 반 혁신적 행태를 반성하고 국가와 민족의 혼란했던 역사를 되돌아보면서 현실의 어려운 혁신 상황과 지난 정권들의 혁신실패의 교훈과 주요 선진국들의 국시(國是)를 통하여 혁신의 길을 살펴보았다.

따라서 우리에게 희망의 길은 있어야 한다. 〈국부(國富)는 공장의 굴뚝에서 나온다〉라는 엄연한 경제적 준칙 앞에 정부혁신의 향도(嚮導)로서 국민의 공복(公僕)으로서의 책임과 사명을 다한다면 우리의 미래는 반드시 혁신도상국의 청부(淸富)의 시대를 몰고 올 것이다.

그러므로 우리의 유일한 생존의 길은 정부혁신이며, 그 혁신의 이념과 목표와 원칙은 국민이 먼저 체득하는 정부혁신과 부정부패 척결이다. 그리고 지금 우리가 추진하는 혁신의 성공은 반드시 윤리적이어야 하며, 혁신의 근본은 정당한 명분을 가지고 있어야 한다.

앞으로 공복(公僕)의 길은 기존의 비효율에서 과감히 벗어나야 하고, 국민에게 외면당하지 않는 자기혁신의 역량을 융합하여야 한다. 그리고 우리가 왜 변해야 하는가? 어떻게 변할 것인가? 어떤 방향으로 변할 것인가? 를 항상 염두에 두고 정부재창조를 선도하는 공복(公僕)으로 거듭나야 할 것이다.

혁신은 역사의 준비이다. 따라서 혁신은 시대를 앞서 살아가는 예지력이며, 혁신은 국민을 위한 의식혁명이며, 혁신의 열정은 소박한 열린 마음이며, 사회적 낭비는 혁신으로 치유하여야 하며, 공익을 위한 실학은 혁신의 학문이며, 혁신은 진보의 현실적 참 공부라는 것을 명심하여야 할 것이다.

끝으로 이 책이 나오기까지 혁신 마인드를 일깨워 주신 행정자치부의 최양식 정부혁신본부장님과 부패방지위원회 김성호 사무처장님께 먼저 감사를 드리며, 뿌리출판사 윤현호 사장님께도 깊은 애정을 표하고자 한다.

2004년 9월, 정부대전청사에서

- 저자 씀 -

혁신은 역사의 소명이다

〈검은 구름을 열고 햇빛이 나타나면 만물은 그 모양을 감출 수가 없듯이 책을 펴 놓고서 역사를 생각하면 천지에 지혜의 샘이 흐른다〉 라고 했다.

21세기 새벽을 달리는 세계화된 지구촌은 지금 살아남기 위한 마지막 몸부림으로 혁신이라는 생존전략에 모든 국가적 역량을 결집하고 있다. 이러한 시점에서 참여정부의 정부혁신은 가장 적절한 국가경쟁력 강화의 전략으로 국민들에게 다가설 수 있을 것이다.

앞으로 정부혁신과 부정부패 척결은 대통령의 고유과제라고 대통령 스스로 천명했다. 그래서 참여정부는 정부혁신의 고삐를 늦추지 않겠다는 의지와 현실에 안주할 수 있는 공직사회에 혁신 역량을 불어넣기 위해 대통령이 앞장서 매진하고 있다.

현재 정부는 모든 공직자들에게 〈변화에 적응〉 하기 보다는 〈변화를 주도〉 하라고 주문하고 있다. 그리고 〈통제 주도형〉 〈사후 대응형〉 공직자에서 〈서비스 창조형〉 〈혁신 촉매형〉 공직자로 변신해 달라고 당부하고 있다. 그리고 노무현(盧武鉉) 대통령은 최근 정부혁신이 더디기 때문에 〈일하면서 답답한 느낌을 갖고 있다〉 라고 공직자들의 분발을 촉구했다.

정부혁신을 미루기에는 이제 시간이 없다

또한 한국의 국가경쟁력을 지금의 우리 행정조직이 과연 이끌 수 있을까? 이 정도의 행정서비스로 국민의 신뢰를 받고 국민을 행복하게 해줄 수 있는가? 이런 정도의 자세로 우리 사회의 첨예한 이해관계와 갈등을 조정하고 국민을 통합된 목표로 이끌 수 있겠는가? 지금의 투명성을 가지고 효율적인 서비스를 제공할 수 있을까? 아직은 불안하고 답답하지만 희망이 보이는 정부 내 성공모델이 국민에게 다가설 수 있을까? 하는 다양한 관점에서 참여정부는 혁신에 총력을 기울이고 있다.

그렇다. 역사를 통하여 이러한 우려의 관점과 국론통합과 국가경쟁력과 민생의 행복과 혁신역량의 중요성을 인지하고 있는 정권은 반드시 혁신과 개혁에 성공하였다. 즉 혁신 성공사례의 정보를 서로 교환하고 학습하여 발전시키고, 조직의 리더와 함께 전 공직자가 많은 지식과 경험과 조직에 대한 깊은 애정을 갖고, 장·차관을 비롯한 관리자들이 부처의 변화와 혁신을 선도하는 역할을 적극적으로 추진하고, 또한 혁신을 추진하는 동안 반드시 더 좋은 나라가 될 수 있다는 확신과 자긍심을 가질 때 혁신은 성공할 수 있다.

그리고 혁신의 토대를 만드는 것도 중요하다. 토대 구축을 선도하는 것은 리더의 창조적 리더십이다. 리더 자신이 스스로 자기 희생의 모범을 보일 때 관리자들과 모든 조직원들이 혁신의 성과를 창출하는 열정과 생산력을 발휘한다. 그리고 리더의 창조적 리더십에는 가장 먼저 하늘을 우러러 한 점 부끄럼 없는 투명한 자기 윤리성이 확보되어야 할 것이다.

20세기의 황혼녘부터 세계의 모든 정부와 기업들에게 혁신활동은 보편화 된 화두였다. 따라서 역사를 통하여 원래의 혁신이라는 개념, 혁신은 신선하고 새로운 것을 의미했으나 이제 혁신이라는 말은 식상할 정도가 되어버린 사실, 혁신의 의미와 효용가치, 그리고 부작용을 정확하게 파악한 후에 자기에게 맞는 적절한 기법을 선택하는 노력보다는 경쟁 상대방과 과거의 전력 등을 모방한 맹목적인 도입, 공직자가 변화를 주도하고 혁신을 선도해야 하는 이유 등에 관하여 혁신에 대한 지혜의 샘을 파는 심정으로 다양한 의미를 되짚어 보는 것은 나름대로 의미가 있을 것이다.

혁신이란 〈새로운 것〉을 의미한다. 혁신이란 새로운 아이디어를 이끌어 낼 수 있는 창조성, 참가자가 다양하게 행동할 수 있는 자율성, 정형화된 타성을 파괴할 수 있는 유연성을 기초로 한다. 따라서 정부혁신이란 행정의 목적을 달성하기 위하여 새로운 생각이나 방법으로 정부업무를 다시 계획하고 실천하고 평가하는 것이다.

다시 말하면 정부혁신은 새로운 정책 과실이나 대국민서비스, 새로운 정책수행기법, 새로운 행정구조나 운용 시스템, 공직자들을 변화시키는 새로운 계획이나 프로그램을 의도적으로 실행함으로써 정부의 중요한 행정의 효율성과 생산성을 본질적으로 변화시키는 것을 의미한다.

여기서 정부혁신을 추진하면서 혁신의 특징에 주목할 필요가 있다. 다양한 혁신기법이 개발되고 사라지기도 하지만 첫째, 시대와 환경과 혁신주체에 따라 실효성 있는 혁신기법이 달라진다. 둘째, 혁신기법이 비록 유행을 타면서 나타났다 사라지지만 각 기법은 그 당시 행정과 정치환경과 국제상황을 반영한다는 점이다. 셋째, 절대로 만병통치약과 같은 혁신기법은 없다는 사실이다. 따라서 한 국가에서 성공한 혁신기법이 목적과 문제 그리고 내부능력과 조건이 다른 정부에서 같은 효과를 내리라는 보장이 없다는 사실이다.

정부혁신이 필요한 3가지 경우

또한 국가는 다음 3가지 경우에 정부혁신을 필요로 한다는 사실에도 주목할 필요가 있을 것이다. 첫째, 정부가 원하는 목적을 달성하지 못하는 경우이다: 그동안의 관행과 체제와 국정운영 방안으로 동북아 중심 국가나 소득 2만 불 시대를 달성하기 어렵다면, 정부는 기존의 정부운용 방안을 버리고 혁신적 정책 기법을 도입할 필요가 있다는 말이다.

둘째, 정부가 새로운 목적을 추구하는 경우이다. 참여정부는 동북아 프로젝트의 개념을 설정하여 평화와 번영의 동북아 시대를 주도할 전략적 비전을 추진하고 있다. 이러한 새로운 개념의 청사진과 혁신클러스터 육성을 통한 국가혁신체제의 전환이 필요할 경우 정부혁신은 반드시 추진되어야 한다는 것이다.

셋째, 국가의 성장환경이 급변하는 경우이다. 지금 세계는 기존의 국가 개혁적 방안으로는 지속적인 성장을 거듭할 수 없다. 따라서 앞으로의 정부는 경쟁이 점차 치열해짐에 따라 생존경쟁에서 살아남기 위해서는 새로운 정부혁신기법을 모색해야 한다는 지적이다.

그동안의 정부혁신은 역사적 변천과정에서 다양한 변모를 거듭하였다. 70년대까지의 국가는 경제성장과 복지의 증가에 정부혁신의 목적을 두고, 이를 달성하기 위한 정부혁신 방안을 찾았다. 제 2차 대전과 한국 전쟁, 월남전쟁과 중동위기, 제 1~2차 석유파동 등 세계경제가 본격적인 성장궤도에 진입하던 시대였다.

즉, 대량생산으로 시장점유율을 높이고, 행정 결실의 총량 최대화에 목표를 두었으며, 질보다 양에, 그리고 제한된 자원을 전략적으로 성장유망사업에 집중시키는 한편, 성숙사업, 성장사업, 미래사업 등으로 사업균형을 유도하는 것에 행정의 역량을 집중하였다.

1980년대의 각국 정부는 성장과 복지 대신 효율성과 생산성을 새로운 목표로 삼게 되었다. 이 당시는 미국 레이건 행정부가 공급위주의 경제정책을 채택하면서 세율을 낮추고 〈작은 정부〉를 주창(主唱)하였고, 영국을 비롯한 주요 선진국에서는 강성 노조가 무력화 되는 동시에 증권시장에서는 단기이익을 노리는 인수합병(Merger & Aquisition)과 파생금융이 번성하던 시대였다.

즉, 비효율적 행정과 경제 환경에 정부가 앞장서 보호막을 쳐 주었으며, 전사적 정책경영으로 전 공직조직의 참여 속에 예산절감과 정책품질개선을 추구하는 것이었다. 그리고 행정의 적실성을 추구하였으며, 전략단위를 중심으로 경쟁국가의 행동에 대응하여 정책과 무역의 독점적 수익성을 확보하는 데 우선을 두었다. 또한 행정 시스템을 분산시켜 비용을 줄이고 효율성을 높이는 것이었다.

이 시기에 미국은 지나치게 단기적인 이익만을 추구하는 재테크에 몰두하다가 재정적자와 무역적자를 동시에 경험한 쌍둥이 적자를 거치면서 자동차, 전자, 기계 등의 모든 제조업에서 일본과 독일에게 우위를 빼앗겼다.

1990년대 들어서면서 세계 각국은 미국의 지난 80년대의 실패 경험을 바탕으로 보다 장기적인 경쟁력을 향상시키는 데 정부혁신을 주력하였다. 행정의 효율성을 높이고, 세계 최고수준의 국가경쟁력이 우선시되면서, 인력과 시간, 예산을 과감히 재검토하여 핵심능력이 없는 부분은 과감히 떼어 내어 〈Work-out〉을 추진하였다. 여기서 미국과 영국과 프랑스는 성공하였고, 일본과 독일은 실패하였다.

그리고 정부의 고객인 국민을 만족시키기 위해 행정프로세스를 혁신적으로 단축하면서, 세계화의 역풍을 방지하기 위해 국가 비전 만들기에 주력하였다. 즉 무한한 미래를 향해 진정하게 원하는 바를 마음껏 펼칠 수 있는 비전의 로드맵 작성에 매진하였다.

이와 같이 지난 30년간 각 국가의 정권 담당자들이 추진한 혁신 방안들 중에는 객관적 타당성과 일반적 적용성이 입증된 기법도 있었고, 잠시 유행하다가 사라져버린 기법도 있었던 것이 사실이다.

이제 앞으로의 정부혁신은 20세기 말에 작성된 국가 비전 만들기에 작성된 로드맵을 실천하는 방향으로 전개되어질 것이다. 이러한 로드맵은 세계 각국이 원했던 원하지 않았던 간에 국시(國是)라는 이름으로 포장되고 장식되어 모든 국민들에게 이미 배포되었다. 이러한 관점에서 보면 우리의 정부혁신은 좀 늦은 감이 적지 않다고 보여진다.

혁신은 망설일 수 없다

그러나 여기에서 안주할 수 없는 것이다. 늦다는 것을 감지했을 때가 오히려 가장 빠르다는 역설도 있지 않은가? 이제 정부뿐만 아니라 민간의 모든 부문에서 혁신을 서둘러야 할 때이다. 왜냐하면 혁신은 우리의 국가경쟁력 강화이고 성장 동력이기 때문이다.

따라서 앞으로의 정부혁신은 공행정(公行政)과 사경영(私經營)의 모든 세부적 부문에 혁신체제와 혁신클러스트를 형성하여야 할 것이다. 클러스터란 특정 지역에 연관관계가 깊은 다수의 조직과 기관이 모여있음으로써 생산요소, 조달, 기술개발, 인력 및 정보교류, 기법 등에서 시너지 효과를 내는 것을 의미한다.

즉, 클러스터의 정의에는 구성주체 간 지역적 집적성과 상호 연계 (Link)가 강조되고 있다. 지금 우리에게 도래한 지식기반경제, 최근의 산업간 컨버전스화, 그리고 행정 및 산업의 융합화, 유비쿼터스 환경, IT(정보기술), BT(생명공학), NT(나노기술), ET(환경공학), GT(유전

공학), UT(융합산업) 등의 초첨단화 된 새로운 개념들이 혁신클러스터 형성을 위하여 잘 조화되고 집적되도록 하는 것이 정부혁신의 목적과 이념과 방향이다.

지금 우리는 날로 심화되고 있는 정부 및 기업 간 경쟁 등으로 인하여 모든 행정 및 경영 주체들은 혁신클러스터의 필요성을 더욱 절실히 느끼게 되었다. 왜냐하면 혁신클러스터는 정부 및 기업들에게 더 많은 공급자와 특화된 지원서비스, 숙련된 인력, 지식 등을 제공함으로써 비용절감에서부터 기술혁신에 이르기까지 경쟁력 우위확보의 키워드로 부각되고 있기 때문이다.

필자는 해방 후 모든 정권이 40회가 넘는 개혁과 혁신을 외치다가 어떤 개혁과 혁신은 성공하였고, 어떤 개혁과 혁신은 실패하였던 경험의 역사적 판단에서 이 책을 쓰기 시작하였다. 그러나 본문에도 나타나지만 혁신은 세계의 모든 정부나 기업들이 30%이상 성공하지 못하였다는 통계에서 보듯이 그만큼 어렵다는 사실이다.

어렵다는 것은 함정이 있다는 것이다. 함정이 있다는 것은 유혹이 따른다는 것을 전제한다. 따라서 혁신에 성공하기 위해서는 유혹에 빠지지 말아서 함정을 극복하기만 하면 혁신은 성공할 수 있다는 말로 귀결된다.

그리고 필자가 이 책을 쓴 이유는 공직자가 추진해야 할 정부혁신의 목적이다. 왜 지금 우리는 이 시점에서, 왜 하필 공무원인 자신이 현직에 있을 때 불편하고 고역스러운 변화와 혁신을 추진해야 하는가? 하는 문제이다.

필자는 처음에 이 책을 다음과 같이 정리했다. 먼저 12개의 길(Fact)로 구분하여 혁신의 길(혁신의 매몰적 함정), 반성의 길(공무원의 통곡), 혼란의 길(국제무대의 요충지 한반도), 현실의 길(혁신은 현실인식에서 출발), 역사의 길(우리에게 국시(國是)는 있는가?), 희망의 길(국부(國富)는 공장의 굴뚝에서 나온다), 향도의 길(정부혁신의 향도(嚮導)는 공직자), 생존의 길(왜 혁신인가?), 척결의 길(혁신은 부정부패 척결의 칼), 성공의 길(어떻게 혁신할 것인가?), 공복의 길(어떻게 변할 것인가?), 예지의 길(혁신은 역사의 준비)로 연관되게 정리하였다.

혁신이란 어려운 반면 어떻게 보면 참 단순한 논리

정부혁신이란 다름 아닌 국민이 낸 세금을 적게 쓰면서, 돈 낸 주인인 국민을 편안하고 행복하게 해 주는 것이다. 어떻게 보면 참 단순한 논리이다. 그러나 이 단순한 논리가 잘 굴러가지 않기 때문에 혁신하자는 것이다. 따라서 정부와 사회 시스템이 잘 굴러가게 하는 것이 혁신이다. 그러면 왜 잘 안될까? 하는 문제가 대두된다.

정부혁신을 성공적으로 추진하기 위해서는 먼저 우리가 공복(公僕)으로의 존재 가치인 국민들에게 신뢰와 사랑을 받아야 한다. 따라서 고위직은 정치철학이, 하위직은 행정철학이 충만해야 하고, 창조적 리더십을 발휘해야 한다. 특히 올곧은 지도자는 모든 문제점을 혁신적으로 바로 변화시키고 부정부패를 바로 척결함으로써 가능하다.

이 책에서 〈정부혁신〉의 요체는 우리 모두가 열정적으로 매진 하고자 하는 묵직한 실천이다. 그동안의 혁신은 모두가 로드맵만 그리다가 실천의 시기를 상실하여 실패하고 말았다. 따라서 이러한 교훈을 거울삼아 이제부터의 성공적 정부혁신을 위하여, 혁신의 지속적인 실천을 정치와 행정의 영원한 철학적 과제로 보고 역사의 실패들, 선택과 집중, 혁신의 윤리성 등을 참여정부의 이념과 핵심역량에 맞추어 공직자가 향도(嚮導)가 되어 이끌어 나아가야 할 것이다.

혁신의 지도자는 〈노력과 눈물과 열정을〉 역사와 국민 앞에 받쳐야 한다. 21세기를 출발하는 이 시점에서 우리는 이 책을 혁신의 자경서로 삼았으면 한다. 이 책에는 우리의 혼란했던 역사와 지금 현실에의 어려움, 그리고 역사적으로 혁신에 몸 바쳤던 위대한 혁신가들의 사상이 전해진다. 그들은 가지고 있던 권력과 안위와 목숨까지도 스스로 버리면서 국민의 사랑과 국가와 민족의 발전을 위하여 혁신하고자 했던 것이다.

역사를 통하여 태평을 구가(謳歌)하는 시대에도, 날카로운 관찰력과 식견을 가진 사람은 다른 사람에게는 보이지 않는 모순을 깨닫는 법이다. 보다 민감하게 반응했던 사람들은 스스로 위기감을 품고 더 물러설 수 없다는 자세로 현재의 모순을 타개하려 했었다.

이러한 생각이 바로 올바른 혁신적 마인드이다. 혁신은 항상 위기감을 품어야 성공한다. 또한 혁신은 지속적으로 이루어져야 한다. 대통령은 이러한 혁신적 마인드를 가진 인물을 장관에 임명해야 하고, 장관은 차관과 실·국장을 발탁해야 한다. 창조적 리더십을 가진 혁신적 마인드의 장관을 임명만 해도 대통령은 절반의 혁신을 성공했다고 말할 수 있을 것이다.

준비와 희생과 열정적 혁신만이 성공

혁신의 역사에서는 그 때 그 순간 그 사건이 우리가 알고 있는 대로 전개되지 않았으면 하는 아쉬움과 조바심을 던져주는 것이 많이 있어왔다. 역사는 가정이 없다지만, 그러나 이러한 일들이 운명의 장난처럼 홀연히 일어난 것은 절대 아니었다는 사실을 우리는 알아야 한다.

성공적 혁신의 역사에는 누군가의 사전 준비가 있었고 눈물과 희생이 있었으며, 피나는 열정이 있었기에 성공이 있었다. 반대로 실패의 역사에는 누군가의 시기가 있었고, 어리석음이 있었고, 무책임이 있었기에 좌절이 있었다. 따라서 이 책은 이러한 제반 혁신의 길에 대한 경각심과 마음가짐과 열정을 불러일으키고 있다.

우리가 행복하고 우리 후손들이 세대를 더한 평화로운 안위를 만끽하자면 혁신을 언젠가는 해야 한다. 그러나 불편하고 책임지고 고단한 혁신은 누구나 다 하기 싫어한다. 그렇지만 지금 우리가 살고 있는 시대와 국제환경이 우리를 가만 나두지 않고 있는 것이다.

현재의 주변 환경은 우리에게 혁신하지 않으면 살기 어렵다는 것을 호소하고 있다. 따라서 꼭 해야 할 혁신이라면 지금 우리가 자발적으로 하자는 얘기다. 후손에게 미루지 말고 우리가 혁신을 성공시켜 우리 후손들이 대를 이어 자유와 행복을 느끼도록 그러한 기틀을 우리가 앞장 서 닦아 주자는 얘기다.

그리하여 처음에 언급한 검은 구름(비효율적 관행, 타성, 3無)을 혁신이란 성장에너지로 걷어내고 미래의 영광된 웅비의 햇빛(혁신 성과)을 나타나게 하여 우리 후손들이 한 세기를 넘어 오래도록 행복을 만끽할 수 있게 하자는 얘기다.

이러한 터전 마련을 위하여 우리 모두는 지금부터 역사라는 커다란 지침서를 펴 놓고서 우리나라 전반에 혁신의 창조와 지혜의 샘(국론 통일)이 흐르도록 국민적 역량을 쏟아 부었으면 하는 것이다.

저자 **박 재 목**

발간사 / 혁신의 길 ———————————————————— 4

이 책을 내면서 / 혁신은 역사의 소명이다 ——————— 6

1. 혁신의 Fact : 혁신의 매몰적 함정 ————————— 23

- 변화를 몰고 오는 개혁과 혁신
- 실패한 혁신은 끝없는 나락
- 리더의 조급성
- 혁신조직의 가치상충
- Top의 좌충우돌
- 비현실적 기법의 모방
- 실천이 없는 로드맵 양산
- 자가당착적 만족
- 공급자 중심의 혁신
- 윤리성이 미비된 혁신
- 혁신역량의 융합력 결여
- 혁신의 커다란 좌표는 역사
- 준비와 희생과 열정적 혁신만이 성공

2. 반성의 Fact : 공무원의 통곡 ————————— 49

- 국민에게 외면당한 공무원
- 국민의 공복이자 가슴인 공무원
- 언제나 멀고도 험난한 혁신
- 이제까지 로드맵만 있었지 실천은 없었다

3. 혼란의 Fact : 국제무대의 요충지 한반도 ——————— 63

1. 지리적 결정론 비판 ————————————————— 65
- 대륙과 해양세력의 충돌
- 비극의 3 · 8선
- 주인이 배제된 한반도 나눠먹기
- 19세기 한반도 중립화론
- 세계사의 주도권과 지리적 결정론 비판

2. 친일파의 전성시대 ———————————————— 79
- 빼앗기고 끌려간 일제침략
- 천년만년 지속되는 세상은 없다

정부혁신 컨버전스의 12가지 Fact

준비와 희생과 열정적 혁신만이 성공한다.

박 재 목 저

● 여전히 뜨거운 감자인 친일파 문제

3. 권력욕과 꼭두각시의 혼란 ———————————— 87
● 해방 후 혼란과 분단
● 방황하는 민족, 방황하는 국가
● 주인이 주인 노릇 못한 민족
● 민족 시련의 파편들
● 평화도 승리도 없는 미해결의 시간흔적
● 기이한 전쟁의 기이한 장면

4. 현실의 Fact : 혁신은 현실인식에서 출발 ———— 103
● 지금 우리의 경쟁상대는 세계 최강국이다
● IMF 환란과 무책임한 정치지도자
● BRICs의 등장과 경쟁
● 미 · 영 · 일 등 기존 선진국의 개혁
● 중국과 인도의 개혁
● 러시아와 브라질의 개혁
● 국제상황을 주도하는 혁신의 방향
● 정부혁신의 큰 틀
● 지난 정권들의 개혁의 교훈
● 혁신도상국의 필요조건
● 정부혁신의 원칙과 전략

5. 역사의 Fact : 우리에게 국시(國是)는 있는가?——— 133
● 공론이 선 것이 국시(國是)
● 국시(國是)는 나라의 핵심가치
● 국시는 국가와 민족의 신앙
● 미국의 국시
● 영국의 국시
● 프랑스 · 독일의 국시
● 일본의 국시
● 러시아의 국시
● 캐나다의 국시
● 우리는 지금 어디로 가고 있는가?
● 애증으로 모여진 뜨거운 덩어리

6. 희망의 Fact : 국부(國富)는 공장의 굴뚝에서 나온다── 159

- 걱정을 넘어 안타까운 사회현실
- 대책 없는 대책들
- 국민과 경제를 외면하는 노동귀족
- 바닥이 드러난 성장동력
- 먼저 본 놈이 임자다

7. 향도의 Fact : 정부혁신의 향도(嚮導)는 공직자──────── 171

- 혁신은 국가경쟁력이다
- 한국병 : 과감한 혁신으로 치유
- 혁신의 목표는 행복추구
- 공직자의 존재가치는 국민의 사랑
- 미래는 혁신도상국의 청부(淸富)의 시대

8. 생존의 Fact : 왜 혁신인가? ─────────────── 183

1. 혁신은 무엇인가? ──────────────── 185
- 혁신은 생존에너지
- 혁신은 미래 행복의 첩경

2. 혁신의 목표는? ───────────────── 188
- 혁신의 목표는 국가경쟁력 강화
- 국가경쟁력 강화는 가장 분명한 생존전략

3. 혁신의 이념은? ───────────────── 195
- 혁신의 이념은 올곧은 정치철학
- 혁신은 장기적인 안목으로 먼저 큰 그림을 그려야 한다
- 국론통일은 국정의 최대 과제
- 혁신의 출발은 창조적 리더십
- 혁신에의 참여는 모두가 다시 태어나는 것
- 더불어 함께하는 행복은 혁신의 지향점
- 정부혁신은 국가와 민족의 성장동력

4. 혁신의 원칙은? ───────────────── 215
- 혁신은 일관성을 유지한 대장정
- 혁신의 성공은 실천력의 총화
- 국민이 먼저 체득하는 정부혁신

9. 척결의 Fact : 혁신은 부정부패 척결의 칼 ───────── 219
- 정부혁신의 주적(主敵)은 부정부패

● 혁신 실패의 어두운 그림자인 부패
● 사회갈등을 심화시키는 부패
● 부패는 민속인가?

10. 성공의 Fact : 어떻게 혁신할 것인가? —————— 231

1. 혁신은 윤리적이어야 한다 —————————————— 233
● 혁신은 새로운 정신과 창조적 의지로
● 자신을 낮추고 가진 것을 버리는 혁신주체

2. 혁신의 근본은 정당한 명분 —————————————— 239
● 혁신의 한계
● 혁신의 과제와 방향
● 혁신은 구호가 아니다

11. 공복의 Fact : 어떻게 변할 것인가? —————— 247

1. 왜 변해야 하는가? —————————————————— 249
● 기존의 비효율에서 과감히 벗어나야
● 국민들에게 외면당하지 않는 자기혁신

2. 어떻게 변할 것인가? ———————————————— 252
● 공복(公僕)은 국민의 번거로운 일을 도맡아 하는 종
● 혁신은 윗물에 달렸다
● 혁신분위기와 조직문화의 접목
● 주체그룹 5%가 혁신의 성패 좌우

3. 어떤 방향으로 변할 것인가? ———————————— 258
● 정부재창조를 선도하는 공복(公僕)
● 혁신의지는 공직자의 자기평가
● 호치민의 교훈
● 목민관의 규범과 예절

12. 예지의 Fact : 혁신은 역사의 준비 —————— 267

● 역사에 도전한 혁신인 허균
● 혁신은 시대를 앞서 살아가는 예지력
● 혁신은 국민을 위한 의식혁명
● 혁신의 열정은 소박한 열린 마음
● 사회적 불만은 혁신으로 치유
● 공익을 위한 실학은 혁신의 학문
● 혁신은 진보의 현실적 참 공부
● 혁신의 견인차 정부혁신본부

존경하는 당신에게

이 책과 함께 사랑을 전해드립니다.

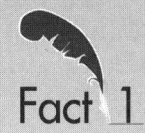

1. 혁신의 FACT

혁신의 매몰적 함정

1. 혁신의 매몰적 함정

변화를 몰고 오는 개혁과 혁신

탄핵정국과 17대 총선을 거치면서 참여정부는 〈부패청산과 정부혁신〉을 국정 2기의 좌표로 제시하고 공직사회에 고강도 개혁 드라이브를 예고했다. 또한 노 대통령은 정치·언론개혁은 국회가 주도하고, 대통령과 정부는 부패청산과 정부혁신을 책임지겠다고 직접적으로 정부를 개혁 대상에 올렸다.

특히 부패문제를 정부혁신의 차원에서 가지만 자르는 것이 아니라 뿌리까지 뽑겠다는 원칙으로 일과성 사정이 아닌 제도적인 접근을 통해 부패의 근원을 척결하겠다고 언급했다.

노무현 대통령은 참여정부가 여러 가지 목표를 내걸고 있지만, 가장 중요한 것은 결국 기본을 다시 정비하는 것이라고 밝히면서, 결국 문제의식을 가지고 끊임없이 문제를 발굴하고 대안을 찾아 시정해 나가야 할 것이라고 주문했다.

그러나 야당은 〈자기혁명〉이 부족하며 개혁과 변화를 느낄 수 없다고 지적하고 있다. 또한 〈정부가 국가정체성을 흔드는 상황이 계속되면 야당이 전면전을 선포해야 할 시기가 올 것으로 본다〉 라고 말했다. 그리고 노 대통령의 말에 〈옳은 말씀이 많으나 실천이 문제〉 라며 대통령의 〈신뢰의 리더십〉 을 보여 달라고 또 다른 야당은 주장했다.

그러나 참여정부는 출범 초기부터 줄기차게 모든 분야에서 변화와 개혁을 최고의 가치로 삼고 전반적인 정부혁신을 추진하여 왔다. 따라서 우리는 이러한 변화의 관점에서 개혁과 혁신이 무엇인가? 와 그동안 수많은 개혁과 혁신이 왜 성공률이 낮았는가? 에 대한 혁신의 매몰적 함정을 먼저 살펴볼 필요가 있을 것이다.

개혁이란 〈정치 · 사회상의 구(舊)체제를 합법적 · 점진적 절차를 밟아 고쳐 나가는 과정〉 이라고 한다. 즉, 사회질서의 개선 또는 구제(救濟)가 특정한 제도 · 행동 · 조건의 개조를 통하여 성취될 수 있을 때, 사회제도 및 정치체제의 본질적인 요소를 유지하면서 일부분만을 사회의 발전에 적합하도록 변혁시키는 것을 말한다.

개혁이 기존의 체제나 추세와 조화를 이루면서 부분적이고 한정된 변혁을 꾀하는 것이라면, 혁명은 기존의 사회제도 또는 정치체제를 전면적으로 변혁시키는 것이다. 따라서 개혁은 기존의 체제가 허용하는 범위 안에서 사회적 모순을 제거하는 것이며, 이로써 기존체제의 붕괴를 방지하려는 것이다.

그리고 혁신(革新)은 제도나 방법, 조직이나 풍습 따위를 고치거나 버리고 새롭게 하는 것을 말한다. 따라서 개혁은 ① 좋다고 생각하는 방향으로 고치는 것인데 반해, 혁신은 ① 고치고 ② 버리고 ③ 새롭게 하는 포괄적 의미로 좀 더 혁명적 의미에 가깝다고 할 수 있을 것이다.

개혁(改革)은 reform인데 비하여, 혁신(革新)은 ① reform ② renovation ③ innovation의 의미를 포괄하고 있다. 즉 개정, 개혁, 개

선, 개심(改心), 교정(矯正), 시정, 구제, 제거, 수정, 정정(correct), 수
선, 수복(修復), 회복, 쇄신, 일신, 신기축(新機軸) 등의 다양한 의미를
내포하고 있으며, 어떻게 보면 진보의 개념으로 보수(保守)에 상반되는
의미도 있다.

실패한 혁신은 끝없는 나락(那落)

현 시점에서 동북아 중심 국가, 소득 2만 불 시대, 정부혁신과 부정부
패 척결로 이어지는 참여정부의 비전과 열망은 대한민국의 생존과 번영
을 위하여 반드시 필요하다. 그러나 이제까지 역사를 통하여 본 개혁과
혁신운동은 성공했을 때는 국가와 민족의 환골탈태를 몰고 올 수 있지
만, 잘못 진행되면 끝없는 나락으로 떨어져 헤어 나올 수 없는 상태가
될 수도 있는, 이른바 〈혁신의 매몰적 함정〉에 빠질 수 있다는 것도 명
심할 필요가 있다. 이는 혁신을 강력히 추진할 때 꼭 한번 짚고 넘어가
야 할 요체이다.

경쟁이 심화되고 세계화의 쟁탈전이 더해 가면서 개인뿐 아니라 정부
도 생존하기 어려워지고 비전을 정립하는 것이 더 까다로워지고 있다.
따라서 현 시점에서 참여정부의 혁신운동은 분명히 사회 전반적으로 근
본적인 설득력이 있어 보인다.

실제로 혁신운동은 혁신의 다양한 의미만큼이나 다양한 형태와 Tool
로 추진된다. 전사적(轉寫的)으로 진행되기도 하고, 프로세스 중에서 특
정 부분만을 채택하여 진행시키거나, 특정 기법을 이용할 수도 있고, 기
법 대신 기존 프로세스의 효율화에 초점을 맞추어 추진되기도 한다.

그러나 통계적으로 혁신의 성공률은 30%를 넘지 못한다는 것이 대부

분 전문가들의 지적이다. 따라서 혁신의 성공을 담보하기 위해서는 많은 주의사항이 요구되는데, 가장 주의할 점은 혁신이 한번 잘못 되면 오히려 이전보다 더한 위험에 빠질 수 있다는 혁신의 함정이 항상 존재하고 있다는 점이다. 함정이 있다는 말은 반듯이 유혹이 있다는 말이다. 그러므로 여기서 혁신의 유혹과 함정을 잘 명심하여 이를 극복할 수 있는 의식적 · 제도적 장치 마련이 중요한 것이다.

혁신의 함정에 빠질 수 있는 실패 요인으로는 ① 리더의 조급성 ② 혁신조직의 가치상충 ③ Top의 좌충우돌 ④ 비현실적 기법의 모방 ⑤ 실천이 없는 로드맵 양산 ⑥ 자가당착적 만족 ⑦ 공급자 중심의 혁신 ⑧ 윤리성 미비 ⑨ 혁신역량 융합력 결여 등의 9가지로 요약해 볼 수 있을 것이다.

〈 1 〉 리더의 조급성

한 국가나 정부가 당면하고 있는 생존과 발전의 위협적 환경과 상태에 대하여 대통령이나 장관만큼 항상 고민하는 사람은 없을 것이다. 이는 대통령이나 장관만큼 혁신의 필요성을 절감하고 있는 사람이 없다는 말이다. 그러다 보니 대통령이나 장관들은 자신들이 생각하는 만큼 공무원들도 혁신의 필요성에 대해 많이 인식하고, 또한 열심히 하고 있다고 착각하기 쉽다.

따라서 전체 공무원들의 혁신에 대한 필요성과 개혁에 대한 의지가 약한 상황에서 리더의 의욕만으로 강력한 혁신을 드라이브하는 경우가 많이 발생하게 된다. 그러나 이렇게 공무원들의 준비가 미약한 상태에서 급격하게 추진된 혁신은 대통령이나 장관이 바라는 수준의 혁신으로 원활하게 진행될 리가 없게 되는 것이다.

또한 대통령이나 장관들은 보다 빠른 결과를 얻기 위해 혁신의 성과가 미흡한 사람들에 대해 강력한 처벌과 더한 성과를 요구하는 경우가 발생한다. 이른바 Negative 인센티브에 의해서 혁신을 이끌어 나가는 방법이다. 평가를 낮게 주어 승진 기회나 조직에서 배제·탈락시키거나, 조직 내에서 비선호 부서로 인사이동 시키거나, 공개적으로 야단을 치는 등의 형태로 압력을 주게 된다.

그러나 이처럼 처벌과 조급성으로 혁신을 추진할 경우, 진짜 혁신이 필요한 프로세스나 심도 있는 과제는 논의 대상에서 사라지게 된다. 공무원들은 처벌이 두렵고 중요한 문제에 대해 이야기하는 것을 꺼리게 된다. 심도 있고 중요한 혁신과제는 그만큼 많이 고민을 요구하고 시간을 필요로 하고 위험부담도 책임져야 한다.

그런데 리더의 조급성으로 〈빨리〉를 외치면, 실제로 필요한 중요 혁신 과제는 빼버리게 된다. 그것이 조직의, 인간의, 공직자의 어쩔 수 없는 속성이다. 최근 노 대통령이 주재한 장·차관 급의 〈정책사례분석 토론회〉에서 원전센터 문제, 화물연대 대응 등이 토론 주제에서 제외된 사례가 이러한 리더의 조급성에서 오는 혁신의 함정을 반증해주고 있다.

인간은 기본적으로 위험과 부담을 회피하려는 성향을 지니고 있다. 따라서 모험과 혁신을 통해 자신의 능력과 역량을 입증하려 하기 보다는 자신이 못하는 것을 들키지 않고 안정적으로 조직생활을 하려고 하기 때문이다.

공무원 조직은 일반적으로 직급과 징계(처벌)로 조직의 기강을 바로 잡고 있으며 가장 관료주의가 팽배하고 있는 집단이다. 따라서 공무원들이 문제를 숨기는 것을 넘어서 주요업무에서 배제되지 않기 위해서 거짓 보고서를 꾸미는 일도 있을 수 있다. 밑에서부터 이러한 행태가 벌어지고, 장관이 이러한 조급성의 착각에서 혁신의 성과를 대통령에게 보고하면 대통령은 혁신의 성공을 대단하게 달성한 것처럼 판단하지만, 실제로는 조급성 때문에 혁신은 실패로 추락하게 된다. 지난 정권까지의 역사바로세우기, 신한국 창조, 제2건국운동 등은 오만 등 다른 이유도 있었지만 조급성이 가장 큰 문제로 떠올랐다.

또한 조급성은 빨리 성과를 내어야 하니까 혁신 주체 세력만 몰아 부치고, 나머지는 떼어버리려는 성급함을 불러온다. 그러면 나머지 직원들은 〈그래 너희들 끼리 잘해 보아라. 다음 정권에서 보자〉 라는 냉소주의에 잠긴다. 이렇게 되면 통제가 불가능해진다. 물론 혁신주체 5%가 나머지 95%를 끌고 간다고 하지만, 이는 전체 분위기가 성숙되었을 때 일컫는 말이지, 일반적 냉소주의가 팽배하면 다루기가 어려워진다.

그러면 대통령이나 장관들은 왜 냉소주의에 빠질까? 하고 불만이 생기게 된다. 그러면 위화감이 번진다. 성급함으로 인한 냉소주의는 인간의 흐름이고 조직의 기본적 생리다. 이제까지 혁신과 변화의 모든 실패는 리더가 이러한 냉소주의를 이해하지 못한 것에서부터 출발했다고 보여 진다.

처벌과 조급함으로 혁신을 추진하는 조직은 회의석상에서, 조직원들의 회식자리에서, 보고서에서 중요한 이슈와 장기과제와 고통과 희생이 따르는 혁신과제는 사라지게 될 것이다.

따라서 혁신의 성과를 달성하려면 자율적 성공사례를 장려하는 분위기와 조급성을 배제하는 대통령과 장관의 열린 마음가짐이 중요하다. 당근과 채찍은 혁신을 추진하는데 가장 필요하지만, 이는 기업이나 소집단에만 잘 통한다. 그러나 신분이 보장된 공직사회에서는 〈이번 정권에서는 승진 안한다. 한직에서 조용히 있겠다〉 라고 마음먹은 공무원에게 어떻게 혁신하자고 끌고 갈 것인가?

그럼 너는 오지 말고 처박혀 있으라고 한다면 이미 그 조직은 혁신과는 거리가 멀어진다. 처음에는 혁신에 반대하거나 관망하는 직원이 대부분이기 때문이다. 그래서 미운 자식 떡 하나 더 준다는 마음으로 심도 있게 모두가 함께 나아가야 하는 것이다.

계속적으로 조급성에 집착하다 보면 결국 혁신의 실체는 없고 혁신의 겉치장(decoration)만 나타나게 된다. 이러한 상태가 지속되어 상처가 치유되지 않고 내부적으로 곪게 되면 장래에는 조직의 혁신적 생존에 치명타를 입게 되는 결과를 초래할 수 있다.

〈 2 〉 혁신조직의 가치상충

정부는 여러 조직의 다양한 기능과 역할이 복합적·상충적으로 상호 연관되어 작용함으로써 행정목적을 달성한다. 하지만 각 조직의 이해관계가 다양하므로 각 조직의 목표가 서로 상충되는 경우가 빈번히 발생한다. 따라서 당연히 이해관계가 상충되는 조직이 많을수록 성공적인 혁신은 더디고 어렵게 된다.

혁신은 관행과 타성과 불합리한 습성을 바꾸는 것이므로 기존 조직들은 과거에 이루어지던 것과 다른 방식으로 업무를 진행해야 하는 불편과 부담이 뒤따르게 된다. 새로운 과정과 프로세스가 만들어져서 업무에 부담을 줄 수도 있고, 자신들이 지니고 있던 여러 권한이 축소될 수도 있다. 이 경우 조직 구성원들은 혁신에 적극적이지 않을 뿐만 아니라 암묵적으로 저항하게 된다.

행정효율성과 국가경쟁력 향상을 위해서는 업무혁신이 가장 절실한 것은 명백하다. 그러나 공무원들이 조직마다 서로 다른 생각을 가지고 있다면 혁신은 실패한다. 왜냐하면 전사적인 지지와 협조를 이끌어 내지 못하기 때문이다. 따라서 조직간 원활한 커뮤니케이션이 될 수 있도록 조직의 리더들이 우선적으로 노력을 기울여야 한다. 바로 리더십이다.

특히 혁신활동이 전사적으로 진행되지 않고 특정 부문의 프로세스 효율화를 위해 진행되는 경우에는 이러한 현상이 더 크게 나타난다. 정부조직들은 모두가 긴밀하게 연결되어 있기 때문에 하나의 프로세스를 개선하기 위해서는 다른 부문의 협조와 타협이 절실히 필요하다. 그런데 혁신을 추진하기 전에 관련되는 부서들의 협조와 공감을 얻지 못하면 이러한 반발은 매우 커지게 된다.

따라서 관련 조직의 협조와 가치합의가 없으면 혁신은 성공할 수 없게 되어진다. 더 나아가 안정적이던 조직의 연관관계가 이를 계기로 나빠지게 되어 장차 조직 갈등의 불씨가 되기도 한다. 바로 리더의 리더십 부족으로 인한 혁신추진의 역기능이 나타나는 것이다.

< 3 > Top의 좌충우돌

조직의 일관된 방향성도 혁신의 실패를 방지할 수 있는 중요한 요인이 된다. 정부조직은 일관된 효율적 커뮤니케이션의 한계가 있기 때문에 팀(계)·과·국(실) 등의 계층으로 분화되어 있다. 인지구조의 이러한 특징 때문에 대부분의 행정조직은 피라미드 형태로 구조화·관료화 된다.

따라서 공무원 수가 많은 중앙행정기관에서는 Top의 정책이나 전략이 하부까지 정확히 전달되기가 매우 어렵다. 여기에는 간부들의 권위의식이나 비합리적 조직 통솔과 업무의 무능력도 한 몫을 한다.

정부혁신의 추진전략이 단순·일관·지속해야 하는 이유가 바로 여기에 있다. 수백 또는 수천 명의 공무원들이 하나의 방향으로 일사분란하게 움직이기 위해서는 정부에서 표방하는 혁신의 이념이나 목표의 방향성이 뚜렷하고 명료해야 한다.

앞에서 언급했지만 혁신은 근본적으로 기존 전략이나 정책을 개선하거나 바꾸거나 버리는 것이다. 하지만 조직은 기존의 타성을 가지고 있기 때문에 새로운 방향에 따라 갑작스럽게 바뀌는 것은 쉽지가 않다. 더욱이 기존의 전략과 밥그릇에 미련을 버리지 못하면 문제는 더욱 커지게 된다.

대부분 조직의 리더는 법령에서 규정한 자기 조직의 소관업무는 모두 중요하다고 생각한다. 가령 이 중에서 환경의 변화로 규제 보다는 조성 또는 서비스 향상을 혁신과제로 채택했다고 하자. 이때에는 반드시 고객만족도와 업무능률 향상 전략의 실행을 위해 업무프로세스 개선작업을 할 것이다.

그런데 이러한 혁신에는 권한을 집행하는 규제정책과 대립하는 경우가 나타난다. 만약 조직의 리더가 규제적 마인드를 완전히 포기하지 않고 이러한 통제적 의식으로 또 다른 혁신과제를 병행시키면 조직원들은 커다란 혼란에 빠지게 된다. 결국 조직의 리더는 두 가지 모두 중요한 요소로 강조하지만, 조직원들은 자신들의 리더가 말을 자주 바꾸는 사람으로 좌충우돌하고 있다고 판단하기 쉽다. 버릴 때는 과감히 버려야 하는 것이다.

이렇게 되면 혁신활동이 제대로 진행되지 않는 것을 넘어서 Top에 대한 불신이 증대되어 조직역량이 분산되는 결과를 초래하기까지 한다. 그리고 더 나아가 공무원들은 더 이상 Top의 말에 귀를 기울이지 않게 된다. 그렇게 되면 차후에 정말로 중요한 전략을 실행하게 될 때 공무원들을 설득하기는 더욱 어려워 질 것이다. 조직원들은 Top이 바뀌는 날만 기다리게 되고, 한편으로는 늑대 소년같이 조직 전체가 불신의 덫에 빠지는 것이다.

〈 4 〉 비현실적 기법의 모방

혁신기법을 도입할 때 나타나는 문제도 혁신을 함정에 빠지게 할 수 있다. 혁신기법은 보다 검증된 방법에 의하여 효율성을 향상시키기 위함이다. 따라서 혁신 기법을 도입하여 원하는 성과를 얻기 위해서는 해결하고자 하는 문제의 성격과 정확하게 일치하는 기법을 도입할 필요가 있는 것이다.

그만큼 어렵다는 말이다. 하지만 글로벌 스탠더드가 강조되는 상황에서 선진기법은 다양하게 많으며 또한 무차별적으로 도입되는 사례가 증가하고 있는 실정이어서 역기능이 우려되기도 한다.

문화나 제도나 가치나 인종과 환경이 엄연히 다른데도 그러한 도입기법을 무비판적으로 경쟁하듯이 받아들여 혼란에 빠지거나 엄청난 손실을 경험한 사례가 정부나 기업의 행정과 경역혁신에서 많이 발생하여 왔다. 다시 말하면 자기 조직의 환경과 실정과 수준에 맞지 않는 기법을 도입하여 실패한 사례는 수도 없이 많았다는 지적이다.

따라서 조직의 문화적 토양, 상하관계, 성과측정, 협력관계, 개인의 능력과 기대수준, 집단문화 등의 다양한 요소들을 무시한 채, 외부의 혁신기법들을 무비판적으로 도입하면 충돌이 일어날 수밖에 없는 것이다.

혁신 기법은 효율성을 향상시키기 위한 수단인데 혁신을 강하게 추진하는 과정에서 기법 자체가 목적이 되어, 모든 프로세스를 그 기법에 맞추어 개선하는 우를 범할 수 있다. 이러한 경우 오히려 불필요한 프로세스만 양산되어 효율성이 악화되는 상황에 이르게 될 수도 있는 것이다.

그리고 가장 중요한 것은 적합한 혁신기법을 도입하려고 조직 진단을 선행하는 경우, 외부 인력이 참여하게 되면 엄청난 조직의 정보가 유출되어 두고두고 손실을 초래하고 조직의 생존을 위협하게 된다. IMF 환란 이후 정부 조직 진단에서 외국의 전문가들이 참여하게 되었는데, 엄청난 국가 정

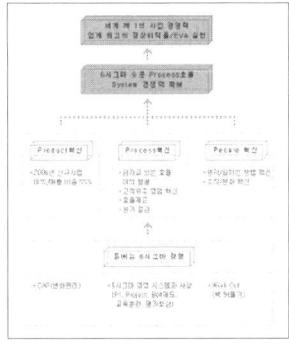

보가 유출되었다는 비공식적인 얘기가 들리는 것도 이러한 맥락이다.

< 5 > 실천이 없는 로드맵 양산

어떤 문제가 발생했을 때, 과거의 사례를 탐문·분석해 보면 의외로 거기서 쉬운 해답을 얻을 수 있다. 그곳에는 이미 그 문제에 관한 현상과 원인, 그에 따른 해결방안이 고스란히 나와 있는 경우가 많다.

따라서 혁신에서 가장 중요한 것은 실행인데 많은 조직은 실행보다는 이미 내포하고 있는 문제의 원인을 파악하는 것에 집착하다가 해결의 초점을 상실하게 된다. 그래서 행정과 경영에서 중요한 것은 〈아는 것 (Knowing)보다 실행하는 것(Doing)이다〉 라는 역설이 존재하는 것이다.

역사를 통하여 수많은 개혁과 혁신 주체세력들은 수많은 보고서와 수많은 개혁방안을 만들어 냈지만, 결국 말만 무성했을 뿐이다. 즉, 적극적인 실행이 따라주지 못하여 실패한 혁신은 너무나도 많다는 지적이다. 이 말은 결국 자발적인 실행에 혁신의 초점을 맞추지 않으면, 조직원들의 생각은 변하지 않아서 혁신은 아무런 성과를 거두지 못한다는 것이다.

혁신이 실행에 초점을 맞추지 않으면 예산낭비와 더불어 조직에 냉소주의를 불러오게 된다. 문제가 해결되지 않은 채, 장래에 똑같은 작업을 되풀이 하면 조직원들은 혁신이라는 말에 지치게 된다. 〈또 시작하는구먼, 이번에는 어느 정도일까?〉 하는 침묵적 배타심을 갖게 된다.

지난 90년 노태우 대통령 정권이 추진한 업무혁신으로 〈새생활 새질서 운동〉이 있었다. 작은 업무도 혁신하고, 물자 절약 등 정말 야단이었다. 그리고 처음에는 지금의 혁신 추진과 조금의 차이는 있지만 변화와 개혁의 맥락은 같은 것이었다.

행정 효율성을 위하여 업무 취약성을 개발하고, 사무용품을 아끼자고 하면서 과 단위 공동사무용품 함을 만들고, 조직 단위, 지역 단위, 부문별 단위의 〈대화의 시간〉을 가지고 정말 분위기는 대단했다. 지금의 학습열기와도 비슷했다.

그러나 그 시간 노태우 대통령은 안가에서 재벌들로부터 수십억 원씩 뇌물을 직접 챙겼다. 전체 공무원에게는 혁신하자고, 부정하지 말자고, 변화하자고, 공직자의 자긍심을 지키자고 해놓고 자신은 뒤에서 부패의 선봉에 섰으니 본질적인 혁신이 제대로 될 리가 없는 것이다.

결국 노태우 정권의 혁신은 정태수 당시 한보 회장이 〈내가 입을 열면 정권이 들썩거린다〉라는 공갈로 막을 내려야 했다. 이제 와서 보면 혁신의 실천의지가 없이 자신과 정권 핵심들의 부정부패를 입막음하기 위하여 공무원들과 국민에게 혁신하자고 지도(로드맵)만 요란하게 그렸던 것 같다. 따라서 멋모르는 공무원들과 국민들만 애먹고 장단에 놀아난 허탈과 분노의 결과만 초래하고 말았다.

이와 같은 과거의 전력에 비추어 볼 때, 윗물과 혁신주체의 실천의지가 결여된 관행적인 혁신 로드맵(지도) 양산은 결국 문제를 진단하기 위해서 똑같은 자료를 분석하고 실무에서는 과거와 똑같은 과제를 혁신

추진세력에게 제출을 되풀이하는 지루한 시소게임에 빠지게 된다.

여기에서 최근에 노무현 대통령이 강조한 〈조직을 혁신하는 것은 리더이며, 장관들이 앞장서야 하고, 장관들이 앞장서지 않으면 공직사회의 변화는 이뤄지지 않는다〉라고 강조한 것은, 이러한 실천적 방안에서 시사하는 바가 크며, 대통령의 혁신에 대한 실천적 의지를 엿볼 수 있어서 다행으로 여겨진다.

이렇게 되면 이제 실무에서는 자신이 느끼고 있는 문제가 해결되리라고 기대하기보다는 일정한 시기가 되면 통과의례처럼 찾아오는 관습으로 혁신을 생각하게 된다. 따라서 이러한 상태가 지속되면 혁신을 할 수 있는 의지와 능력이 점점 쇠퇴하여 결국에는 조직을 변화시킬 수 없는 상태의 매너리즘에 빠져 들 수도 있다.

〈 6 〉 자가당착적 만족

이제까지 역사를 통하여 수많은 혁신운동이 실패한 원인은 바로 고위층의 자가당착적 만족에서 출발한다. 조직원들이 분위기가 성숙되어 이제 서서히 자발적으로 혁신을 실천하여 어느 정도의 혁신성과가 나타나기 시작하면 대부분 조직의 리더는 장관 또는 대통령에게 경쟁적으로 성과를 들고 달려간다. 물론 보상을 받기 위해서다.

그러나 정작 그 혁신의 성과를 느끼고 판단해야 할 사람은 혁신의 고객이자 수요자인 공직자의 아랫물과 국민들인데, 그 혁신을 추진한 고위 공무원들이 먼저 만족하고 자화자찬 해버리는 것이다. 당연히 민생들은 혁신의 성과와 결과가 무엇인지를 모르고, 아랫물들은 〈뼈 빠지게 윗물 좋은 일만 시켰다〉라는 자조로 등을 돌린다.

그러나 혁신 주체와 고위직은 성공의 자기만족에 먼저 빠지며 기뻐한다. 그리고 결국 대통령은 빛나는 업적을 남긴 것으로 착각하는데 비해, 정부는 국민들의 불신을 자초하고 마는 것이다. 당연히 직원들은 리더와 윗물에 불만을 가지게 된다.

이렇게 되면 이제까지 열정적으로 추진했던 혁신은 개혁이 아니라 기교(skill)로 전락하고 만다. 막대한 예산과 인력과 시간을 투입하여 업무 기교만 복잡하게 양산한 결과를 초래한 것이다. 해방 이후 이제까지 역대 정권들의 혁신은 대부분 기교수준에 그치고 말았다는 것이 혁신 전문가들의 견해이다.

혁신에는 분명히 개혁의 주체가 있기 마련이다. 대통령 한사람뿐이라고 말하든 집권세력이라고 말하든 간에 혁신의 화두가 꺼지지 않는 한, 분명 혁신의 주체는 살아있다. 문제는 혁신이 민생들의 공감을 얻으면서 제대로 굴러가느냐? 아니면 혁신주체 세력의 소망사항에 그치느냐? 에 달려 있는 것이다. 이 문제는 혁신 추진 세력의 겸손과 포용과 결과를 기다릴 줄 아는 인내가 필요하다.

혁신의 씨알이 땅에 떨어져 싹을 내고 뿌리를 내리고 줄기와 가지를 뻗고 꽃을 피우고 열매를 맺자면 시간과 인내가 필요하다. 민생들의 호응과 지지가 반드시 필요하고 성과의 판단도 수요자인 민생들이 내려야 할 것이다. 그래야만 진정한 혁신의 성과를 달성하여 역사의 번영을 기약할 수 있을 것이다.

〈 7 〉 공급자 중심의 혁신

실패한 혁신운동 중에는 그 정치적 목적에 따라 〈내가 하는 것은 혁신이요 이를 반대하는 것은 보수반동〉으로 간주하는 사례가 있다. 바로 이러한 오만이 혁신실패의 지름길이다. 분명 수요자를 위한다는 명분아래 혁신을 추진하면서 결국에는 혁신 추진과정에서 떨어지는 떡고물과 술밥과 권력의 마력에 도취되어 혁신의 마비현상을 초래하고 마는 것이다.

따라서 이러한 오만을 배격하고 성공하는 혁신을 이끌기 위해서는 바로 〈수요자 중심의 혁신이어야 한다〉라는 것을 알아야 할 것이다. 전 국민의 다양한 계층에서 공통적으로 공감하고 수용할 수 있는 혁신이어야 성공한 혁신이라 말할 수 있는 것이다. 여기에는 국민적 통합과 공감과 합리적 토론이 선행되어야 한다.

이처럼 많은 사람들이 혁신은 수요자 중심으로 추진되어야 한다고 같은 목소리를 내면서도 정작 혁신의 수요자가 누구인가? 하는 인식의 실패에서 혁신은 실패하게 될 수도 있다는 점을 간과해서는 안 될 것이다. 문제는 국민에게 겸손하지 못하고 국민을 포용하지 못했기 때문이다.

〈 8 〉 윤리성이 미비된 혁신

혁신의 다양한 조건 중에 윤리성이 혁신의 가장 중요한 요소라고 확신할 필요가 있다. 변화와 혁신은 이미 한국사회의 지배적인 이념이 되었다고 해도 과언이 아닐 것이다. 다시 한번 말하지만 정권이 출범할 때는 출항하는 정권의 범선에 높이 단 기치가 개혁이었지만, 이제까지는 모든 정권의 5년의 임기 동안 떠났던 개혁의 범선은 찢기고 빛바랜 실패의 깃발과 함께 닻을 내려야만 했었다. 왜냐하면 지속성과 위기감과 윤리성을 결여했기 때문이다. 바로 오만했고 권력의 편의에 안주했기 때문이다.

따라서 윤리성이 살아있는 생명력 있는 혁신이 되자면, 첫째 사람이 끌고 가는 혁신이 아니라 제도와 규범의 틀 속에서 혁신의 물길이 스스로 흘러가게 해야 한다는 것이다. 이 말은 혁신의 자율성과 혁신의 규범화를 강조한 말이다.

인간은 미혹하다. 인간의 속성은 변질과 사랑과 미움과 모순의 덩어리이다. 따라서 사람의 의지와 손에 이끌리는 혁신이 아니라, 제도와 틀에 이끌리는 혁신이 바람직하다는 것이다. 그렇게 될 때 혁신으로 인해 잃을 것이 있는 자도 섭섭하지 않고, 얻을 것이 있는 자도 오만하지 않게 될 것이기 때문이다.

둘째, 혁신의 윤리성은 남에게 하기 전에 자기 몸과 자기 주변에 먼저 행할 때 나타난다. 혁신에는 기득권의 청산절차가 따르기 마련이다. 따라서 혁신이 바로 진행되기 위해서는 혁신 주체가 원칙 위에 서야 하고, 그 원칙에 먼저 자기 몸을 맞추어야 할 것이다. 스스로 모범을 보이지 않는 개혁, 스스로 가진 것을 버리지 않는 혁신은 소박한 민생들의 정서를 안정시키기 어려울 것이다.

셋째, 혁신의 윤리성은 어제의 동지와 지지 세력과의 결별도 불사하는 결단과 용기가 있어야 할 것이다. 열악한 혁신환경 속에서도 조직이 혁신을 이끌어나가자면, 혁신 주체의 높은 도덕성과 이에 대한 민생들의 지지와 신선한 신뢰를 기치로 내세워야 할 것이다. 높은 도덕성은 혁신 주체가 무엇을 얻기 위해 혁신하는 것이 아니라, 국민 전체와 국가의 미래를 위해 자신을 죽이고, 권력을 죽이고, 가진 것 전부를 버리는 데서 나온다는 것을 명심하여야 할 것이다.

〈 9 〉 혁신역량의 융합력 결여

융합(融合)이란 여럿을 녹여서 하나로 합쳐 새롭고 더 낳은 특성을 나타내는 것을 말한다. 조직에서 혁신의 함정에 빠질 수 있는 유혹을 극복하면 빠르게 혁신 마인드가 정착되고 조직원들의 혁신역량이 나타나게 된다.

즉 리더의 조급성을 배제하고 혁신조직의 가치상충을 극복하여 Top의 좌충우돌을 방지하고, 또한 비현실적 기법의 모방을 사전에 차단하고 혁신 로드맵을 적극 실천하며 혁신 주체의 자가당착적 만족과 공급자 중심의 혁신을 멀리하고, 혁신 추진에 윤리성을 가미하면 조직 전체의 혁신역량은 강화된다.

여기서 가장 중요한 것은 개별적으로 나타나는 바로 이러한 혁신 역량을 한데 모아 융합시켜 실제 필요한 혁신과제를 도출하는 것이다. 이것이 바로 조직 간부들의 혁신의 리더십과 연계된다.

조직원들은 혁신적 마인드로 혁신과제를 쏟아 내고 있는데, 관리자들이 이를 적절히 실현(實現)할 수 있도록 일하는 방식, 조직체계 및 역할에서 융합시키지 못하면 혁신은 실패하게 된다. 즉 혁신과정의 목표 및 필요성에 대해 공감대를 형성하고 토론·협상·갈등관리 등을 적절히 구사하는 혁신역량의 융합이야 말로 혁신에 있어 가장 중요한 부분이다.

따라서 관리자들은 가시적인 성과의 조급한 추진으로 인하여 미래전략에 대한 기획과 전략 부족, 현장과 수요자에 대한 이해 부족, 각 부서 간 이기주의로 횡적 정보공유의 미흡, 비능률적 업무 관행 등의 비효율을 털어버려야 한다. 반면에 새롭고 참신하고 신나는 혁신적 분위기를 창출하여야 한다. 이것이 바로 혁신 역량의 융합력이며 혁신의 리더십이다.

융합(fusion)이란 서로 다른 형질을 가진 두 성질을 융합하여 두 특성의 좋은 형질을 모두 가진 새로운 우량형질의 우수성질을 만드는 총합의 기술이다. 식물세포의 융합과정을 예로 들면 세포를 융합시키기 위해서는 먼저, 세포벽을 제거해 주어야 한다. 세포벽이 완전히 제거되면 동그란 형태의 원형질체(protoplast)가 되는 데, 이 원형질체는 세포벽이 제거된 상태로 깨어지기 쉬우므로 알칼리 금속이온을 첨가하여 안정화시켜야 융합이 안전하다.

여기서 세포벽은 혁신 이전의 비효율적 타성과 관행을 말하며, 원형질체는 혁신 역량인데, 처음에는 불확실하고 위험요소가 내재한다. 또한 알칼리 금속이온은 관리자의 리더십을 의미하며, 안정화는 혁신과제를 바로 실행할 수 있도록 군더더기를 제거하고 새롭게 창조적으로 융합하는 것을 나타낸다.

앞으로의 경제나 산업은 융합 비즈니스가 뜬다고 한다. 이제 더 이상 단품(單品)은 소비자에게 먹혀들지 않는다. 〈카메라휴대폰이 디지털카메라의 입지를 좁게 하고 디카가 필름 카메라를 몰아냄 - 필자 주〉 따라서 융합 상품이 산업간 벽을 허물고 있다. 이와 같이 혁신 역량의 융합은 시대 흐름이자 혁신 성공의 필수조건이며 바람직한 방향이다.

따라서 리더는 개개인의 혁신의지를 총합하여 조직이 지향하고 있는 혁신의 이념이나 방향에 맞도록 개별 혁신을 한데 모아 용융(熔融)시켜 관리자가 창출한 혁신의 금형에 부어 효율적이고 생산적인 혁신의 실체를 재탄생 시켜야 한다. 이것이 바로 혁신의 융합력이다.

그만큼 혁신에는 관리자의 융합 능력과 지도력이 중요하다. 그러므로 조직의 리더는 혁신의 리더십과 융합 능력을 갖춘 중간 관리자를 잘 선발하여 혁신 업무를 담당하게 하는 것이 무엇보다도 중요하다. 혁신역량의 융합력이 결여되면 혁신은 당연히 실패하고 방향을 잃기 때문이다.

참고로 우리나라의 국가혁신역량이 경제협력개발기구(OECD) 회원국 중 18위를 기록하며 하위권에 머문 것으로 나타났다. 산업연구원

(KIET)이 〈OECD 회원국 국가성과에 대한 종합지수 보고서〉를 인용해 발표한 자료에 따르면 OECD가 지난 99년 자료를 토대로 26개 회원국의 국가혁신역량을 종합평가한 결과 우리나라는 주요 선진국은 물론 대만과 싱가포르에도 뒤진 18위에 랭크됐다.

특히 평가부문 중 산학연계 및 기술 확산 부문의 경우 평가대상 23개 국가 중 22위를 기록, 최하위에 머물렀다. 국가혁신역량은 국가경쟁력을 구성하는 중요한 부문중 하나로 광범위한 경제활동과 관련된 경제주체들의 총체적 능력을 의미하는데, 우리나라의 국가혁신역량은 지난 90년대 중반 이후 본격적으로 약화되기 시작한 것으로 분석됐다.

이와 관련하여 산업연구원은 우리나라의 국가혁신역량은 지난 1986년부터 2002년까지는 연평균 4.8% 정도 성장했는데 연도별로는 94년 이전까지 연평균 7.3%의 높은 상승세를 보였으나 이후 연평균 증가율이 2.2%대로 뚝 떨어진 것으로 분석했다.

혁신의 커다란 좌표는 역사

언제나 역사는 개혁이나 혁신의 방향을 알려주고 있다. 따라서 혁신이 성공하기 위해서 가장 필요한 것은 먼저 역사의 큰 그림을 그릴 줄 아는 힘이다. 이 힘은 바로 〈역사의 이해〉에서 나온다. 거기에는 혁신의 성과와 실패의 길목이 있고, 혁신의 실패와 성공의 원인과 과정과 결과의 해답이 고스란히 나타나 있다.

정부혁신을 잘못하여 위험에 빠지는 근본 원인도 큰 그림을 보면서 지속적으로 실행할 줄 몰랐거나 하지 않았기 때문이다. 대통령이나 장관들이 전체 공무원들과 혁신의 방향에 대해 상호 유대감을 갖지 않은 상태에서 성급하게 추진하거나, 관련 부서들이 커다란 방향성에 합의하지 않은 채, 혁신 활동이 진행되었을 때 위험에 빠지게 된다. 혁신활동에 대한 방향이 혼란스럽거나, 너무 요란하거나, 목적이 불명확할 때도 불신과 비효율이 생겨난다.

더불어 일관된 방향으로 꾸준히 실행하는 것이 필요하다. 마키아벨리 〈르네상스기(期) 이탈리아의 역사학자·정치이론가 - 필자 주〉는 「군주론」에서 군주의 악덕 중에 으뜸인 것이 〈어중간하게 이랬다저랬다 하는 행동〉이라고 지적했다. 바로 방향성과 지속성의 약함에 대해 말하고 있는 것이다.

어떻게 보면 대통령이나 장관들은 정부 내에서 일어나는 일을 가장 나중에 알게 되는 사람일지도 모른다. 따라서 대통령이나 장관들이 전체 공무원들과 서로 다른 생각을 지니고 있으면 혁신은 실패하게 된다. 성공하는 혁신의 핵심은 결국 사람이다. 대통령과 장관이 내가 시키는데 딴소리 하지 말고 따라와야 한다는 주입식 지시나 오만이 개입되면 혁신은 분명히 실패하게 된다.

이런 점에서 모든 공무원들이 국가와 민족의 장래에 대해 고민하는 분위기가 조성되었으면 한다. 고민하고 반성하고 위기감이 조성될 때 혁신은 반드시 성공하게 된다. 대통령은 모든 장관을 고민하게 만들어야 한다. 그리고 고민한 장관은 소속 공무원 모두를 고민하게 만들어야 한다. 필요한 정보는 더 많이 공유하고, 공무원 모두가 정부의 비전을 항상 인지하여야 한다. 리더는 자율적으로 발견된 문제를 해결할 수 있도록 권한을 계속 위임해 주어야 한다.

따라서 대통령과 장관들은 되풀이 되는 혁신 구호와 수많은 토론이 이러한 관점에서 이루어지고 있는지를 수시로 점검하고 그 방향이 바르지 않을 때는 창조적 리더십으로 바르게 유도해 나아가야 한다. 혁신은 구호가 아니라 마음이며 열망이며 애정이며 자기성찰의 에너지이며 희망이다.

역사를 통하여 태평을 구가하는 시대에도, 날카로운 관찰력과 식견을 가진 사람은 다른 사람에게는 보이지 않는 모순을 깨닫는 법이다. 보다 민감하게 반응했던 사람들은 스스로 위기감을 품고 더 물러설 수 없다는 자세로 현재의 모순을 타개하려 했었다. 이러한 생각이 바로 올바른 혁신적 마인드이다. 혁신은 항상 위기감을 품어야 성공한다. 또한 혁신은 지속적으로 이루어져야 한다. 대통령은 이러한 혁신적 마인드를 가진 인물을 장관에 임명해야 한다. 창조적 리더십을 가진 혁신적 마인드의 장관을 임명만 해도 대통령은 절반의 혁신을 성공했다고 말할 수 있을 것이다.

준비와 희생과 열정적 혁신만이 성공

개혁의 역사에서는 그 때 그 순간 그 사건이 우리가 알고 있는 대로 전개되지 않았다면 하는 아쉬움과 조바심을 던져주는 것이 많이 있어 왔다. 역사는 가정이 없다지만, 그러나 이러한 일들이 운명의 장난처럼 홀연히 일어난 것은 아니었다는 사실을 우리는 알아야 한다.

성공적 혁신의 역사에는 누군가의 사전 준비가 있었고 눈물과 희생이 있었으며 피나는 열정이 있었기에 성공이 있었다. 반대로 실패의 역사에는 누군가의 시기가 있었고, 어리석음이 있었고, 무책임이 있었기에 좌절이 있었다.

그러나 역사의 운명을 놓고 벌였던 성공과 실패의 역사적 게임은 언제나 공정한 조건 속에서, 공정한 방법에 의해, 예상된 과정으로 전개되지는 않았다. 역사의 게임은 전혀 예상치 못한 순간에 승패가 뒤바뀌기도 했다. 왜냐하면 역사는 인간이 만들어가기 때문이다. 인간은 결정적인 순간에서 용기를 가질 수도 있고, 두려움에 떨 수도 있으며, 주저할 수 있고, 대담해질 수도 있으며, 변화를 거부할 수도, 받아들일 수도 있으며, 자기만을 생각할 수 있고, 또한 전체를 생각할 수도 있다.

운명의 순간에 인간의 선택은 자유롭게 이루어졌지만, 역사는 매섭게 자기의 길을 재촉했다. 기회가 다시 부여되는 경우도 간혹 있었지만, 또 다시 기회를 받지 못한 자도 있었으며, 재기하여 영광의 자리를 얻게 된 자도 있었다. 기회는 곧바로 다시 오기도 했지만, 몇 세기가 지난 뒤에 오기도 했으며, 영영 오지 않은 경우도 있었다. 결국 기회를 받지 못한 자는 역사의 게임 판에서 사라져야만 했던 것이다.

그러나 역사의 거대한 흐름은 성공과 실패의 게임 결과에 의해 바로 물줄기를 바꾸었던 것은 아니다. 게임 판 자체를 천천히 또는 급격히 변화시켜 나갔다. 따라서 역사는 언제나 큰 흐름을 거부하고 옛 것만을 부둥켜안고 있는 세력을 역사의 뒤안길로 점차 사라지게 해왔다. 역사는 많은 사람들이 자유와 평등을 누릴 수 있는 방향으로 점점 변화하여 게임같이 인류를 시험해 왔던 것이다.

그러나 역사는 역시 인간이 만들어가고, 인간은 누구나 행복한 삶을 원하기 때문에 한 방향으로 흘러왔다. 그것이 바로 지금의 현실이며 인간의 역사이다. 따라서 현재의 관점에서 과거의 이러한 역사의 게임 판의 변화 방향을 올바로 아는 자만이 진정한 게임의 승자로 혁신을 성공할 수 있을 것이다.

그러므로 이러한 게임 판의 올바른 변화의 방향을 정확하게 알고, 그 방향으로 나아가는 것이 바로 우리가 열정적으로 추진하려고 애쓰는 지금의 정부혁신이다. 다시 말하면 역사의 게임 판의 돌림을 바르게 하는 것이 혁신이라는 말이다.

따라서 지금의 혁신 추진세력들은 단기적인 결과에 집착하기보다는 민족과 국가의 윤리적인 공동선을 위해서 정당한 명분을 가지고 혁신에 임해야 할 것이다. 이러한 혁신이야 말로 우리 모두를 영원히 진정한 승자로 남을 수 있도록 할 수 있기 때문이다.

이것이 올곧은 혁신의 방향이다. 따라서 역사는 혁신의 커다란 시각이기 때문에 그 역사에서 우리는 혁신의 길목과 혁신의 함정을 동시에 발견할 수 있고 또한 그것을 판단해야 하는 것이다.

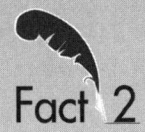
Fact 2

2. 반성의 FACT

공무원의 통곡

2. 공무원의 통곡

국민에게 외면당한 공무원

우리와 우리 후손들이 아름다운 꿈을 영원히 펼치며 행복하게 살아가
야 할 웅비하는 대한민국의 비전을 책임지고 있는

전국의 공무원 여러분!

오래전부터 국민들은 우리 공무원을 싫어합니다. 국민들의 피땀 흘린
돈을 착취하는 집단으로 생각합니다. 국민들의 피 같은 돈을 낭비하는
사람으로 생각합니다. 우리 공무원의 철밥통이 싫고, 우리 공무원의 오
만을 싫어합니다. 우리 공무원에게 술밥 사주고 돌아서서 욕합니다. 그
리고 국민들은 우리가 공무원하고 있는 것 자체를 보기 싫어합니다. 우
리 보고 각성하라고 울분 터지게 질타합니다. 그래서 국민들은 억장이
무너진다고 합니다. 국가가 원망스럽다고 합니다. 그래서 돈만 받아 처
먹는 공무원 다 잘라야 한다고 합니다.

사실 그런지도 모릅니다. 쥐꼬리만한 월급 받으면서도 잘 사는 공무원

도 있습니다. 민생들 소리 외면하는 공무원도 있습니다. 어렵게 식당에서 일하며 고학하는 유학생 앞에 국비로 유학 와서 폼 잡는 공무원도 있습니다. 국민을 위하라고 뽑아놓았는데 자기이익 먼저 챙기기에 바쁜 공무원도 있습니다. 그리고 공무원 되면 자기가 뭐나 되는 마냥 국민들을 무시하고 쳐다보지도 않는 공무원도 있습니다. 국가 예산으로 좋은 관사에서 고급 와인 놓고 포커 치는 공무원도 있습니다. 수시로 출장 달아 놓고 개인 일에 바쁜 공무원도 있습니다.

그러나 이러한 국민들의 질타에 통곡하고 싶은 공무원이 대부분입니다. 국민들의 질타의 시선에 가슴 아파하는 공무원이 대부분입니다. 그래서 한 공무원의 가슴 아픈 통곡으로 호소하고 싶은 것입니다. 바로 한 개인의 통곡이 아니라 우리 모두의 통곡이고 앞서 간 선배 공무원들의 통곡이기도 합니다.

사실 이런 공무원이 더 많다고 우리는 말하고 싶습니다. 그러나 큰소리는 못 칩니다. 왜냐하면 우리를 배신한 소수의 더러운 공무원들 때문입니다. 예산이나 접대로 잘나가는 공무원이 폭탄주 들이킬 때, 시골 어두운 사무실에서 자기 일에 몰두하는 잘 못나가는 공무원이 더 많습니다. 일과 중 한적한 장소에서 코를 골며 시원하게 휴식을 취할 때, 땡볕 아래 벼이삭 세고 있는 공무원이 더 많습니다. 강남의 고급아파트에 이사하면서 공무원의 자긍심을 느낄 때, 부인이 부업하여 자녀 학원비 보충하는 공무원이 더 많습니다.

쓸모없는 자료 모아다가 양장판으로 호화 자료집 만들어 업무실적을 자랑할 때, 복사용지 몇 장 쓰면서 아까워하며 눈치 보는 공무원이 더 많습니다. 고급 연회장에 쓸데없는 사람 모아놓고 파티로 국가를 위하자며 건배를 외칠 때, 하루 종일 현장에 다니다가 짬뽕 한 그릇 눈치 보며 장부에 적어놓고 사무실에 들어와 야근하는 공무원이 더 많습니다.

과거에 받은 뇌물로 상가건물 지어놓고 지금은 청렴하다고 자랑할 때, 다음 달 전세금 모자라 이사 걱정하는 공무원이 더 많습니다. 지위를 이용해 청탁이나 압력을 넣으며 폼 잡을 때, 공무원이라는 소신으로 걸음걸이 조심하며 집 앞에 떨어진 휴지 주우며 소박해 하는 공무원이 더 많습니다. 큰 돈 자동차 트렁크에 던져놓고 골프하며 겸손을 얘기할 때, 10만원 뇌물로 고민하다가 그 돈으로 동료와 소주마시고 다시는 이러지 말자며 자책하며 반성하는 공무원이 더 많습니다.

민원인에게 연애편지 쓰듯 혁신하자며 대통령 앞에서 미소 지을 때, 장애인 오물을 씻겨주며 차라리 자신이 대신 장애인이 되었으면 하면서 가슴 아파하는 공무원이 더 많습니다. 외국에 나가 유학과 주재관은 공무원의 꽃이라며 아내에게 자랑할 때, 천둥만 치면 잠바입고 사무실로 달려 나와 밤을 지새우는 공무원이 더 많습니다. 검은 비단 양복에 부정부패를 척결해야 한다고 단상에서 굽어보며 훈시할 때, 정말 그러한 큰 돈 구경이나 했으면 하는 생각으로 눈만 껌벅이는 공무원이 더 많습니다.

해방 후 우리는 모든 정권에서 개혁과 혁신의 대상이었습니다. 철밥통과 복지부동과 청산과 부정부패와 무소신은 공무원의 또 다른 이름이었습니다. 공무원의 별명을 크게 외치면서 그들은 하나같이 즐거워했습니다. 우리가 철밥통이면 그들은 능력통이요, 우리가 복지부동이면 그들은 변화의 향도였습니다. 우리가 청산의 대상이면 그들은 개혁의 주체였으며, 우리가 부정부패집단이면 그들은 청렴의 상징이었습니다. 우리가 무소신이면 그들은 올곧은 소신의 주체세력이었습니다.

그러나 지금 우리는 알고 있습니다. 어떻게 하면 골프 치며 좋은 집에서 잘 사는지 압니다. 어떻게 하면 유학 가서 편하게 쉬다가 오는지도 압니다. 어떻게 하면 좋은 관사에서 자국민 전화 안받고 고급 와인 마시며 포커 칠 수 있는지도 압니다. 어떻게 하면 분위기 좋은 장소에서 고급양주 마시며 국가를 걱정할 수 있는지도 압니다. 어떻게 하면 강남의 고급아파트로 이사 갈 수 있는지도 압니다. 어떻게 하면 고급 연회장에서 필요 없는 만찬 즐길 수 있는지도 압니다. 어떻게 하면 큰 돈 자동차 트렁크에 던져놓고 골프 칠 수 있는지도 압니다.

이제부터 우리는 국민을 또 한번 속이는 이런 공무원 절대 만들지 않습니다. 이제까지 이런 소수의 공무원들이 있었지만 우리는 이런 공무원을 싫어합니다. 그리고 이런 배신자들은 정말 많지 않습니다. 또한 누가 이런 배신자들인지 우리 스스로는 잘 압니다. 그러나 우리는 침묵합니다. 차라리 무시합니다. 왜냐하면 이런 자들은 진정한 공복(公僕)이 아니기 때문입니다. 이들은 우리와 국민을 팔아먹은 역사의 배신자들입니다.

이제까지 국민들은 얼마 안 되는 이런 배신자들을 보고 공무원 모두를 욕했습니다. 이런 배신자들이 우리와 국민들을 이간질 시켰습니다. 그래서 국민들은 이런 배신자들을 보고 자신들을 못살게 하는 우리나라가 정말 싫어진다고 했습니다. 이런 배신자들 때문에 국민들은 공무원들을 피땀 흘린 자신들의 돈을 착취하는 하이에나 같다고 했습니다. 이런 배신자들 때문에 국민들은 우리들을 하는 일 없이 자신들의 피 같은 돈을 낭비하는 집단으로 매도했습니다.

우리를 철밥통이면서 오만하다고 싫어했습니다. 공무원에게 술밥 사주고 돌아서서 욕했습니다. 더구나 우리가 공무원 하고 있는 것을 보기 싫어했습니다. 우리보고 각성하라고 울분으로 질타했습니다. 국민들은 억장이 무너진다고 했습니다. 국가가 원망스럽다고 했습니다. 그래서 돈만 받아쳐먹는 공무원 다 잘라야 한다고 모질게 말했습니다.

국민의 공복이자 가슴인 공무원

그래서 공무원은 지금 국민 앞에 통곡하고 싶은 것입니다. 진실한 눈물로 복잡하고 착잡한 서글픈 심경을 피력하고 싶습니다. 어떻게 보면 공복(公僕)은 국민들의 자식이면서 동시에 어머니 품일지도 모릅니다. 그래서 국민들이 어렵고 슬플 때 우리는 국민들을 안고 보듬어주어야 합니다. 그래서 그들을 그 품안에서 행복을 느끼게 해야 합니다. 그 품안에서 서러울 때는 같이 울고 기쁠 때는 같이 웃어야 합니다.

그러나 국민들은 그 품을 이미 떠났습니다. 떠나도 많이 떠났습니다. 우리가 따뜻한 손짓으로 불러도 그들은 외면합니다. 부패하고 오만하고 무능력하고 돈만 아는 그런 소수의 배신자들 때문에 국민들은 소박하고 성실한 우리를 떠났습니다. 그래서 통곡하고 싶은 심정입니다. 그러나 우리의 통곡에 앞서 국민들은 분노의 통곡을 먼저 하고 있습니다.

하지만 여기서 우리는 포기할 수 없습니다. 우리의 품을 떠난 국민들을 가슴에 와 닿을 수 있는 겸손의 애정으로 다시 보듬어 안아야 합니다. 그래서 함께 웅비하는 대한민국을 만들어 가야 합니다. 분통을 넘어 통곡하고 있는 국민들의 눈물을 우리가 따뜻한 손길로 직접 닦아주어야 합니다.

가난하고 어려운 국민들은 지금 답답하다고 합니다. 살기 어렵다고 합니다. 우리도 마찬가지입니다. 그러나 그들을 안고가야 할 사람은 분명 우리 공무원 밖에 없습니다. 공무원의 통곡으로 국민들의 분노에 찬 통곡을 멈추게 해야 합니다. 우리의 통곡으로 대한민국 국민들의 분노의 함성을 멈추게해야 합니다.

반만년의 역사를 유구하다고 드높게 외치는 역설 속에는 우리 선조들의 눈물겨운 고난과 역경이 넘치는 서러운 생명의 질긴 인연의 밧줄이

목덜미에 뒤 감겨 왔다는 사실을 우리는 자각해야 합니다. 그래서 우리는 같은 민족이며 동포 입니다. 그래서 우리는 대한민국의 주인입니다. 공무원은 그 대한민국 주인인 국민들의 번거로운 일을 대신해 주는 종입니다. 그래서 국민들과 함께 대한민국을 가꾸어가야 합니다. 그래서 행복하고 아름다운 조국을 후손들에게 물려주어야 합니다. 이러한 책임은 먼저 우리 공무원 모두에게 있습니다.

또한 인류문화사를 두껍게 만든 위대한 인물들의 치적과 공헌과 업적의 바탕에는 이름 없이 사라져간 민생들의 호곡소리가 진하게 서리어 있음을 우리는 알아야 합니다. 그래서 공직사회는 윗물과 아랫물이 함께 스스로 지켜가야 합니다. 역사는 윗물만의 잔치가 아닙니다. 역사는 오히려 아랫물의 눈물의 희생으로 빚어진 보석으로 빛나는 것인지도 모릅니다. 윗물 없는 아랫물이 없고, 아랫물 없는 윗물도 없습니다. 우리는 함께 흘러가야 합니다. 윗물의 머리와 아랫물의 손발이 함께 어우러져 국민의 아픔을 보듬어야 합니다.

그리고 우리를 팔아먹은, 우리를 통곡하게 만든, 우리를 구역질나게 만든 부정부패와 무능력과 무원칙과 무질서의 배신자들을 걸러내야 하는 책임과 임무도 우리 모두에게 있습니다.

우리 현대사는 정말 빛과 어둠이 수없이 교차한 복잡다단한 교직물이었습니다. 여기에는 식민통치국과 피식민 통치국의 문제, 약소국과 강대국의 문제, 민주주의와 독재주의의 문제, 먹고사는 문제와 도덕적 삶의 문제, 자유와 인권의 문제 등 각양각색의 문제가 포함되어 있었습니다.

　35년간의 일제 식민통치가 제2차 세계대전(태평양 전쟁)의 결과로 이 땅에서 물러났고, 그 자리에 미국과 소련이 들어왔으며, 해방은 곧바로 남북분단으로 향하게 되었습니다. 이것이 우리 현대사의 첫 장면입니다.

　이승만 대통령은 〈자유민주주의〉라는 토대를 마련하였지만, 친일세력이나 일제잔재 청산에 미온적이어서 도덕적 약화를 가져왔고, 윤보선-장면 정권은 그 토대 위에 〈서구식 이상적 민주주의〉를 지으려고 밑그림을 그리다가 자기 분열로 박정희의 쿠데타를 초래했습니다.

　박정희 대통령은 혼란하다고 생각한 서구식 이상주의 보다는 무엇이 실질적인 것인가에 초점을 맞추고, 이 땅에 〈경제개발계획〉이라는 중장기 플랜을 처음으로 도입하여 민생고를 해결한 뒤, 소위 영원한 〈토착적 민주주의〉를 구축하려다가 비명에 갔습니다. 그런데 박정희 대통령이 가고 과도기적으로 전두환, 노태우 대통령이 있었지만 그들은 박정희 대통령의 유고에 따른 일시적 연장이었습니다.

　군사정권의 경제적 부를 물려받은 YS는 신한국 창조의 야심 찬 이상과 열정에서 출발하였지만, 민주주의에 대한 겉멋만 내다가 OECD 〈경제협력개발기구 : 선진공업국을 중심으로 29개국으로 구성된 경제에 관한 국제협력, 파리에 본부를 둠-필자 주)에 가입하자마자 나라를 IMF 상황으로 몰아넣고 물러나고 말았습니다.

　DJ는 IMF 상황 덕분에 집권하였으나 환란 극복 과정의 구조조정, 공적자금, 대북지원 등에서 그 자신의 의지나 가치와는 별개로 부패와 혼란과 비능률과 낭비를 가져왔다는 지적이 많습니다.

언제나 멀고도 험난한 혁신

그러나 지금까지 우리 공무원들은 이러한 광복 후 혼란의 시대에도 흔들림 없이 꿋꿋이 대한민국의 중심축에서 묵묵히 일했습니다. 물론 그 사이에도 우리를 팔아먹은 배신자는 일부 있었다는 것을 부인하는 것은 아닙니다. 그러나 우리 대부분은 나와 내 가족보다 사회와 조국을 더 사랑했습니다. 국가와 국민과의 약속에 더욱 충실하자고 스스로 다짐했습니다. 많은 업무는 자긍심으로, 적은 월급은 양주 보다 막걸리로 해결했습니다. 일부 재주 좋은 사람은 윗물이 되었지만 대부분 아랫물에 만족하며 국민에게로 더 다가갔습니다.

그리고 국가재건운동, 제2공화국의 국토건설사업, 서정쇄신과 새마을운동, 사회정화운동, 새질서 새생활운동, 신한국 창조와 역사바로세우기, 제2건국운동 등의 변천의 물줄기 속에서도 공무원들은 올곧은 마음으로 일관되게 성실히 일해 왔습니다.

사실 이제 좀 살만합니다. 그동안 월급도 많이 올랐습니다. 그래서 청년실업의 여파도 있지만, 공무원 인기가 옛날보다 참 많이 좋아졌습니다. 그러나 여전히 국민들은 공무원을 싫어합니다. 그래서 지금 통곡하고 싶은 것입니다. 이것은 현재 우리들만의 문제가 아닙니다. 가난하고 묵묵히 공직의 자긍심으로 살다 간 우리 선배들의 명예가 달린 문제입니다. 그래서 더 통곡하고 싶은 것입니다.

해방 후 우리는 수없이 많은 개혁과 변화를 외쳐 왔습니다. 그러나 우리를 팔아먹은 배신자들은 여전히 혁신의 발목을 잡아 왔습니다. 그래서 국민들도 통곡하고 우리도 통곡합니다. 언제나 혁신의 길은 멀고도 험난하다는 것을 우리는 역사적으로 알고 있습니다. 거기에는 엄청난 저항과 잘 되는지 두고 보자 라는 질시와 방관과 부정부패라는 구조적 유혹이 항상 따르게 마련이기 때문입니다.

그러나 분명한 것은 21세기의 미래는 분명 우리에게 혁신을 요구하고 있다는 사실입니다. 전례답습적인 적당한 혁신과 전 정권의 오류를 치유하는 수준의 혁신으로는 절대 살아남기 어렵다는 것입니다. 만약 그렇게 하면 약하게 말하여도 20대 80사회〈분배의 효과를 배제하는 신자유주의 사회계층 구조의 양극화 현상-필자 주〉의 80에 빠져서 20이 주는 거지 양식으로 이른바 굴욕적인 〈배부른 노예 돼지〉로 살아가야 한다는 것입니다.

이제 우리는 통곡에 앞서 왜 지금 우리의 품을 떠난 국민들 앞에서 우리가 통곡해야 하는지를 스스로 자문해 보아야 하겠습니다. 앞으로의 역사는 우리를 거역할 수 없는 힘으로 자꾸 앞으로 떠밀어, 안락과 오만과 정신적 사치의 잠을 깨워서 열망(꿈·희망·비전)이라는 목표점을 향해 멈출 수 없도록 우리를 재촉하고 있습니다.

지금까지의 역사는 우리가 그동안 가끔은 길을 잃었던, 도둑이나 사나운 개의 습격을 받았던, 안락과 오만과 정신적 사치에 안주했던 역사적 오류들을 경험하게 했습니다. 그러나 또한 역사는 우리의 목표점인 웅비의 열망(꿈·희망·비전)으로의 여정을 멈추지 않도록 하고, 예정된 노선을 벗어나지 않도록 우리의 눈빛이 늘 긴장하도록 강건하게 유지시켜주고 있습니다.

공직은 우리의 삶에서 겸손과 포용과 열망의 길을 걸어서 통과해야 하는 우리 자신과의 약속입니다. 따라서 오늘 우리의 통곡은 그동안 잊고 있었던 우리 자신을 겸손과 포용으로 만나는 과정으로 인식하여야 할 것입니다.

외롭고 서러운 오늘 우리의 통곡은 우리 자신의 내면을 직면하게 만들고, 주어진 여건의 역사적 제약과, 안락과 오만과 정신적 사치로 고뇌해야 했던 역사의 오류들로부터 우리 스스로를 해방시켜줄 것입니다.

그리고 우리의 반성과 역사적 교훈의 에너지를 바탕으로 힘에 부칠 때까지 변화하고 혁신하고 노력하다가 보면, 충만한 삶의 기운과 웅비의 열망(꿈·희망·비전)이 점차 선명해짐을 느낄 수 있을 것입니다.

우리의 통곡은 엄청난 역사의 소명과 무게를 감당하게 하지만, 다행히 우리가 가야 할 길인 공무원의 책임감을 성급하게 한꺼번에 재촉하는 것은 아닙니다. 이 통곡의 과정에서 모든 공무원들은 부패와 혁신의 역설과 공직자의 자세를 새롭게 인식하여야 할 것입니다.

그래서 대한민국의 웅비의 각성으로 그 역사적 오류를 잘 반성하고 행정 철학이 충만한 창조적 리더십을 가진 공무원이 되도록 우리 스스로 노력함으로써 혁신과 부패 척결을 추진하여 올곧은 공무원의 책무와 민족적 헌신을 감당하여야 할 것입니다.

이제까지 로드맵만 있었지 실천은 없었다

그동안 공무원의 자취를 더듬어 보면서, 우리는 이제부터 삶의 자료, 생각의 노선, 시간의 경유지, 일정, 목표점 등을 세밀하게 기록한 〈준비된 공직자의 계획표〉를 만들고, 한시도 손에서 놓지 말아야 할 것입니다. 그리고 또한 이 통곡에는 뭔가가 있다는 확신과 변화된 자아형 인식과 다짐을 가져야 할 것입니다. 그리하여 목표점에 가까워질 때에는 빛나는 개혁의 청사진인 〈열망〉을 가슴에 가득히 담아야 할 것입니다.

통곡 이전에 우리는 그동안 공무원들이 겪어야 했던 〈역사의 오류〉인 주체적 역량이 결여된 편협한 아류성, 통합을 저해하는 불안감 해소의 실패, 공직자의 오만과 가치충돌의 조장, 소신과 청렴의지 부족, 자가당착적 무지, 우리를 팔아먹은 배신자의 면죄부, 협상능력 미숙 등을 만날 수 있었습니다.

또한 역사를 통하여 안락과 간신과 사치와 내분, 국가 비전과 애국애족의 실종, 나태와 환락과 탐욕, 반유비무환 및 정보 빈곤과 파벌 분쟁, 부정부패와 무능과 개인영달의 암투, 국가와 민족을 망각한 소영웅주의, 빼앗기고 끌려간 식민지의 분통한 참상, 권력욕과 꼭두각시의 혼란, 정치가와 공직자의 오만과 무능 등을 경험하였습니다.

따라서 이제 우리는 이 통곡을 끝냄과 동시에 이러한 수치스러운 공직자의 오류들을 휴지통에 미련 없이 버려야 하는 이유를 자각하여야 하겠습니다.

해방 후 우리는 공직자의 자만에 빠져 무수한 로드맵을 생산했고, 수많은 코드 인사들과 개혁을 외쳐왔고, 헤아릴 수 없을 만큼 부정부패의 척결을 다짐해 왔습니다. 그러나 우리는 부정부패 척결을 다짐했던 코드 인사들이 만든 로드맵을 들고서, 입으로만, 말로만, 머리로만 서성거리고 말았습니다.

즐겁고 희망차게 이 혁신의 길을 떠났어야 했는데도, 우직한 걸음으로 개혁의 소풍을 떠났어야 했는데도 불구하고, 당장의 힘든 걸음이 싫었고 달콤한 안락과 오만이 너무 좋아서, 부정부패로 오염된 더럽고 수치스럽고 냄새나는 개혁의 출발점에서 안주하고 말았습니다.

다시 말하면, 열망(꿈·희망·비전)이라는 목표점이 그려진 지도(로드맵)만 있었지, 소풍(실천)은 없었던 것입니다.

이것이 바로 오늘 우리의 통곡을 있게 했습니다. 이것이 바로 국민들의 신랄한 비판을 있게 했습니다. 오늘의 통곡에서 우리는 역사의 준엄한 교훈을 발견할 수 있었습니다. 혁신과 부정부패 척결은 머리와 말과 입으로 하는 것이 아니라, 먼저 발을 힘차게 땅에 내딛고서 느리고 힘들더라도 우직한 걸음으로 한걸음씩 소풍을 떠나는 〈실천〉이라는 미덕을 발견하여야 하고, 또한 그 방법을 생각할 수 있는 고뇌로 압축된 시간을 보내야 할 것입니다.

전국의 공무원 여러분!

끝으로 조그만 희망이지만, 앞으로 다시는 우리의 통곡을 국민들에게 보이지 맙시다. 공직의 길을 묵묵히 소명의식으로 목표점을 향해 꾸준히 걸어가다가 중요한 판단과 선택을 해야 하는 〈역사의 갈림길〉을 만난다면, 어떤 방향의 길에 우리가 바라는 열망(꿈 · 희망 · 비전)이 있을 것인가를 다시 한번 판단해 보았으면 합니다.

그리하여 국민 모두가 우리에게 고생했다며 고맙다는 인사를 할 때의 공직의 정수리에서 우리 모두 열망(꿈 · 희망 · 비전)의 축배를 들고서, 또한 오늘의 통곡을 생각하면서 대한민국의 원대한 웅비의 용틀임을 오래도록 경험해 보았으면 하는 것입니다.

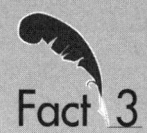
Fact 3

3. 혼란의 FACT

국제무대의 요충지 한반도

3. 국제무대의 요충지 한반도

1. 지리적 결정론 비판

대륙과 해양세력의 충돌

요충지(要衝地)란 교통·상업 면에서 매우 중요한 곳, 지세가 아군에게 유리하고 적군에게는 불리한 곳을 말한다. 지정학적인 관점에서 볼 때, 어떤 국가의 역사적 흔적은 그 국가가 차지하고 있는 지리적 위치에 따라 상당한 영향을 받는다는 것이 세계문화사의 통설이다.

우리가 살고 있는 역사적 현실은 대부분 부정적인 반도의 영향으로 다가왔다. 고조선부터 천 번이 넘는 외부의 침략을 막아내야 했으며, 그러한 과정에서 우리 한민족은 상당기간 질곡의 고통을 감내해야 했다.

그러나 이제는 평화와 번영의 동북아시대를 마련해야 하며, 그러기 위해서는 우리 사회 모든 부문에서 혁신을 창조해야 한다. 바로 발전적으로 모든 것을 바꾸어야 한다는 것이다.

모든 국민들이 자발적으로 참여하여 지식기반형 새로운 성장 동력을 창출할 수 있는 기반을 조성하여 동북아 경제협력 네트워크를 구축하여야 할 것이다. 그리하여 번영된 동북아 경제협력체를 형성하고, 한편으로는 북한 핵문제 해결 등 한반도 평화체제를 구축하여 동북아 평화협력체를 형성하여야 할 것이다.

그리고 이러한 동북아의 평화협력체와 동북아의 경제협력체를 동시에 달성하여 평화와 번영의 동북아 시대를 우리가 주도하여 나아가야 할 것이다. 따라서 이러한 평화와 번영의 동북아 공동체를 우리가 리드하기 위해서는 ① 국가균형(國家均衡) ② 정부혁신(政府革新) ③ 차별시정(差別是正) 등을 실질적으로 실천한 지식기반형 신성장동력(新成長動力)을 창출하여야 하며, 이러한 성장 동력의 창출은 바로 정부혁신에서 출발한다는 인식을 가질 필요가 있는 것이다.

이러한 중요한 시기에 우리 한반도가 1세기 전에 처한 상황들을 심층적으로 살펴보고, 이에 따른 역사적 교훈으로 다시는 이러한 혼란과 질곡의 시간을 반복하여서는 안 될 것이다.

『국가는 사회를 매개로 하여 영토와 결부되고, 사회와 영토와의 관계는 각각 그 발전단계에서 국가에 영향을 준다』

- Friedrich Ratzel(1844-1904) -

아시아 극동부의 중앙에 위치한 한반도는 중국 · 러시아 · 일본의 강대국들과 통하는 교통의 요충지를 차지하고 있으며, 중앙적 위치에 의해 결합과 분리의 기능을 갖게 되므로 외부로 팽창하는 세력들에게는 선점의 대상이 되어 왔다.

또한 주변국들에게는 한반도가 완충지 역할을 하므로 자국의 안보에 절대적으로 필요한 지역이다. 특히 한반도는 두 개의 배후지(背後地)를

가지고 있어서 대륙세력에게는 무한히
확장할 수 있는 해양으로의 진출 가능성
을 제공하고, 해양세력에게는 대륙이라
는 광대한 배후지를 제시한다.

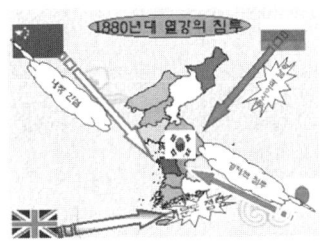

　이러한 전략적 가치 때문에 한반도는
관심을 끌 만한 자원이 없음에도 불구하고, 고대로부터 열강의 각축장
(角逐場)이 되어 왔다. 일반적으로 반도는 ① 중앙적 성격 ② 부수적(부
속적) 성격 ③ 관문적 성격이 있다. 반도의 제반 성격은 개별적으로 작
용하는 것이 아니라 복합적으로 작용하기 때문에 한반도에서 일어나는
제반 국제정치적 문제는 항상 복잡하고 미묘한 것이었다.

　그리고 대륙과 해양의 어느 쪽으로도 진출이 양호하기 때문에 한반도
는 자연히 국제정치의 관심의 초점이 될 수밖에 없는 것이다. 따라서 이
경우 양대 세력의 진출의지가 발산하는 충격을 흡수해 낼만한 힘을 반
도 세력이 갖지 못하면, 반도는 대륙과 해양의 양대 세력의 대결장으로
변모되어 지는 것이다.

『한반도는 내륙국가의 해양진출 의지와 해양국가의 대륙진출 의지의 충
돌점이 되고 양 세력간의 대립과 갈등이 수많은 분쟁을 낳게 된다』

- H. Mackinder, N.J.Spykamn의 양대 이론(兩大理論) -

　한(漢)나라의 고조선 침략, 수·당이 정권 기반까지 걸고서 고구려를
침범한 사실, 거란의 침략, 몽고의 일본정복 기도, 임진왜란과 명의 파
병, 정묘호란과 북벌계획, 청·일 전쟁과 러·일 전쟁, 서세동점의 파고
로 인한 한·미 통상조약과 서구열강의 각축장(병인·신미양요), 영국
의 거문도 사건, 일제 식민지, 3·8선과 미·소의 군사통치, 6·25 전

쟁, 155마일 휴전선, 남·북 분단, 현재의 북핵문제와 6자회담 진행 등의 다양하고 눈물겨운 역사적 사실로 인하여, 한반도에서는 언제나 대륙세력과 해양세력이 서로의 관심을 집중시켜, 결국 양 측의 충돌이 일어나게 될 수밖에 없는 환경이 조성되어 왔다고 볼 수 있다.

그리고 이와 같은 중앙적·관문적 위치는 주변 세력간에 세력균형을 위한 완충지로서의 전략적 가치도 한편으로 갖는 까닭에, 한반도는 열강 세력들의 국제적 요충지가 되어 왔던 것이다.

다시 말하면, 우리 한반도는 역사가 증명하듯이 지극히 중요한 위치에 있으며, 대륙과 해양사이를 차지하는 이 요충지는 반드시 주변국가의 관심을 끌 수밖에 없도록 환경 지어져 있는 것이다. 따라서 우리는 한반도의 주체가 자주적 역량이 부족할 때에는 외부세력이 반듯이 밀려 온다는 사실을 알아야 할 것이다.

반면에 반도를 기반으로 충분한 실력을 축적하고 발휘할 수 있다면, 도리어 주변 세력을 압도하고 중심세력으로의 진가를 유감없이 발휘할 수 있다는 결론에 도달할 수 있다. 과거 고구려와 백제가 대륙과 해양을 주름잡았고, 신라의 높은 세계사적 문명이 이를 증명해 주고 있다.

결론적으로 우리는 조상들이 소중히 지켜온 이 땅을 전략적 요충지로 삼아 우리의 주체적 역량을 결집할 때, 대륙과 해양으로 우리의 국력이 무한히 뻗어 나갈 수 있음에 주목할 필요가 있을 것이다.

비극의 3·8선

〈비극의 3·8선〉, 〈통한의 3·8선〉이라고 부르는 3·8선은 광복과 더불어 우리에게 안겨진 〈시간의 보복〉이요 필연적 〈역사의 멍에〉 이다. 3·8선은 일본군 무장해제를 위하여 그어진 선인데 그 목적이 소멸된 후에도 미·소가 대치하여 결국 민족 최대의 동족상잔인 6·25 전쟁을 낳았다.

지금 우리는 한민족 최대의 비련인 동족분단의 십자가인 3·8선을 단순히 운명으로 돌리기에는 너무나 안타까움을 금할 수 없는 것이다. 따라서 문제는 우리가 3·8선의 교훈과 경험을 세계사적 차원에서 주체적으로 승화시킬 수 있는 지혜와 역량과 의지를 지금부터 결집시켜야 하고 그 능력을 발휘해 보아야 할 것이다.

3·8선이 등장하게 된 연유는 1592년 임진왜란시 왜군이 명과의 협상에서 강화의 조건으로 서울 이남의 4개 도를 일본에 할양할 것을 요구하였다. 그리고 19세기 말 러시아는 영토확장을 위하여 북위 3·8선을 아시아에서의 확대 최소한의 경계선으로 책정했으며, 러시아의 니콜라이 2세는 시베리아 횡단철도 완성 후 조선에서 부동항을 구하라고 명령하기도 하였다.

근세의 한반도 분단 시도는 영국 외무장관 Kimberley에 의해서 제기되었는데 한반도 북부는 청국이, 남부는 일본이 차지하게 하여 소위 청·일 분쟁을 해결하려고 하였다. 러시아·독일·프랑스의 이른바 〈삼국 간섭〉으로 난관에 봉착한 일본은 1896년 6월 러시아 니콜라이 2세 대관식에 참가한 야마가타(山縣有朋)가 먼저 러시아 외무대신 로마노프에게 3·8선을 경계로 조선을 양분하자고 제의하였다.

그 후 러·일 간에 일본의 주도로 39도선 분할 안이 흥정되었고, 러·일 전쟁 후 이번에는 러시아에 의해 3·8선 분할이 주도되었다. 따라서 이를 협상하기 위하여 러시아를 방문하러 가던 이또오(二藤博文)가 안중근 의사에게 하얼빈에서 암살되었던 것이다.

결국 제2차 영·일 동맹(1905)으로 영국이 인도 지배권을, 태프트·

가즈라 밀약(1905)으로 미국이 필리핀 지배권을 나누어 먹은 대신에, 일본은 한반도를 고스란히 삼킬 수 있었다. 그만큼 국제정세와 국제이익은 냉혹하고 살벌하다. 이와 같은 역사적 연유를 가진 3·8선의 망령은 제2차 세계대전으로의 종결과 함께 다시 우리에게 〈시간의 보복〉으로 나타나 슬픈 현실이 되어 갔다.

주인이 배제된 한반도 나눠먹기

카이로·테헤란 회담 : 1943년 11월 20일 카이로에서 루주벨트·처칠·장개석 3명이 만나 전후의 평화 및 세계질서 재편성에 관한 회담을 열렸다. 이 회담은 카이로 공동 선언을 통해 〈일본은 1914년 이후 태평양지역에서 탈취한 모든 지역을 반환해야 하며, 만주·대만·팽호(澎湖) 군도를 중국에 돌려주어야 한다〉 라고 못 박았으나, 유독 한국에 대해서만 적당한 시기에 독립이 허용될 것이라는 단서를 붙여 자주독립을 잠정적으로 유보하겠다는 뜻을 나타내었다.

이 유보는 루주벨트·처칠·스탈린의 테헤란 회담에서 재론되었으며, 여기서도 루주벨트는 〈한국인이 완전한 독립을 얻기 전에 상당기간의 수습기

간(apprenticeship)을 필요로 한다〉라고 하였고 스탈린도 이에 음흉한 마음으로 서둘러 동의했다.

얄타·포츠담 회담 : 1945년 2월 8일 미·영·소의 얄타회담에서 스탈린은 전시 중에 미·소의 군사 점령을 위하여 북위 3·8선 분할을 제의했다. 과거 부동항 획득을 위한 러시아 외교정책의 저의를 간파하지 못한 바보 같은 미국은 이에 기쁜 마음으로 동의했으며, 결국 소련은 목적을 달성하였고 반면에 한반도는 힘이 없었던 관계로 서글픈 비극의 서막이 전개되었던 것이다.

한반도 분할은 강대국 정치권력의 부산물이었다. 미·영·소 수뇌들의 포츠담 회담은 대전 중 마지막 연합국 회의로 7월에 열렸는데, 여기서 한국문제는 논의되지 않았으나 카이로 선언을 재확인하여 한국은 〈적당한 시기〉에 독립되어야 한다고 명백히 하고 말았다.

종전이 임박하자 한국 분할의 결정적 순간은 바쁘게 움직였다. 미국은 일본이 1945년 8월 10일 항복의사를 밝히자(8.14일 무조건 항복조칙 발표) 한반도에 진공하려던 계획을 돌연 변경하여 한반도를 〈군사적 점령과 무장 해제〉로 변경하고 3·8선에서 분단키로 했다.

『소련군이 북위 3·8선 이북을 점령한 것이 사실임이 분명하다. 어쩌면 이와 같은 속도로 자유로이 군사행동을 취한다면 누구에게도 방해받지 않고 단시일 내에 그들이 전 한국을 점령할 수 있을 것이다.』

- 애치슨 회고록 -

이에 트루먼 대통령은 〈일반명령 제1호〉 즉, 한국의 북위 3·8선을 미·소 양군의 군사행동지역의 경계선으로 한다는 공문을 스탈린에게 보냈고, 영국과 중국도 이에 관심 없이 동조하였다.

이러한 통한의 3·8선으로 우리는 본의 아니게 해방되면서 남북으로 갈라졌고, 한때는 치열한 동족상잔의 피비린내 나는 전쟁의 소용돌이에 휩쓸리기도 하였다. 독일이 2차 대전 이후 국토가 분단된 것에는 전쟁을 일으킨 당사자로서의 충분한 이유가 있었다.

그러나 한국은 전쟁을 일으킨 당사자도 아니고, 전쟁에 어느 정도의 책임이 있는 것도 아니었다. 한국은 일본의 침략으로 이미 국토를 잃어버린 상태였기 때문에 그때까지만 해도 피해자의 하나였다. 그런데도 스탈린의 집요한 고집(음모)과 미국의 무능에 의해 국토가 분단된 것은 너무나도 억울하고 분통하고 힘없는 약자의 서글픔이 아닐 수 없는 것이다.

처음에는 얄타회담에서 스탈린은 전쟁책임을 물어 일본을 분단하려고 했으나 루스벨트의 반대로 무산되었다. 일본 분할에 대하여 루주벨트가 반대한 이유는 일본을 분단시키면 일본 전체가 공산화될 수도 있고, 그렇게 되면 태평양이 무방비 상태가 될 수도 있다는 우려 때문이었다. 그러자 스탈린은 죄 없는 한반도의 분단을 다시 요구했다.

스탈린은 그런 정도로 양보해 두면 기회를 봐서 한반도 전체를 적화시키는 것은 어렵지 않을 것이라고 판단했다. 그러나 루주벨트의 생각은 다소 소극적이었다. 그는 바보같이 한반도를 분단했다고 해서 반드시 적화된다는 보장도 없었고, 설령 적화된다고 해도 일본열도를 가지고 대륙세력의 방파제로 삼으면 된다고 생각했다. 따라서 이것은 바보스런 양보였고 우리에게는 과거에 힘을 기르지 못한 약소국의 〈역사의 보복〉이 찾아 왔던 것이다.

19세기 한반도 중립화론(中立化論)

지금 북핵(北核) 문제로 6자회담이 진행되고 있다. 이와 비슷한 정세에 있었던 19세기 말에 우리 집권층의 외세 의존으로 인해 정세분석의 초점이 흔들리고 있던 중, 한반도 중립화라는 새로운 논의가 대두되었다. 조선은 문호개방 직후 청·일 두 나라의 각축장이었으나, 10여 년 뒤에는 미·영·독·프·러 까지 합세한 당시 세계 강대국들 모두가 끼어들었다. 따라서 한반도를 둘러싼 국제적 이해관계가 복잡·첨예하게 변모하자 한반도 중립화 방안이 심각하게 대두되었던 것이다.

이러한 관점에서 100여 년 전과 100여 년이 지난 오늘날을 비교해 보면, 너무도 흡사하고 오히려 더욱 불리하게 비쳐지기도 한다. 러시아는 소련으로 갔다가 다시 러시아로 환원되었고, 일본은 패전 후 경제와 군사 대국화로 살아났다. 청은 중화(中華)라는 거대한 세력으로 몰려왔다.

이제 달라진 것은 미국이 초강대국으로 우리의 후원자(?)로 있고, 반면에 우리는 둘로 갈라져 남·북으로 대치하고 있다는 점이다. 19세기에는 3국(청·일·러)의 각축장이었으나, 지금은 4국(미·일·중·러)의 각축장이 되었다. 그러므로 이 시점에서 19세기 중립화론을 다시 한번 심도 있게 살펴보는 것도 상당한 의미가 있을 것이다.

Budler의 『영세국외중립론』: 주한독일부영사 버들러가 제기한 대한국〈대한제국 개칭 후 대외명칭은 대한국으로 통일-필자 주〉의 〈영세국외중립론〉은 독일이 아시아 정책 내지는 극동 정책을 영국과 경쟁하면서 러시아 남하를 견제하고 청나라의 비위를 건드리지 않으려는 술책이었다. 청의 월권행위를 묵인하는 대신 일본의 대청 감정을 부채질하고, 우리나라에게는 동정하는 공동 보호론을 제기하는 등의 조선에서의 입지 확대를 획책한 독일 외교술책의 하나였다.

이와 같은 버들러의 영세국외중립론은 천진에서 조선 문제로 청·일 회담이 개막되기 직전에 외무독변 김윤식을 거쳐 조선정부에 전달되었고 정부는 이를 거부하여 김윤식으로 하여금 그 원본을 반환시키고 사본을 이홍장에게 송부하였다. 따라서 이홍장은 회담 초에 이등박문이 제기한 양국공동철병안을 수용한 것은 버들러의 중립화론에 영향을 받은 것처럼 보인다.

Von Brant의『중립론』: 갑신정변으로 한반도에서 일본의 의도가 좌절되고 그 세력이 후퇴하게 되어 청나라와의 균형이 기울어짐에 따라, 이등박문이 천진으로 가서 일본의 침략 의도가 없음을 설명하고 양국 군대 공동철병안을 관철시켰다. 텐진 조약에 의해 1885년 대한정책 8개조(井上八條)를 수교하였는데, 이는 청·일 양국이 러시아에 대응하여 공동으로 조선에 내정간섭을 하자는 내용이었다.

이때에 청·일 양국의 대립을 방지하고 조선의 안전을 보장하며 독립과 영토를 보전하기 위해서는 청·일·러 3국이 조약을 맺어 조선을 영세중립국으로 해야 한다는 것이 양책(良策)이라는 것을 건의한 사람이 있었는데, 그가 주한독일대리공사 Von Brant 였다. 결국 이 중립론에 대하여 일본은 찬성하였고 조선과 중국은 반대하여 무산되었다

Isvolosky의『중립론』: 일본은 한반도에서의 우월권을 확보하기 위하여 러시아의 만주 경영의 자유를 인정하려는 소위〈조·만 교환주의〉를 주장하는 세력이 있었는데, 1896년부터 의정서를 맺고 조선 문제를 러시아와 협의하여 오던 중, 1899년 러시아는 마산 부근의 토지를 매수하여 군항을 건설하고 블라디보스톡의 여순·대련 간 중계소를 만들려고 기도하였다.

1900년 10월에 주일러시아공사관의 참사관인 Poklevski는 조선을 러·일 공동보호 하에 영세중립국으로 하려고 일본에 제의하였고,

1901년 주일러시아공사 Isvolosky도 적극 권유하였다. 일본은 러시아의 의도를 간파하고 그 제안을 거절하였으며 만주의 원상회복을 요구하였으나, 러시아는 청나라와 교섭하고 일본의 참여를 저지했다.

유길준의 『중립론』: 한반도를 둘러싼 분쟁의 열기가 고조되자 1885년부터 버들러 등이 중립화론을 제기하였다. 이에 조선 정부는 당시에 〈청이 이유 없이 군대를 증원하거나 새로운 분쟁을 일으키지 않을 것이며 일본도 평화정책을 추구하므로 중립화론은 필요 없다〉 라고 잘못 판단하였다. 이는 그 당시의 국제 현실을 너무도 모르는 외교의 무능과 무지를 그대로 드러내었다.

이에 유길준이 미국유학을 중단하고 유럽을 거쳐 귀국(1885년)한 후 〈중립론〉 이라는 논문을 발표하였다. 그 내용은 당시의 강대국들의 침략 저의를 간파하였는데, 특히 일본의 침략의도를 명확히 알고 있었다. 따라서 유길준은 영국의 거문도 사건, 러시아의 남하정책, 미국의 입장, 중국의 보장, 일본의 침략의도 등을 종합하여 강대국들의 보장 하에 중립화하는 것이 필요하다고 판단하였다.

요컨대 유길준의 한반도 중립론은 조선에 대한 러시아와 일본, 특히 러시아의 침략을 예상하고 그것에 대한 중국의 군사적 능력과 미국의 관여도가 가지는 한계성을 충분히 인식한 구상이었다. 그러나 유길준의 중립론은 조선 정부에 의해 묵살되었는데, 이는 당시 집권자들이 국제 정치 상황에 대한 안목이 전혀 없었던 것을 반증해 주고 있는 것이다.

19세기 말과 같이 열강의 틈바구니에서 국제분쟁의 요충지대에 위치하면서 군사적·경제적으로 주변 국가들을 앞서지 못했던 우리가, 자주적인 국권을 유지하기 위해서는 완충국으로서 강대국들의 협약이 보장되는 중립국이 되는 방안이 검토될 가치는 있었다. 그러나 당시의 위정자들은 국제정치 안목이 부족하여 중립화론에 대한 어떠한 입장이나 대책도 마련하지 못하였고, 결국 역사의 물결에 떠밀려 〈역사의 보복〉의 터전을 마련하고 있었다.

지금 우리는 북핵을 둘러싼 6자회담에 참여하고 있다. 중국·러시아·일본·미국 사이에 끼어 있으며, 북한과 이념 및 국가 이익의 관점에서 민족의 장래를 위하여 상호 대치하고 있는 것이 현실이다.

지금 우리는 100여 년 전에 역사적으로 제기되었던 중립화론을 참조하여 과거의 역사적 교훈을 거울삼아 앞으로 자주역량을 결집시킴으로써, 민족자존의 웅비의 길을 탄탄히 마련해야 하는 역사적 책무를 지고 있다는 사실에 주목할 필요가 있을 것이다.

세계사의 주도권과 지리적 결정론 비판

세계 문화사를 살펴보면 문명의 발상지는 상당수가 반도에서 기원하고 있다. 그리스가 에게 해의 작은 반도에서 출발하여 고대문명을 꽃피워 지중해·소아시아·아프리카 일대까지 식민지로 삼았다. 로마도 지중해의 작은 반도에서 출발하였다. 15~16세기에 3대양을 누빈 스페인과 포르투갈도 마찬가지이다.

일부이지만은 반도 국가이기 때문에 위난이 많고 발전에 애로를 겪는다는 지리적 결정론은 일본의 식민사관의 조작에서 비롯되었다. 그동안 이러한 지리적 결정론은 한민족의 주체성과 자발적 생존의지를 어느 정도 뒤흔들어 놓는데 성공한 것 같다.

한반도의 위치가 대륙의 ① 주변적 성격, ② 대치적(對峙的) 성격, ③ 근거적 성격을 지니고 있다는 이론은 어느 정도 타당성이 있을 수 있다. 역사적으로 한반도는 병참적 위치(청·일, 러·일 전쟁시) 혹은 기지적

성격(2차대전시 일본의 병참기지화, 종전 후 미·일의 전초기지화)이나 교두보적 위치(미·일의 대공산권 진출의 교두보) 그리고 완충적 위치(러·중·일·미의 완충역)가 되어 왔던 것이 사실이다.

어떤 국가의 지리적 조건은 역사발전의 한 조건임에는 틀림없다. 그렇다고 직접적인 운명론과 연결하는 것은 좋지 않다. 지리적 조건은 인간 사회의 내적 발전과 의식 활동과 연관되어 고려되어야 한다. 따라서 한 국가나 민족의 역사에 있어 중요한 것은 지리적 환경이나 외세의 압력이 아니라, 그러한 도전에 대응하는 민족적 응전이 더 중요한 것이다.

『문명은 결코 우수한 두뇌나 유리한 생활환경에서 생성되는 것이 아니라 도리어 가혹한 생활환경 조건, 즉 사회의 내적인 창조력을 발휘하지 않으면 생존할 수 없는 상태에 처했을 때 효과적으로 응전해 나가는 과정에서 생성·성장된다.』

- Arnold Joseph Toynbee : 1889-1975, 영국의 역사가·문명평론가 -

우리는 바다로 둘러싸인 반도국가가 역사적으로 귀중한 문명을 꽃피웠음을 알고 있다. 다시 말하지만, 위대한 종교 이념과 사상들이 반도국가에서 많이 발생하여 인류의 정신세계를 지도해 왔던 것이다. 발칸 반도에서 시발된 그리스 철학, 이태리 반도에서 꽃이 핀 기독교 문화, 인도의 힌두교 문화와 고대철학, 아랍 반도의 회교문화, 동남아 반도들에서 결실된 남방 불교문화, 이베리아 반도에서의 항해술, 스칸디나비아 반도에서의 게르만 문화 등이 그것을 입증해 주고 있는 것이다.

인류역사에 있어서 문명 발전의 흐름을 보면, 큰 강의 하천 유역에서 발생한 고대 대륙문명은 그리스·로마·이베리아 등의 반도문명으로 이동해 왔다. 이 반도문명은 영국을 중심으로 한 도서문명으로 옮겨졌으며, 이 도서문명은 다시 미국을 중심한 대륙문명을 꽃피웠다. 이제 우리는 이 문명의 순례를 한반도에서 다시 반도문명으로 결실을 보아야 한다는 의지의 압축된 노력을 기울여 볼 때가 된 것이다.

다시 말하면 나일 강, 티그리스 강, 황하 및 양자강 등 하천 연안의 고대문명이 그리스·로마·스페인 등의 지중해를 중심한 문명으로 옮겨졌고, 이 문명은 다시 영국·미국으로 이어지는 대서양 문명으로 옮겨졌으며, 이 문명은 또 미국·일본·중국·한국을 잇는 태평양 문명으로 빛날 수 있을 것이라는 역사적 순환에 따른 소명의식을 가져 보아야 할 것이다.

우리는 대륙과 해양의 다양한 변화 속에서 생긴 강인함과 용맹스러움이 있고, 개척하고 탐험하는 진취적인 기상으로 찬란한 한민족의 문화를 꽃피워 왔다는 것을 앞에서도 살펴보았다. 새롭게 1000년을 시작하는 시점에서, 반도 국가인 우리는 지리적 결정론을 배격하면서, 또한 우리의 행복·평화·이상을 실현하는데 방해되는 장애들인 정치적·경제적 이해관계의 상충들을 비롯하여, 사회의 여러 가지 부정적인 요인들을 먼저 제거하여야 할 것이다.

결론적으로 지금 세계사의 중심은 에게 해에서 지중해로, 다시 대서양으로, 다시 태평양으로 와서 우리 앞에 서 있는 것이다. 바로 우리 동북아의 한반도 주변에 와 있는 것이다. 따라서 이러한 시점에서 우리가 주지하여야 할 자세는, 그 반도국가에 어떤 민족이 있고 어떻게 자기발전을 창조하며, 나아가 어떻게 자기 민족의 의지를 결집하여, 얼마만큼 웅비할 수 있느냐? 하는 총화의 저력을 승화하는 것에 있어야 한다는 것을 먼저 알아야 하고, 또한 그런 기회를 맞이할 사전 준비에 만전을 기해야 할 것이다.

2. 친일파의 전성시대

빼앗기고 끌려간 일제침략

산으로 바다로 무더위를 식히러 떠나는 휴가의 절정기인 8월은 우리 현대사가 가장 처참하게 짓밟힌 일본 식민지로부터 해방된 달이다. 민족사학자 백암 박은식((1859~1926) 독립 운동가이자 역사학자, 언론인-필자주)은 그의 「한국독립운동지혈사」에서 일본인의 만행을 이렇게 묘사했다.

『일인들의 불법만행은 이미 세계에 알려져 천하공도(天下公道)에 의해 해결하여야 한다는 여론까지 일어나고 있으나, 어디에 공도가 있단 말인가? 공도가 있다면 어찌 이렇게 잔인하고도 포악한 야만 인종이 인류사회에서 마음대로 날뛰도록 내버려 두고 응징하지 않는단 말인가?

아, 이 세상에 누가 부모 형제자매 처자가 없겠는가? 이제 그들이 우리 부모형제 자매 처자에게 가하는 잦은 악형 학살 등 가혹한 행위는 세계인류 역사상 일찍이 없었던 일이니, 그들이 얼마나 잔인하고 악독한 인종이란 것을 알 수 있다. 실로 그들과는 이 세상에서 삶을 함께 할 수 없다』

예로부터 정복과 피정복의 악순환이 있어 왔다. 그러나 그동안 우리 민족이 피압박 민족으로서 당한 고통은 일제의 질곡 하에서 우리가 당한 고통과는 비교의 대상이 되지 못한다. 따라서 우리는 일제하의 그 가혹, 그 전율, 그 공포, 그 목불인견의 참상을 입이나 붓으로 표현할 재간이 없다. 다만 그 엄청난 죄악상의 편린이나마 파악하고자 몇몇 증언과 통계를 제시하고 있을 뿐이다. 그러나 너무나 분통하다. 여기 소개한 단편적인 증언과 기록들이 얼마나 몸서리치는 편견의 소유자들이며, 얼마나 교활하고 얼마나 후안무치한 날강도인가를 절감하지 않을 수 없다.

부역에 관한 요시노(吉野作造)의 〈조선 통치의 개혁에 관한 최소한의 요구〉에서의 내용이다.

『조선에 있는 내 친구가 2월경 시골에 여행 갔는데 어떤 곳에 인기척이 나기에 들여다보았더니 반 평 정도의 토굴 속에 5~6인이 쪼그려 앉아 자취를 하고 있었다. 까닭을 물어 보았더니 14일간의 부역 명령을 받고 30리 밖에서 도로 부역에 끌려온 인부라는 것이었다. 다시 사정을 물어 보았더니, 지금 집에 가더라도 먹을 것이 없으므로 이 부락 유지에게 쌀을 꾸어 자취를 하고 있는데, 이 꾼 쌀도 5할의 이자를 더하여 갚아야 한다는 말을 듣고 눈물을 흘렸다는 얘기를 들었다』

공출(供出)에 관한 어느 시골 사람의 증언이다.

『도대체 뺏어가지 않는 물건이 없었다. 곡식이나 소 돼지 등 먹을 것은 물론 장작, 숯, 가마니, 멍석 또한 집안의 쇠붙이란 쇠붙이는 모조리 쓸어갔다. 솥, 밥그릇, 대야, 요강, 祭器로 쓰던 촛대, 향로, 심지어 숟가락, 젓가락까지 남아나는 것이 없었다. 나중에는 밥 지을 솥 하나와 사기그릇, 양은수저 정도가 남았다. 그 당시 우리 집 옆에 70이 넘으신 노인 한 분이 계셨는데 그 집에 일인 순사가 몇이 와서 놋그릇이며 쇠붙이를 쓸어가기 시작했다. 그 중에는 천장에 숨겨 놓았던 10대째 내려오는 놋 촛대가 하나 있었는데, 그 노인은 죽어도 그것만은 못 주겠다고 버티었다. 그들이 기어이 그것을 빼앗아가려 하자 그 노인은 촛대로 순사의 머리를 내려쳤다. 피가 나자 놈들이 우르르 달려들어 밧줄로 꽁꽁 묶고는 끌고 갔다. 일제는 30만 명의 기관원, 35만 여개의 애국반, 13개의 관구사령부 및 소속원, 거기다가 헌병, 징모원과 경찰, 행정력까지 총동원하여 닥치는 대로 빼앗아 갔다. 조선총독부에 할당량이 떨어지면 다시 도·군·면·리·구·반 단위로 점차 세분화해서 목표 이상의 공출을 강요했다. 양곡은 특히 엄격하여 쌀 한 말, 떡 한 보퉁이를 들고 다닐 수도 없었다』

징용과 강제학병에 관한 증언이다.

『일제는 모집 인원만큼 징용이 이루어지지 않으면, 사람 사냥을 자행했다. 그들이 즐겨 사용했던 〈히토가리(人狩)〉 즉 사람 사냥은 한밤중이나 새벽에 남자가 있는 집을 덮쳐 장정을 끌어내 트럭에 싣는 것이다. 뿐만 아니라 트럭을 몰고 시골길을 다니며 논밭에서 일하는 농부들도 보이는 대로 실어갔다.』

『학병은 허울 좋은 지원제일 뿐 실제로는 차라리 체포 연행이라는 편이 어울릴 정도로 강제적이었다. 부모와 친척을 괴롭히고 생업을 방해하고 회유하고 협박하며, 인간의 약점은 모조리 이용, 그 간교한 수법이란 이루 말할 수 없었다』

만주 혼춘(琿春)〈1920년 7월 봉오동 전투에서 홍범도 장군의 독립군에게 대패했던 일본군이 동년 9월 1일 보복의 꼬투리를 만든 사건-필자 주〉 한인 학살 사건의 내용이다.

『마을 청장년들이 일군의 미치광이 같은 살육 행진을 피해 산속 깊이 숨어들자 관동군은 나중에 부녀자와 노인, 어린아이까지도 닥치는 대로 학살해 나갔다. 임산부의 배를 일본도로 찌르고, 마을 전체에 불을 질러 떼죽음을 시켰다. 제일 참혹한 화룡현 장암동의 경우는 80가구가 한 명도 살아남지 못하고 몰살당하였다』

관동대지진〈1923.9.1 조선인 학살 사건-필자 주〉의 한인 학살의 실상에 관한 일부이다.

『4~500 평의 공간에 벌거숭이 가까운 약 250구의 시체가 유기되어 있었다. 목이 잘리어 기관과 식도와 두 개의 경동맥이 꺼멓게 드러난 것, 뒤에서 목덜미가 베어져 허옇게 살점이 드러난 것, 억지로 찢어 끊은 흔적이 역력한 잘린 머리와 몸체 등 시선을 돌리지 않을 수 없는 무참한 것들뿐이다. 그 중에서 가장 처참한 것은 젊은 여자가 배를 갈리어 6, 7개월 정도 되었으리라 생각되는 태아가 뒹굴고 있는 것이었다』

정신대(挺身隊)에 관한 조동걸의 「일제하 한국농민운동사」에 나오는 내용의 일부이다.

『오늘날 한국인이 일제하에서 당했던 고초를 숨기지 않고 모두 이야기하지만 소위 여자 정신대의 이야기만은 의식적으로 피한다. 일제하에서 육체적 고초나 정신적 타격이 아무리 심했더라도 끝내 광복을 쟁취한 오늘날에는 35년간의 악몽을 서로 이야기하고 오히려 스스로를 반성하며 살아가고 있지만 , 정신대 문제만은 아직도 쉽사리 입에 담을 수 없다. 대부분이 돌아오지 못했고 돌아왔더라도 고향에 가지 못하고 과거의 이야기는 숨기고 살아가야 하기 때문에 그렇다. 이와 같은 여인의 운명이 그 여인의 것만이 아니고 정녕 이 겨레 전체의 운명이기에 모두들 의식적으로 피하는 것이다. 그러나 엄연한 사실이었다. 그리고 일제의 악랄함을 대변하는 사례로서 대표적인 것이다. 여자 정신대의 입대 통고를 받고 목매어 자결한 딸, 또는 끌려가는 열차에서 투신자살한 처녀, 그리고 태평양의 수많은 섬에서 죽어간 그 한국의 딸들의 원혼이 외치는 종년 20세기 노비사(奴婢史)의 절규를 오늘에 사는 한국인들은 들을 수 있어야 할 것이다』

토지약탈에 관한 증언이다.

『땅을 빼앗긴 농부들은 〈육신과 같은 땅을 넘겨주고는 살 수가 없다〉라는 말을 남기고 일부는 스스로 목숨을 끊기도 했지만 국경을 넘어 유랑 길에 올라야 했다. 이즈음 만주로 통하는 의주행 완행열차에는 남편이 봇짐을 지고 아내가 아들을 안고, 유랑 길로 나선 우리 동포들로 들끓었다』

일제 35년 그것은 한국인에게 굴종과 참극, 그리고 피탈의 대명사였다. 일제가 무모하게 벌인 전쟁에서 마지막 발광하던 1944년 정도의 우리 농촌의 어느 노인의 모습을 그려본다.

『대대로 농사짓던 땅은 빼앗긴 지 이미 오래고 아들은 징용에 끌려갔다. 끌려간 아들은 북해도 어느 탄광에서 중노동과 굶주림에 지친 나머지 〈어머니 보고 싶어요〉〈배가 고파요〉〈고향에 가고 싶다〉는 세 마디의 낙서를 남긴 채 싸늘한 시신이 되었다.

그의 딸은 어떤가? 그의 딸도 정신대로 잡혀 갔다. 군 간호원이나 전선 군수요원이라는 말은 말짱한 사기였다. 딸 역시 중국 전선에서 정신병자로 변해 일본도로 살해되었다.

양식도 기르던 소도, 식기마저도 빼앗겨 버리고 노인은 노력봉사에 동원되어 주린 배를 움켜쥔 채, 잡초와 송피(松皮)로 연명하고 있다. 농사를 지으면 다 털려 버리고 조나 콩깻묵으로 배급을 주고, 잡초도 거름으로 공출용이라는 미명하에 함부로 하지 못하였다.

주름진 노인의 얼굴에는 일제가 할퀴고 간 곤욕의 산물인 패인 주름만이 가득하고 뼈에 사무친 망국의 설움이 충혈 된 동공에 역력했다』

누가 이 노인의 인생을 보상하고 누가 이 노인의 원한을 달래 줄 수 있겠는가? 그는 국가라는 개념도 모른 채 광복과 해방을 번갈아 생각하며 눈을 뜨고 아사(餓死)했다. 이것이 바로 빼앗기고 끌려간 짓눌린 망국의 35년사요 우리의 수난의 축소판이다.

천년만년 지속되는 세상은 없다

역사는 항상 명(明)과 암(暗)으로 다가온다. 이러한 암울한 상황 뒤에는 빛나는 변절자와 친일파들의 영광의 약속과 희망의 세월이 그들을 맞이하고 있었고, 그들은 그 세월이 천년만년 지속되기를 기대했다.

역사를 배운다는 것은 단순히 과거의 사실을 아는 것이 아니라, 현재의 문제점을 해결하는 실마리를 얻을 수 있고, 미래를 나아갈 방향을 가늠해 볼 수 있다는 점에서 더 큰 의의가 있음을 알기 때문에, 우리는 미래 지향적 역사의식을 정립해야 할 필요가 있는 것이다.

우리 역사의 오류 중에 많은 부분은 언제나 간신과 변절자의 처단에 우유부단한 잘못이 너무 많이 존재해 왔다. 특히 근현대사 중에서 가장 큰 잘못은 일제시대에 우리 민족의 탄압에 앞 장서고 갖은 만행을 저지른 친일파를 과감히 몰아내지 못한 것이라 생각한다. 해방이 된 후 독립 운동에 몸 바쳤던 수많은 독립 운동 가 들은 대부분 아무런 영광을 얻지 못하고 가난과 고독과 원망으로 죽어갔다.

물론 그들이 대가를 바라고서 독립 운동을 한 것은 아니지만 국가적, 민족적 차원에서 배려가 있었어야 했다. 반면 친일파들은 미군정 하에서, 이승만 정권하에서, 박정희 정권하에서, 그리고 그 이후 지금까지도 득세하며 너무도 잘 살고, 그 후손들은 너무나 출세했다. 그리고 그 후손들은 끝까지 거짓말로 일관한다.

오늘의 현실을 보고 분노해 볼수록 그러한 치욕의 더러운 역사를 모두 불살라 버리고 싶다. 지금의 지도층의 많은 부정부패들은 결국 과거에 과감하게 친일파를 숙청하지 못한 결과에서 출발했다고 볼 수도 있다.

나라를 위해 헌신한 사람은 생존을 위한 몸부림을 하고 있는 반면, 친일파들과 그 후손들은 경제적 부와 사회적 명성을 한 몸에 받고 있는 지금의 현실 앞에서 어떻게 민족의 영광과 자긍심과 지속적인 발전이 보장될 수 있을까? 하는 의문으로 역사 앞에 부끄러운 마음으로 다시 한번 몸부림쳐 본다.

여전히 뜨거운 감자인 친일파 문제

친일파 문제는 우리 사회에서 여전히 〈뜨거운 감자〉이다. 해방과 함께 역사적 심판을 받았어야 할 친일파들이 반세기가 넘도록 한국 사회의 핵심을 차지해 왔기 때문이다. 1948년 국회 결의로 구성된 반민족행위특별조사위원회(반민특위)는 친일파들의 집요한 위협과 방해공작으로 결국 해체되고 말았다.

〈숙청은 과거사일지라도 청산은 오늘의 문제〉라는 영원한 역사의 화두를 왜 자꾸 우리는 소홀히 하는 것일까? 〈참여정부〉에서는 역사의식이 어떻고, 민족의식이 어떻고 하는 식의 거창한 수사까지는 동원하지 않더라도, 한번쯤 질곡의 친일파 문제를 한번 집고 넘어갔으면 좋겠다. 이것이 바로 혁신이다.

우리는 그동안 일제의 만행에 대하여 까발리는 데만 열을 올렸다. 그러나 이제까지 위정자들은 정권 연장의 수단으로 한·일 문제를 적당히 이용하여 왔다. 그럼에도 불구하고 정말 간과하고 있는 것은 당시에 우리 자신은 어떠했는가? 하는 스스로의 자성에 빠져볼 필요가 있다는 점을 지적하고 싶다.

나치 협력자를 처단한 후 〈프랑스가 다시 외세의 지배를 받을지언정 민족반역자는 다시 나오지는 않을 것이다〉라고 한 드골의 말을 우리는 지금부터라도 준엄한 경고로 한번 받아들여 보자. 사실 우리는 해방 후 친일파 처단문제는 국가발전과 함께 우리에게 주어진 역사적 과제였음에도 불구하고, 그 처단에 있어 실패함은, 결국 오히려 친일파를 중용하는 상황까지 벌어지면서 많은 가치적 혼란과 소모적 낭비를 지속해 왔다.

그 상황은 지금도 계속되고 있다. 그렇다고 과거를 묻어버릴 수도 없는 노릇이다. 알 것은 알고 용인하는 것과 있어도 없는 것처럼 덮어 면죄부를 주는 것은 너무 큰 차이가 있다는 것을 우리는 알아야 한다.

솔직히 지금 우리도 친일파 숙청의 한계를 가지고 있는 것도 사실이다. 북한의 친일파 숙청에 따른 이념갈등, 반민 피의자의 친일논리 및 무죄증명 시도의 과정에서 발생한 사회의 통합 와해 가능성, 반민특위

와해 이후 피의자의 모연한 행적, 반민특위의 와해 배경에 대한 실체적 증명 부실, 자료 이용의 협소함과 부정확성, 우리의 친일파 처단에 대한 총체적 문제의식 부족 등이 그것이다.

우리는 지난 일이지만 이승만 정권의 고위관리와 정치인, 대학 교수, 지역유지 등 사회 핵심인물들이 반민특위 재판 과정에서 친일파 피의자들을 적극 비호한 사실을 알고 있다. 반민특위는 해방 이후 우리 민족의 역사적·민족적 개혁과제를 계승한 민족적 정신운동이었다. 따라서 친일파 숙청은 단순히 개개인의 처벌 문제가 아니라 그들에 의해 왜곡된 한국사회의 개혁, 나아가 과거사 반성을 기초로 통일시대를 준비하는 작업이라는 차원에서 반드시 그리고 언제인가 한번은 반드시 이루어져야 한다.

이러한 역사적 소명의식과 그 실천적 추진만이 일제의 전성시대를 맞이해 너무 행복하다고 외치던 변절자와 친일파와 그 모든 후손들에 의하여 자행된 빼앗기고 끌려간 우리 민족정신과 국가의 자긍심을 바로 세울 수 있다는 것을 우리 모두 다시 한번 깨달아야 할 것이다.

3. 권력욕과 꼭두각시의 혼란

해방 후 혼란과 분단

백범 김구는 1945년 11월 23일 임시 정부의 제 1진으로 환국하였다. 백범과 함께 환국한 이는 모두 15명 이었다. 제 2진 19명은 12월 2일에

환국하였다. 백범은 도착 이튿날 방송에서 미군정 측의 요구로 〈나와 나의 각원 일동은 한갓 평민의 자격을 갖고 들어왔습니다〉 라고 말했다.

대외적으로는 개인 자격으로 귀국하면 안 되는 것을 미국의 술책에 넘어가서 뻔히 알면서도, 미국의 사주라고 하면서 그렇게 말했다. 아마 자신은 27년간의 독립운동자로서, 임시정부 주석으로의 귀국이라고 말하고 싶었을 것이다. 이 때 이미 김구 선생이 귀국할 당시의 정국은 대단한 혼란의 극치였고 미국은 남한의 지배자였다.

8월 15일 해방과 동시에 출범한 여운형, 안재홍을 중심으로 한 건국준비위원회(建國準備委員會)는 안재홍이 탈퇴한 후 인민공화국을 설립했는데, 그것은 좌파의 연합으로 구성되었다. 그 외에도 미 군정청에 등록한 정당이 205개나 되어 10월 5일부터는 주요 정당대표들이 정당 통합운동을 추진하기도 하였다. 한 국가에 식민지에서 벗어나자마자 205개의 당파라니 그야말로 혼란의 극치였다. 지금의 이라크 사태를 욕할 것 하나도 없다.

10월 16일에는 이승만이 귀국하였다. 그는 귀국하자마자 좌우 정당의 연합체로서 독립촉성중앙협의회(獨立促成中央協議會)를 결성하였다. 그러나 이승만의 친일파까지 포함한 단합 방침으로 독립운동자들을 실망시키자 그의 정당 통합의 초당적 위치는 흔들리고 말았다. 11월 16일에 조선공산당이 탈퇴하면서 20일 인민공화국 산하에 전국인민위원회를 설치하여 독립촉성중앙협의회와 대립했던 것이 그것을 말해 주는 것이다.

김구는 귀국 환영 답사에서 〈임시 정부는 결코 어떤 일 계급, 어떤 일파의 정부가 아니라 전 민족 각 계급 각 당파의 공동한 이해에 입각한 민족 단결의 정부였습니다. 친일파 민족반도를 제외한 우리 동포는 단결해야 합니다. 오직 단결이 있은 후에야 우리 독립 주권을 창조할 수 있고, 소위 3·8선을 물리쳐 없앨 수 있고 친일파 민족 반도를 숙청할 수 있습니다〉라고 했다.

이 때는 당시 세계 제 1의 강대국 미국과 소련이 이미 3·8선을 분할 점령하고 임시정부를 무시해 버린 상태였는데 어떻게 그렇게 국제 정치에 대한 판단력이 없었는지, 그리고 그 때 그의 참모들은 무엇을 했는지 지금 생각해도 정말 너무나 답답하다.

백범은 친일파를 숙청하기 위하여 단결을 추구했고, 그리하여 환영대회가 끝나고 백범이 민족 세력의 총집결체로서 특별정치위원회(特別政治委員會)의 구성을 준비했다. 그러나 그의 뜻과는 다르게 좌파의 인민 공화국은 임시정부와 대등한 정부적 존재로 자처하였다.

그러자 이승만의 독립촉성중앙협의회는 임시정부 이상의 권위를 행사하려고 했다. 그런 가운데 한민당이 친일파 숙청을 주장하고 있던 임시정부와 대립이 심화되어 자연 이승만과 한민당의 결속이 진행되었다. 그러니까 백범이 중경에서 계획한 과도정부 수립을 위한 특별정치위원회의 구성도 쉬울 수 없었다.

그럴 때, 1943년부터 걱정되던 신탁통치 안을 노골화한 모스크바 삼상회의(三相會議)의 결정 소식이 전해왔다. 그것은 12월 28일의 일이었다. 임시정부에서는 국자 제 1호를 선포하여 〈전국의 행정과 경찰 기구를 접수한다〉라는 것과, 국자 제 2호로서 〈국민은 우리 정부 지도하에 제반 사업을 부흥하기를 요망한다〉라고 주권행사를 선언함으로써, 미군정에 정면으로 맞섰다.

이것은 분명히 자주 독립의 적극적인 표현이었으나, 미군정으로 보면 반탁 정변이었고 쿠데타였다. 그러나 그들은 미군정을 무시하고 쿠데타이기는 하여도 외세를 배격하는 백범의 투철한 의지가 극명하게 드러난 역사적 사건이었다고 자부했다. 그러나 이미 당시에는 미국이 행정력과 주권을 줄 리도 없었고, 계속 혼란만 자초하고 미국의 의혹만 더한 결과를 낳았던 미혹의 사건이었다.

좌파는 북한의 찬탁 정국에 맞추어 신탁통치 찬성으로 돌변하고, 찬탁 대회를 열었으며 백범을 공격하고 나섰다. 이에 찬탁 반탁 정국은 좌우익의 대립구도로 대치되어 갔다. 지금 보아도 미소의 대립이 냉전 체제로 치달아 남북의 국토 분단으로 전이됨에 따라 정국도 좌우 구도로 고착되어가는 것을 약소민족의 지도자로서 극복하기란 용이하지 않았다는 것을 인정하지 않을 수 없는 역사의 한 부분을 우리는 인정해야 할 것이다.

그러나 남한의 지도자들은 소련의 치밀한 계획화에 공산국가 수립에 매진하고 있는 북한을 제쳐두고, 아쉽게도 서울에서만 우물 안 개구리 같이 이승만은 남한 단독정부 수립을 주장한 정읍(井邑)발언(46.6.3 '정읍발언'을 통해 단정수립의 불가피성을 주장-필자 주)을 했고, 김구는 반탁 통일 정부를 수립하고자 대립하는 과정에 조선공산당의 지하투쟁인 대구 10·1 사건이 터져 정국은 더욱 혼란하였다. 한편 국대안(國大案) 반대 문제로 학원조차 시끄러웠고, 좌파 3당이 통합하여 남로당(南勞黨)이 결성된 숨 가쁜 일이 연이어 일어났다. 정말 대단한 혼란의 연속이었고 지금 생각해도 미·소가 우리를 얼마나 한심하게 생각했을까? 하는 부끄러운 상황이 떠오른다.

미군정은 좌우 합작 위원회를 빙자하여 임시정부의 비상국민회의와 이신동체격인 민주의원을 12월 12일 남조선과도입법의원(南朝鮮過渡立法議院 : 의장 김규식, 부의장 최동오·윤기섭)으로 대체했다. 1947년은 5월 21일부터 7월 10일까지 열린 제2차 미소공동위원회 참가 여부의 문제로 정국이 크게 변화하였다.

우파에서 김규식과 한민당이 모스크바 삼상회의 결정을 수용하면서 좌파와 함께 참가 방침을 세웠고, 한독당에 합류해 있던 안재홍도 탈당하여 6월 21일 신한국민당을 결성하고 그에 합류하여 남한의 425개 정당 사회단체(북한 38개)가 조선 임시정부 수립을 위한 공동위원회에 참석하였다.

정읍발언 이후 이승만의 도미활동으로 미국은 이승만의 단독정부안을 지원하였다. 이승만의 주장을 받아들여 한국 문제를 유엔에 상정시켜 11월 14일 한국 총선거안을 가결하였고, 유엔 한국임시위원단을 설치하였다. 백범은 총선거안에 반대할 이유는 없었지만 단독 정부로 몰고 갈 것을 막기 위해 12월 22일 남한 단독 정부 수립을 반대하는 성명을 발표할 수밖에 없었다.

1946년 후반부터 전국에서 폭력과 폭동이 난무하더니 1947년 7월 19일에는 근로인민당의 여운형이, 12월 2일에는 한국민주당의 장덕수가, 1949년 6월 26일에는 김구가 암살되었다. 하늘이 무너지는 민족의 비극으로 이로 인한 암살의 비극은 그 후에 민족의 대참극인 6·25의 전초전으로 이어졌다.

1948년은 연초부터 단독 정부 수립 안이 기세를 올렸다. 1월 8일에 입국한 유엔 한국위원단의 입북을 소련 측이 거절하자, 미군정과 이승만과 한민당이 합작하여 단정 수립을 추진하였다. 이에 대하여 백범은 김규식과 합작하여 단정 반대 운동에 발 벗고 나섰다. 4월 19일에 김구는 평양남북대표자회의 참석차 출발(김규식 21일 출발)하였고 5월 5일에 서울로 귀환하였다.

결국 그의 정치철학과 의지와 염원은 좋았지만 소련과 김일성에게 이용만 당하고 마는 결과를 낳았다. 드디어 역사는 1948년 8월 15일과 9월 9일에 남북에서 각각 단정이 수립되어 우리의 통일 희망은 봉쇄되고 마는 〈시간의 보복〉을 몰고 왔다.

『유일한 최고의 염원은 조국의 자주적 민주적 통일뿐이다. 소련식의 민주주의가 아무리 좋다고 해도 공산 독재정권을 세우는 것은 싫다. 미국식 민주주의가 아무리 좋다 해도 독점 자본주의로 무산자를 괴롭힐 뿐 아니라 낙후한 국가를 자기 상품 시장화 하는 데는 찬성할 수 없다』

- 1949년 1월 1일 백범 신년사에서 -

방황하는 민족, 방황하는 국가

방황하는 민족이었다. 방황하는 국가였다. 제 정신을 잃었는지, 제 정신을 찾았는지 알지 못할 민족이었다. 제 정신이 있는 민족이라면 해방 정국에서 모두가 어떻게 그렇게 부질없게 행동했는지 모두가 미쳤다고 할 수 밖에 없는 극단적 행동의 연속이었다.

우리 민족이 6 · 25와 같은 대 참극 없이 20세기 후반기를 보내려고 했다면, 해방 정국에서 곧바로 자주(自主)와 독립(獨立)의 길을 걸어야 했겠지만, 결국 우리는 해방은 되었으나 자주의 걸음마를 할 수 없는 우매한(?) 민족으로 만족해야만 했다.

한반도 반쪽은 소련의 손을 잡고, 반쪽은 미국의 손을 잡은 갓난아이가 되었다. 이름하여 대한민국과 조선민주주의인민공화국, 남한과 북한, 북조선과 남조선이었다. 이 때의 한반도는 신생국(新生國)과 독립국

(獨立國)이 아니라 우리가 자초한 신생 분열국(分裂國)이었다. 서로 닮지도 않았고 서로 그리워한 적도 없는 바로 지구상에서 역사상 초유의 특이한 이란성 쌍둥이였다.

정치를 한다는 사람이 국제 정치를 모르고 국내 정치에만 연연하다 보면 제 뜻을 제대로 펴지 못한다. 이승만은 뛰어난 국제 정치 감각을 가지고 있는 당시 민족의 원로(元老)였다. 미국 망명 생활을 통하여 그는 제2차 세계 대전의 국제 정치가 어떻게 돌아간다는 것을 익히 알고 있었고, 한반도에 새로 탄생할 국가가 어느 방향으로 가야 한다는 것을 당연히 알고 있었다. 그는 미국의 자본주의와 민주주의, 그리고 자유주의가 이 땅의 씨가 되어야 한다고 생각했다. 반면, 김일성은 당시만 해도 열혈청년(熱血靑年)에 불과했고, 소련을 등에 업은 야욕에 찬 청년 장교에 불과했다. 김일성은 그 나이, 그 학식, 그 일천한 인생 경험과 민족의 개념도 없었던 상황에서 스탈린의 간계가 덮여져 복잡한 한민족의 국제 정치적 향방을 알 턱이 없었을 것이다.

따라서 이승만의 노련한 정권욕과 김일성의 꼭두각시놀음으로 우리는 분단되었고, 한 쪽은 전쟁을 일으켰고, 한 쪽은 전쟁을 당하였다. 그러나 둘 다 씻을 수 없는 역사의 죄를 지었고, 크나 큰 아픔을 맛보아야 했다.

사실 해방 후 국제정치 질서에서나 국내정치 질서에서 통일단일국가 건설을 위해 국제정치 세력들과 국내정치 세력들 간에 두 번의 협상 시도가 있기는 했었다. 국제 정치의 양대 세력인 미국과 소련이 한국의 통일국가 건설을 위하여 노력한 것이 바로 신탁통치 안(案)이었다. 그러나 이것은 당시로서는 결코 받아들일 수 없는 안이었다.

주인이 주인 노릇 못한 민족

이 안이 무산(霧散)된 후에 국내에서는 소위 남북 협상론이 대두하였다. 철부지들이었다. 우리는 일본이 나간 후의 진공 상태의 한반도에서 주인이 주인 노릇을 못하였다. 불행한 일이었지만 한반도의 앞날에 대한 결정권은 우리 자신에게 있었던 것이 아니라, 미국과 소련의 영향력 아래에 놓여 있었다. 소련과 미국은 이 땅의 주인은 아니었으나, 주인인 우리보다 이 땅에 더 큰 영향력을 가지고 있는 강대국이자, 전승국이고 해방 국가로 행세 했다.

국제정치 세력들의 한반도 신탁통치 안이 성사되지 못한 후에 한반도에서 일어난 민족자주독립국가 창설을 위한 몸부림은 소련과 미국의 영향을 받지 말고 하나의 국가를 건설하자는 민족자존(民族自尊)의 움직임이었다. 민족의 지도자로 자타가 공인하던 이승만과 김구가 대표적인 인물이었다.

통일정부에 관한 김구의 생각은 원칙적으로 옳았다. 그러나 김구의 이러한 생각과 활동은 국제정치를 모르고 조국과 민족에 대한 순수 열정에서만 기인했다고 말하지 않을 수 없는 한계가 나타나고 있는 것이다.

당시 한반도의 지배자가 누구였던가? 소련과 미국이 해방 조국에 어떤 역할을 미치고 있었던가? 그 영향력을 배제할 김구의 역량이 없는 한 김구의 노력이나 김구를 따르던 정치 세력들의 염원은 공염불(空念佛)

에 불과하였다. 허망한 잠꼬대를 하고 있었다는 것이 역사적 증언으로 우리에게 다가온다.

이승만은 김구를 그런 사람으로 보고, 정치적 고려의 대상으로 눈 안에 두지도 않았다. 이승만은 김구를 국제정치에 깜깜한 철부지 영감 정도로 매도했다. 그러나 이승만에 비하여 김일성은 김구를 환대(歡待)했다. 평양으로 모셔다가 극진히 대접하고, 소위 남북정당사회단체의 남북협상 테이블의 주빈(主賓)석에 앉혀놓고, 〈민족의 지도자〉 운운하며 북 치고 장구 치고 꽹과리를 쳤다. 어떤 사람들은 이 대목을 김구 생애의 최고의 민족적 헌신이라고 말할지 모르나, 이 대목은 분명히 김구 생애의 최후·최악의 실수였다고 말하는 사람들이 많다.

어떻게 중국 천지를 돌아다니며 독립 운동을 했다는 민족의 원로가 이승만과 김일성의 중간에서 〈민족의 국부 역할〉을 하지 못하고, 겨우 한다는 일이 〈3·8선 베개〉 운운하며 평양으로 내려가 풋내기 김일성 잔치의 주빈이 되어 민족통일정부만 이야기했는데, 이 때 김일성은 이미 김구의 말을 듣지도 않았다. 물론 회담 합의문 같은 것은 있을 리가 만무했다.

김구 생애의 안타까움이 여기에 있다. 그는 국제 정치를 모르는 민족의 지도자였다는 평가가 지배적이다. 당시에 우리의 정치지도자 3명은 정권욕에 사무친 이승만과 소련의 꼭두각시인 김일성, 그리고 미국과 소련에 영향을 미칠 힘이 없는 소위 깡만 있는 노인인 김구가 있었다. 3명은 제각기 정치지도자로서의 한계(限界)를 가지고 있었다. 하물며 이들 3명이 민족의 향방(向方)을 결정할 수 있었을까? 이미 그 때 신생 한반도의 달은 상현달이 아니라 하현달이 되어 떠오르지도 못하면서 미·소에 의해 기울기부터 시작했다.

김구는 이란성 쌍둥이를 잉태한 여인의 뱃속에서 자라고 있는 이란성 쌍둥이 태아(胎兒)를 하나로 합성(合成)해 한 아이가 출생하도록 하려는 연금술사 같은 숙명적인 아버지와 같은 심정이었다. 그러나 신(神)이 아닌 김구에게 그런 힘이 있을 리가 만무했고 또한 도와주는 사람도 없었다. 남한과 북한은 이미 낭배기를 지나 포배기 · 상실기를 거쳐 외배엽 · 중배엽 · 내배엽이 만들어 지고 있었다.

이승만과 김일성 같은 국내정치 세력들이 보아도, 미국과 소련이 보아도, 김구는 허튼 짓을 계속하는 고집쟁이 영감에 불과했다. 허수아비는 황금벌판에서 근엄한 자태를 하고 있지만, 허수아비라는 것이 알려지면 새들도 거들떠보지도 않는다. 국제 정치의 패권을 잡은 소련과 미국, 그리고 그들의 영향을 뒤엎고 있는 정권욕의 화신인 이승만과 꼭두각시에 불과한 김일성이 김구를 허수아비로 알았을까? 아니면 민족의 지도자로 보았을까?

민족 시련의 파편들

결국 우리는 이러한 권력욕과 꼭두각시의 혼란으로 남 · 북 분단의 시련의 파편들이 찾아왔고, 또한 그렇게 운명적으로 맞아야 했다. 다음은 그〈시간의 보복〉의 파편들 중 일부분이다.

〈 제주 4 · 3 항쟁 (1948.4.) 〉

제주도 4 · 3 사건으로 강제 소개(疏開)된 어린이와 부녀자들, 노인들. 1948년 5월. 제주도 거의 대부분 산간 지역의 마을 주민들이 유격대로부터 격리시키기 위해 해안지역으로 소개되었다. 거주지에서 쫓겨나 난민의 대우도 받지 못한 채, 추위와 굶주림과 폭력에 시달려야 했다.

〈 남북협상, 방북하는 김구 일행 (1948.4.19) 〉

〈나는 통일된 조국을 건설하려다가 3·8선을 베고 쓰러질지언정 일신의 구차한 안일을 취하여 단독정부를 세우는 데는 협력하지 아니하겠다〉 라고 다짐했다. 1948년 4월 19일, 평양에서 열린 통일을 위한 남북지도자 연석회의에 참가하기 위하여 3·8선을 넘는 김구 일행.

〈 5·10 선거 (1948) 〉

전남 화순군 능주면의 5·10 선거투표 광경. 선거를 시찰한 UPI 통신사 특파원은 〈미군 정찰기는 상공을 비행했으며, 선거장이 있는 곳에는 야구용 타봉을 든 〈향보단〉 단원들에 의해 엄중히 경호되고 있었다. 민간 경비대원은 도끼자루, 야구용 타봉, 곤봉 등을 휴대했고, 조선경비대는 미제 카빈총으로 무장했다. 분위기는 마치 계엄하의 도시 같았다〉 라고 당시 분위기를 전한다.

〈 대한민국정부 수립(1948. 8.15) 〉

중앙청의 정부 수립 경축장. 1948년 8월 15일 오전 11시 20분 중앙청 광장에서 거행된 정부 수립 기념식은 맥아더 연합군 최고사령관 부부를 비롯하여 해외 사절단과 정부 각료 및 시민들이 참석한 가운데 열렸다.

〈 조선민주주의인민공화국(1948. 9.9) 〉

1948년 9월 조선민주주의인민공화국 성립 후 정부 각료들의 사진이다. 앞줄 오른쪽 세 번째가 홍명

희, 네 번째가 김일성, 다음이 박헌영이다. 김일성 바로 뒤쪽 왼쪽부터 주영하, 장시우, 최창익의 얼굴이 보인다. 몇 명을 빼고 모두 젊은 사람들 모습임을 알 수 있다.

〈 이덕구의 죽음(1949. 6) 〉

　　　　　　　　한라산 유격대 총사령이었던 이덕구는 1949년 6월 7일 교래리 근처 오름에서 경찰의 총에 사살되었다. 6월 8일 제주시 관덕정 광장에는 십자형 틀에 묶인 시체가 전시됐다. 때 묻은 군 작업복에 고무신을 신고 윗도리 주머니에는 수저가 꽂혀 있었다. 입가에는 피를 흘리고 헝클어진 머리에 둥근 형의 앍은 얼굴, 형틀 옆에 내걸린 〈이덕구의 말로를 보라〉 라는 글이 그가 누구인지를 전해 주고 있었다. 그의 가슴에는 〈이자는 공비의 수괴 이덕구로서 대한민국 국시를 범한 반역자이다〉 라는 포고가 걸려 있었다.

〈제주 4·3항쟁〉 의 인민유격대 사령관 이덕구는 제주도에서 일어난 농민항쟁의 장두가 효수돼 내걸렸던 바로 그곳에 전시됨으로써 장두의 운명을 따랐다. 이덕구는 1920년 조천읍에서 태어났다. 1943년 일본 입명관대학 경제학과 4학년 재학 중 학병으로 관동군에 입대했다가 1945년 귀향하여 1946년 조천중학원에서 역사와 지리를 가르쳤다. 1947년 〈3·1절 28주년 기념 제주도대회〉 시위와 관련하여 체포되었다가 풀려난 뒤 한라산으로 입산해 〈4·3〉 발발 직후 본격적인 무장투쟁을 위해 조직된 인민유격대의 3·1지대장을 맡았다. 48년 7~8월 사이 남로당 제주도당 군사부장이자 인민유격대 사령관 김달삼이 8월 21일 해주에서 열리는 인민대표자회의에 참석한다는 이유로 모든 직책을 맡기고 제주도를 빠져나감으로써, 그가 인민유격대 총사령관이 되었다.

그는 제주 4 · 3 항쟁에서 가장 핵심적인 인물로 기억되었다. 당시 어린 이들 사이에서는 몸이 날래 지붕을 휙휙 넘어 다니고 동에 번쩍 서에 번 쩍하는 전설적인 인물로 묘사되기도 하고, 불리한 상황에서 제주를 떠나버린 1대 사령관 김달삼과 대비하여 동경을 받기도 한다. 조천중학원에서 학생들은 인기 높은 역사 · 지리 선생 이덕구를 〈박박 얽은 그 얼굴 / 덕구 덕구 이덕구/ 장래 대장가심(감)〉이라고 노래를 만들어 불렀다.

그의 죽음에 대해서 경찰 쪽은 〈사살했다〉라고 밝혔으나 자살했다는 주장도 있다. 그의 일족도 비극적인 길을 걸어, 부인 양후상과 5세짜리 아들 진우, 2세짜리 딸도 죽었다. 주민들은 당시 진우가 울며 살려달라고 하자 경찰이 〈아버지 있는 산으로 달아나라〉라고 해서 산 쪽으로 뛰어가는 것을 뒤에서 쏘아 쓰러뜨렸다고 전하기도 한다. 큰형 호구의 부인과 아들딸, 둘째 형 좌구의 부인과 아들, 사촌동생 신구 · 성구 등도 경찰에 의해 죽었다.

평화도 승리도 없는 미해결의 시간흔적

1950년 6월 25일, 죽음과 고통과 파괴로 점철된 전대미문(前代未聞)의 참화가 이 땅에 찾아왔다. 전쟁을 일으킨 북괴는 말할 것도 없고, 역사와 민족 앞에 유비무환의 책임을 면치 못할 당시 지도자들 때문에 대참극이 시작되었다. 광복으로부터 6 · 25까지 짧은 기간에 우리는 이처럼 격동의 와중에 휘말려 심한 고통과 시련을 겪어야 했다.

때는 1953년 7월 27일(월요일) 10시.
유엔군 사령관 클라크 장군은 휴전협정 문서에 서명하는데 사용하라

고 파커 만년필 회사에서 특별히 보내준 만년필을 치우면서 〈나는 이 시간에 기쁨을 느끼지 못한다〉라고 말했다.

클라크 장군이 이렇게 고백하거늘, 하물며 대 참사를 당한 한국 국민의 착잡한 심정은 어떠했는지 우리는 미루어 짐작할 수 있다.

『판문점에서 조인이 끝난 12시간 후 전선의 고지들은 조용해 졌다. … 은빛그늘의 비행기는 차분히 내려앉았다. … 이제 전쟁은 없다. 그러나 평화도 승리도 없다. 이것이 휴전이다』

- 실록한국전쟁(This Kind of War-Korea : A Study in Unpreparedness) 세계 제2차대전과 한국전쟁에 참전한 페렌 바크 -

그렇다. 3년 1개월 간 계속되었던 포성은 일단 멈추었으나 평화도 승리도 없는 미해결의 시간의 흔적이었다. 그것이 바로 휴전이었다. 지난 2년여 간의 지루한 휴전협상 끝에 이루어진 단 11분간의 휴전협정 조인식은 여한과 분노가 회오리치는 또 다른 시련의 서막이었다.

그런 의미에서 휴전 협정의 그 운명적인 역사의 현장을 목격한 국내 어떤 신문사 기자는 다음과 같은 보도 기사를 실었다. 비록 짧으나 우리에게 분단의 아픔과 천언만어(千言萬語)의 감회를 진하게 들려주는 내용들이다.

기이한 전쟁의 기이한 장면

『백주몽 같은 단 11분간의 휴전 협정 조인식은 모든 것이 상징적이었다. 학교 강당보다도 넓은 조인식장에 할당된 한국인 기자석은 둘뿐이었다. 유엔 측 기자만도 약 100명이 되고 참전하지 않은 일본의 기자만도 10석이 넘는데, 휴전 회담에 한국을 공적으로 대표하는 사람은 단 한 사람도 없었다. 이리하여 한국의 운명은 또 한번 한국인의 참여 없이 결정되는 것이다.

27일 상오 10시 정각, 동편 입구로부터 유엔 측 수석대표 해리슨 장군 이하 대표 4명이 입장하고, 그와 거의 동시에 서편 입구로부터 공산 측 수석대표 남일(南日) 이하가 들어와 참석하였다. 악수도 없고 목례도 없었다. 〈기이한 전쟁〉의 종막다운 〈기이한 장면〉이었다.

북측을 향하여 나란히 배치된 두 개의 탁자위에 놓여진 각 180통의 협정문서에 교전 쌍방의 대표는 무표정으로 사무적인 서명을 계속할 뿐이었다. 당구대같이 퍼런 융에 덮인 두 개의 탁자 위에는 유엔기와 인공기가 둥그런 유기(鍮器)에 꽂혀 있었다. 이 두 개의 기 너머로 휴전 회담 대표는 2년 이상을 두고 총계 1,000 시간에 가까운 격렬한 논쟁을 거듭하여 온 것이다.

한국어·중국어·영어의 세 가지 말로 된 협정문서 정본 9통, 부본 9통에 각각 서명을 마치면 쌍방의 선임 참모장교가 그것을 상대편에게 준다. 그러면 상대편 대표가 서명한 밑에 이쪽 이름을 서명한다.

정(丁)자 형으로 된 220평의 조인식 건물의 동익(東翼)에는 참전 유엔 13개국의 군사대표들이 정장으로 일렬로 착석하고 있으며, 그 뒤에 참모장교와 기자들이 앉아 있다. 서익(西翼)에는 북쪽에 괴뢰군 장교들과 남쪽에 제복에 몸을 싼 중공군 장교의 일단이 정연하게 참석하고 있다. 양편의 수석대표는 북면(北面)하여 조인을 하고, 멀리 떨어져 좌우에 착석한 양측 장교단은 동서로 대면하고 조인하는 것을 주목하고 있다.

조인이 계속되고 있는 동안 유엔 전폭기가 바로 근처 공산군 진지에 쏟고 있는 폭탄의 작렬 음이 긴장된 식장의 공기를 흔들었다.

원수(怨讐)끼리의 증오에 찬 정략결혼식에 서로 동석하고 있는 것조차 불쾌하다는 듯이, 또 억지로 강요된 의무를 빨리 끝마치고 싶다는 듯이 산문적(散文的)으로 진행한다.

해리슨 장군과 남일은 쉴 새 없이 펜을 움직인다. 각각 36번 자기 이름을 서명해야 하는 것이다. 거기에는 의식에 따르는 어떠한 극적 요소도 없고, 강화(講和)에서 예기할 수 있는 화해의 정신도 엿 볼 수가 없었다. 이곳은 어디까지나 〈정전〉이지 〈평화〉가 아니라는 것을 잘 알 수 있었다.

각기 자기 측 취미에 맞추어 가죽으로 장정하고 금자(金字)로 표제를 박은 협정 부도(附圖) 각 3권이 크게 보인다. 그 속에는 우리가 그리지 않은 분할선이 울긋불긋 우리의 강토를 종횡으로 긋고 있을 것이다.

내가 지금 앉아 있는 이곳이 우리나라인가? 이렇게 의아해한다. 그러나 역시 우리가 살고 죽어야 할 땅은 바로 이곳밖에는 없다고 순간적으로 자답하였다.

10시 12분 정각, 조인 작업을 필(畢)하였다. 해리슨 장군과 남일은 최후의 서명을 마치자 마치 최후통첩을 내 던지고 퇴장하는 듯이 대표들을 데리고 나가버린다. 남 일은 가슴에 훈장을 대여섯 개 달고 있는데 반하여 해리슨 장군은 앞 젖힌 여름 군복에 경쾌한 차림이라는 것이 다를 뿐이었다. 관례적인 합동 기념 촬영도 없이 참가자들은 해산하였다』

4. 현실의 FACT

혁신은 현실인식에서 출발

4. 혁신은 현실인식에서 출발

지금 우리의 경쟁상대는 세계 최강국이다

〈한국은 머지않아 경제의 공백상태가 올 것이다〉라고 매킨지 아시아·태평양지역 사장인 도미니크 바튼(Dominic Barton)은 최근 세계경영연구원이 주최한 포럼에서 밝혔다. 그는 〈한국과 그 경제적 경쟁국들의 강점과 약점〉이란 주제로 〈한국의 경쟁국을 일본, 중국, 인도, 러시아, 아세안, 브라질 등 6개국〉이라고 평가하고, 〈경쟁력과 개방성, 지식 등의 기준에 비춰볼 때 한국과 일본은 가라앉고 있는 반면, 브라질을 비롯한 나머지 4개국은 성장세를 이어가고 있다〉라며 이같이 경고했다.

또한 그는 6개국 국민들을 대상으로 실시한 세계화와 기업인식에 대한 설문조사 결과, 세계화가 긍정적인 영향을 미칠 것이란 대답이 한국은 27%, 일본은 6%에 그친 반면 인도는 48.9%로 조사됐다고 밝혔다. 그리고 한국의 노조가 〈무서운〉이미지라고 거듭 밝히고 선진국으로 진입하려면 노조문제가 반드시 해결돼야 한다고 강조했다. 이 밖에 정부 개혁과 서비스 규제 완화, 교육체계 개혁, 연금 개혁, 글로벌기업 육성,

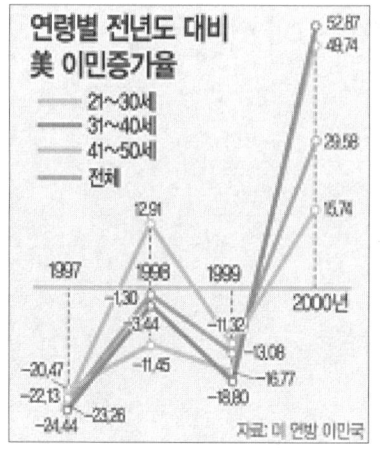

생산성 향상 등 7가지 권고안을 제시했다.

도미니크 바튼(Dominic Barton)은 〈한국은 최근 3년간 경쟁력 약화를 경험했다〉라고 규정하고 경쟁력이 약화된 이유로 정부의 과도한 규제와 주요 부처의 변화 및 유연성 부족, 책임 의식 결여와 노동시장의 유연성 부족, 겁에 질리게 만드는 강성 노조의 명성 등을 꼽았다.

이에 참여정부는 〈대원군은 개혁에 성공했지만 개방에 실패했고 박정희 정권 이후 과거 정권은 개방에 성공했지만 개혁에 실패했다〉라고 평가하고, 따라서 참여정부는 〈개혁과 개방의 동시 추진을 통해 정부 스스로 잘못을 고쳐 한국을 외국 자본이 들어오고 싶은 나라로 만들어 나가려고 노력하고 있다〉라고 밝히며 대처하고 있는 실정이다.

타인이나 외국이 자신이나 자기나라의 아픈 곳을 지적하는 것에 기분 좋은 개인이나 국가는 없을 것이다. 그러나 한번쯤 그 지적을 되새겨 보고, 왜 지적한 사람이 욕먹어 가면서 그러한 지적을 할 수밖에 없었는가를 예의 주시하고, 그러한 지적에 대하여 분석 · 판단해 볼 필요가 있는 것이다.

우리 경제는 지난 반세기 동안 처음 보는 큰 전환기를 맞았었다. 1990년대 후반으로 접어들면서부터 한국경제의 기존의 틀이 무너져 내리리라는 징후(徵候)가 국내외적으로 여러 곳에서 드러나기 시작했었다. 결국 우리는 1997년 11월 국제통화기금(IMF)의 구제금융을 받지 않을 수 없게 되었다. 그래서 한 시대가 지나가고 새로운 시대가 왔다는 것이 확실하게 각인되었다.

　이러한 격변의 시대를 맞아 대한민국의 경제를 서술함에 있어서는 성장률, 물가동향, 국제수지의 추이 등의 몇 가지 가시적인 상식적 경제지표를 중심으로 설명하는 것은 큰 의미가 없다고 생각할 수 있을 것이다. 그래서 왜 위기를 맞을 수밖에 없었는가? 하는 물음에는, 오히려 IMF를 왜 우리가 겪어야 했는가에 대한 명확한 원인분석과 자기반성을 부각시키는 것이 좋으리라 생각되어 진다.

　IMF 환란의 여파는 무엇보다도 노동자와 서민들에게, 피고용자로서 그리고 저급 소비자에게 가장 큰 고통을 안겨주었다. 보통 일이 지나고 난 뒤에 내 그럴 줄 알았다고 이야기하기란 얼마나 쉬운가? 그러나 그 엄청난 충격을 겪으면서 80년대 이후 한국 자본주의의 주류를 독점하던 경제학자들과 엘리트 경제 관료들, 그리고 정치인 대부분은 경제신문 중견기자만큼의 예측도 설명도 해내지 못했다고들 한다.

　지난 대통령과 측근들, 경제관료, 친정권적 경제학자들, 정치인들은 모두 입을 다물었다. 오히려 소외되었던 비교적 성실한 몇몇 학자들은 차라리 고해성사에 가까운 탄식을 소담스럽게 발하였다고 한다.

　우리는 IMF 환란의 원인으로 세계화의 진전을 통한 특히 금융부문의 팽창과 불안정성의 증대, 동아시아의 군사 · 정치적 특수성, 한국 재벌의 천민적 구조 등이 주요 배경으로 언급되었다. 책임이 있다고 스스로 생각하는 정치지도자와 경제 엘리트들은, 이러한 원인들이 IMF 환란의 위기로 터져 나오게 된 과정의 분석에서는 초국적 자본의 공격으로 시작되었다고 위안하고 싶었을지도 모른다.

　즉 그들은 종래의 우리 경제가 안고 있는 천민적 자본 축적방식 위에다가 신자유주의를 주입하여 접목함으로써, 극단적으로 모순이 심화된 한국 자본주의가 세계경제에 대책 없이 깊숙이 편입되어 있는 구조적 조건 속에서 초국적 자본의 전략이 의도적으로 관철되었다는 것이 IMF 환란의 원인이라고 변명하였다.

이것은 더 나아가 나중에는 아예 〈IMF – 미국 – 초국적 자본〉으로 묶어서, 심지어는 그들의 첨병인 신용평가기관과 하위 파트너쯤 되는 우리 정권과 재벌들까지 전부 짜고 치는 고스톱으로 서술되는 전형적인 음모론이라고 자위하는 견해가 제기되기도 했었다.

그러나 그 후 이 음모론은 당시의 캉드쉬, 소로스, 클린턴, 립튼(미 재무차관), 그린스펀(미 연방준비은행 의장), 심지어 코언(미 국방장관) 등이 하나같이 한국에 불리한 이야기를 한다고 해서, 이들의 의도가 모두 일관된 것은 아니라는 사실을 우리는 알 수 있었다. 이제 우리는 IMF 환란의 결과로 보다 진지하게 글로벌라이제이션이 한국 자본주의에 본격적인 의미를 갖게 되었다는 것을 알고 있다.

즉 우리는 더 이상 일국적 발전모델이나 안정적 축적구조의 수립은 불가능하다는 것을 IMF 환란을 통하여 알았다. 거의 누구도 한국경제가 이런 식으로 순식간에 〈세계화?〉될 줄은 몰랐지만, 이를 계기로 이제 우리경제는 외국자본에 대한 제도적 장벽이 모두 허물어졌고, 세계 자본주의 요동의 영향을 보다 직접적으로, 사실상 몇 배로 증폭하여 받게 될 것이라는 것을 알 수 있었다.

IMF 환란과 무책임한 정치지도자

우리는 IMF 환란의 상황과 결과에 대한 이해와 대안을 막연한 세계체제이론이나 국제주의의 주장으로 마련해 보는 것을 너무 안일하다고 생각하여야 한다. 신자유주의의 공세와 초국적 자본의 전횡을 제어하는 유일하고도 유력한 방어의 무기는 여전히 우리이며, 우리 정치이며, 우리의 국민경제이며, 우리 자신의 몫이다.

하지만 여전히 우리는 IMF 환란을 경험하면서 한국경제의 살 길을 제안하는 데 외부의 책임과 문제에 국한하여 집착해 온 것이 사실이다. 이제 우리는 이러한 집착을 벗어버리고 IMF 환란을 전화위복의 계기로 삼아야 한다는 이야기다. 즉 관치금융을 청산해야 하고 사회의 거품을 빼야 하며, 심지어는 노동 유연성의 증가를 수용해야 한다는 주장이 강력히 제기되고 있다. 따라서 개인적으로 이러한 주장들이 사회개혁 전 방향에 대한 적극적인 대안을 제기하는 것은 마땅히 국내외적으로 소망스러운 일이며, 21세기를 출발하는 우리의 자세라 생각되어진다.

여기서 우리에게는 무척이나 기본적인 결핍이 내재해 있다는 사실에 주목하여야 한다. 우리는 그동안 국민경제를 이끌어온 경제정책 입안자와 정치권과 기업들과 경제학자들이 경제의 근대성의 유혹적 안락에 갇혀 있었다고 보아도 좋을 것이다. 그것은 결국 한국 자유민주주의와 자본주의와 시장경제의 실종을 몰고 왔다. 그것은 60~70년대 고도 압축 경제성장을 마무리 못한 한국사회의 의식과 책임과 열망의 실종이었다고 볼 수 있을 것이다.

우리가 지금 고통 받은 국민들에게 솔직히 고해성사를 해야 할 것은 위기를 예측 못했거나, 한국경제의 바른 회생대책을 바로 내놓지 못했다는 것이 아니다. 이 고해성사는 바로 안일과 무지와 방종과 오만의 소치에 대한 자성이어야 한다는 것이다.

우리는 과거 한국의 어느 학자보다 먼저 성실하고 세밀하게 한국전쟁을 연구했던 브루스 커밍스에게, 고마움과 부끄러움의 양면감정을 가질 수 있었다. 1997년 말 이후 우리 눈에 띄는 것은 한국의 어떤 사람이 아니라 미셸 초수도프스키, 웰든 벨로우, 또는 크리스 하먼 같은 외국인들이 우리보다 오히려 우리의 방향과 문제점을 정확하게 제시해 주었다. 이들은 우리가 혀를 내두를 정도로 한국 사정에 정통해 있었고, IMF 환란의 예상을 얄밉도록 담담하게 설명하고 있었다.

이들이 보다 거시적이면서도 적극적인 대안을 제안할 때, 우리는 이 시련만 넘기면 더 큰 〈기적〉이라도 있는 양 허우적거리고 있었던 것을 부인하기 어려울 것이다. 당시에 인터넷 사이트를, 외국 저널을 아무리 뒤져보아도 한국의 지식인들이나 정치인들이 한국의 위기와 극복방안을 소개하고 분석하고 예방하는 글은 어디에도 찾아볼 수 없었다. 우리가 반성할 분야는 바로 이러한 문제에 있다. 이것이 역사의 증언이다.

지나고 보니 외환위기 발생의 책임으로부터 자유스러울 수 있는 계층은 아무도 없었던 것 같다. 그러나 집권세력은 일부 관료와 기업만을 희생양으로 삼고, 정권유지나 인기관리에 필요한 정치인, 노동자, 농민, 언론, 각급 지식인 등에게 면죄부를 씌워 주었다.

이들 모두에게 책임의식을 불러일으켜야 개혁에 동참하고 개혁을 성공시킬 수 있었을 터인데, 소위 당시의 집권세력들은 정권의 안위를 위하여 〈스탠드의 구경꾼〉으로 만들어버린 것이다.

하기야 이제까지 우리 국가지도자가 스스로의 어떤 것이든 간에 책임을 인정하는 말을 한 적이 한번도 없는데, 어떤 정권이 도덕적 기반을 가지고 온 국민에게 자기 책임이라고 고백할 수 있을까? 하는 자아허탈의 독백을 가져본다.

위기규명을 위해 동원된 감사원의 특감, 검찰의 수사와 기소, 국회의 청문회는 그 수순이 잘못됐을 뿐만 아니라, 짜여진 각본에 따라 집권자 의도에 맞는 연출만 함으로써, 결국 진실규명은 포기된 채 국력낭비의 장으로 끝나고 말았다는 의견이 지배적이었다. 국가기관이 〈해야 할 일은 안 하고, 안 해야 할 일은 한〉 대표적인 사례가 되었던 것이다.

BRICs의 등장과 경쟁

브릭스(BRICs) 라는 말이 있다. 2000년대를 전후해 빠른 경제성장을 거듭하고 있는 브라질 · 러시아 · 인도 · 중국 등 신흥경제 4국을 일컫는 경제용어이다. 국가에 따라 차이가 있기는 하지만, 이들 4개국은 1990년대 말부터 빠른 성장을 거듭하면서 새로운 신흥경제국으로 주목받기 시작하였다. 경제 전문가들은 2030년 무렵이면 이들이 세계 최대의 경제권으로 도약할 것으로 보고 있다.

브릭스는 현재의 경제성장 속도와 앞으로의 발전 가능성을 미루어 볼 때, 4개국의 성장 가능성이 가장 크다는 뜻에 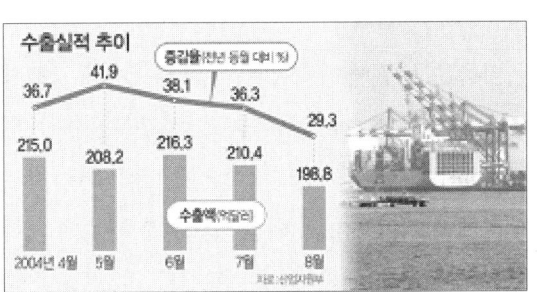 서 하나의 경제권으로 묶은 개념이다. 브릭스 4개국은 공통적으로 거대한 영토와 인구, 풍부한 지하자원 등 경제대국으로 성장할 수 있는 요인을 갖추고 있다. 4개국을 합치면 세계 인구의 40%가 훨씬 넘는 27억 명(중국 13억, 인도 11억, 브라질 1억 7000만, 러시아 1억 5000만)이나 된다. 따라서 막대한 내수시장이 형성될 수 있고, 노동력 역시 막강하다.

실제로도 브릭스 4개국은 2000년 이후 수요와 구매력이 빠른 속도로 증가하고, 외국인 투자와 수출 호조로 인해 높은 경제성장을 거듭하고 있다. 특히 중국은 1990년대 이래 해마다 7~10%에 달하는 초고속 성장을 계속해 왔다. 인도 역시 정보기술(IT) 강국으로 떠오른 지 이미 오래다. 때문에 선진국 을 비롯한 세계 각국에서는 브릭스 4개국의 막대한 시장을 선점하기 위해 치열한 경쟁을 벌이고 있다.

미·영·일 등 기존 선진국의 개혁

거대한 땅 덩어리와 나라의 경제적 막강한 부를 등에 업고 세계를 주도하며 소위 선진국의 대표로 불리는 미국이란 나라가 성장하기까지는 아마도 나라의 살림을 맡아하는 정부행정의 혁신이 있었기에 가능하였으리라 생각된다.

미국은 1970년대 후반부터 국가경제의 경쟁력이 저하되고, 경제적자의 규모가 커지게 됨에 따라 정부부문의 개혁압력이 고조되었는데 Reagan 대통령의 〈신연방주의에 의한 작은 정부지향〉 이라는 공공부문 개혁에 이어, Clinton 대통령은 정부 관료제 내부에서 추구하고 있는 사안과 문제점에 대하여 깊은 관심을 갖고 1993년 2월 취임 시 연방공무원 10만 명 감축지시와 함께 〈정부를 재창조〉 하기 위한 방안을 강구하게 되었다.

A.Gore 부통령은 자신이 주도적으로 Gore 위원회(Gore Commission)로 알려진 국가업적평가위원회(national Performance Review: NPR)를 설치하여 국가차원에서 정부를 새롭게 설계하고 창출하여 새 활기를 띤 관료문화로의 전환을 시도하였다. 국가업적평가위원회는 문제와 해결책을 잘 아는 직업관료 250인으로 구성되었다는 것이 특징이었다. 이것은 결국 정부혁신의 방안은 공무원들이 더 잘 알고 있다는 사실을 반

증해 주고 있다.

또 정부혁신으로 새로운 도약을 이룩한 대표적 국가가 영국이다. 영국은 대처 이후 지속적인 정부혁신으로 몰락해 가던 영국의 국가 경제적 위기를 극복하고 지금의 번영의 기틀을 마련하였다.

먼저 영국은 공공부문의 비효율을 개선하기 위해 증폭된 공무원 수와 획일적, 중앙집권적, 관료적 제도 및 행태에 먼저 메스를 가하였다. 경제위기 심화의 원인인 정부지출증가, 재정적자의 누증, 격심한 노조운동을 개혁하였고, 외부환경의 변화인 시민의 요구증대(적은 세금, 질 좋은 서비스)와 IT 등 과학기술의 혁신에 신속하고도 효율적으로 대처하였다.

다시 말하면 영국정부의 혁신의 방향은 정부기능의 재검토(Restructuring Government Functions)로 정부부문의 비대 및 과다개입에 따른 행정 비능률을 반성하고, 성과중심의 관리체제(Performance Based Management)의 결과(Results) 및 산출물(Output)에 대한 강조로 목표설정, 책임배분, 성과측정 및 환류를 중시하였다.

그리고 관리권한의 위임(Delegation of Management Responsibilities)으로 중앙관리부처(수상실, 재무부)에서 각 부처로, 기관 내 상층부에서 각 부서장(Line Managers)으로 권한을 대폭 이양하였다. 시장원리의 도입(Adopting Market Principles)으로 비용개념(Value for money), 능률, 경쟁의 일상화를 추구하였으며, 다양한 공사(公私) 파트너십(Public-Private Partnership) 구축으로 민영화, 민간위탁, Market Testing, PFI〈민간자본력에 의한 사회자본 정비-필자 주〉 등의 도입에 매진하였다. 또한 서비스 질의 개선(Improving Service Quality)으로 정부행정에 고객개념의 도입과 서비스전달체제의 개선을 획기적으로 추진하였다.

일본의 정부개혁의 주요 이념은 〈기업가 정신 돕는 게 정치〉라고 요약할 수 있을 것이다. 농업, 교육 등은 관(官)이 개입해 온 일종의 사회주의 경제 부문이었다. 여기에 영리를 목적으로 하는 회사가 투자하는 것은 과거 일본에선 상상도 못할 일이었다. 고이즈미 개혁은 바로 이 통제경제 부문을 시장경제화하는 데 기여하고 있다.

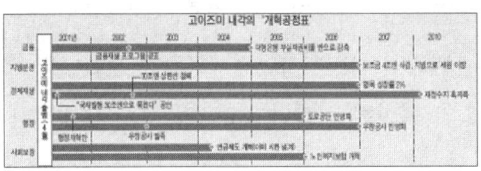

2002년 12월에 마련한 규제개혁 특구는 농업·교육·복지·물류·환경 특구 등 지금 전국 각지에서 350여개에 이른다. 농업회사, 병원기업, 학교 영리법인, 등 성공사례가 잇따라 등장하면서 지자체 간 특구 경쟁이 더욱 뜨거워졌다. 규제개혁 특구는 그동안 지자체와 민간 기업 등이 제안한 1,700개의 규제개혁 방안 가운데 우선적으로 176개를 받아들여 시행한 결과 빛을 보았다.

경쟁 도입은 여기에 그치지 않았다. 167개 특수법인(공기업) 중 128개 기업에 대해 독립채산제를 도입했다. 국립대학도 법인화했다. 정부 돈줄에 기대 안주하던 공기업을 민간 기업과의 경쟁의 바다 속에 내던져 스스로 살아남도록 한 것이다. 규제개혁이 성공작으로 평가되면서 〈민간이 할 수 있는 것은 민간에서〉〈지방(지자체)에서 할 수 있는 것은 지방(지자체)에서〉라는 기치 아래 추진해 온 고이즈미 개혁은 자신감을 찾았다.

그래서 지금은 〈NATO(No Action Talk Only : 말만 하고 행동은 없다)정권〉이라는 비아냥거림에도 당당하게 맞선다. 따라서 고이즈미 정부는 〈과거 정부는 국가사업 추진이라는 영양제 주사를 놓아 경기를 부양했지만 우리는 규제개혁으로 새로운 사업 기회를 만들어 경기를 활성화시켰다〉라며 자신감을 내비치고 있다.

고이즈미 개혁의 또 다른 작품은 금융 부실 해소다. 그러나 규제·금융개혁보다 더 높은 점수를 받는 것이 고이즈미 내각의 개혁 의지다. 끊임없이 개혁 분위기를 조성해 민간 기업들이 따라오도록 만들었다. 최근 경기 회복세의 이면에도 고이즈미 내각이 개혁 의지를 굽히지 않아 민간 부문에〈모두가 바뀌어야 한다〉라는 생각을 갖게 한 것이 크게 작용했다.

결론적으로 고이즈미 개혁의 핵심은 그 자체로선 미진하지만 민간이 정부에 더 이상 기대할 게 없다는 생각을 갖고 스스로 체질을 개선하도록 만들었던 것이 중요하다. 즉,〈정부가 이래라 저래라 말을 안 해도 기업은 국민이 원하는 것을 만들어 준다. 기업가정신을 발휘토록 하는 것이 정치가 해야 할 중요한 일이다〉라고 고이즈미 총리는 강조했다.

그러면 그동안 개혁추진이 부진한데도 고이즈미 내각에 대한 일반의 지지가 비교적 높은데 그 비결은 무엇일까? 바로 개혁을 위해 싸운다는 이미지로 지지를 유지하는 것이었다. 우선, 개혁을 위해 고군분투(孤軍奮鬪)한다는 이미지를 유지하는 것이다. 총리 자신은 개혁의지가 굳은데〈개혁저항세력〉때문에 개혁이 부진하다고 국민이 생각하게끔 한다. 여당 안에서조차 족(族)의원(농업, 도로건설 등 특정부문의 이익을 대변하는 의원-필자 주) 등이 버티고 있어 총리가 리더십을 발휘하기 힘들다는 인식을 가지고 있다.

따라서 기득권층을 개혁저항세력으로 만들어 놓고, 개혁이라는 슬로건 아래 자신이 이들과 외로이 싸우는 무대를 연출하는 데 천부적인 리더십을 고이즈미는 발휘하고 있다. 바로 이러한 창조적 리더십이 혁신을 주체적으로 확산하는데 반드시 필요한 능력이다.

중국과 인도의 개혁

중국과 인도의 인구를 합치면 세계인구의 3분의 1이 훨씬 넘는다. 그런데 지금 이 두 나라가 빠르게 변하고 있다. 이들의 변화의 핵심은 역시 개방이다. 중국은 70年代 말부터, 인도는 90年代 초부터 오랫동안의 규제와 폐쇄, 그리고 사회주의적인 경제운용에서 탈피하여 개방과 규제완화를 추진해 오고 있다.

특히 중국은 전후 성장잠재력을 억눌러 왔던 사회주의 체제의 폐쇄성과 규제 틀을 하나씩 제거함에 따라 중국경제가 가지고 있는 엄청난 잠재력이 터져 나오기 시작해 지난 약 20년간 세계최고의 성장력을 유지해오고 있다. 이에 따라 중국의 주요 개혁추진 동향을 살펴보면 고도성장을 시현하고 있는 중국 경제의 이면에는 국유기업과 금융부문의 부실화와 같은 구조적인 문제점이 상존하고 있는데, 중국은 이들 부문에 대한 개혁이 중국경제의 발전에 큰 영향을 미칠 것임을 미리 예견하고 이들의 개혁에 박차를 다하고 있다.

98년 3월 개최된 제9기 전국인민대표대회 1차 회의에서도 중국 경제의 지속적인 성장을 위한 3대 개혁과제로 ① 국유기업 개혁 ② 금융기관 개혁 ③ 행정 개혁을 선정하였다.

국유기업 개혁으로 중국 정부는 그동안 국가경쟁력 확보 및 산업구조조정 차원에서 비효율적이고 중복 투자된 기업(특히 소기업)을 대기업에 합병하거나 통합하여 거

대기업으로 육성하는 기업집단화정책을 시행하여 왔다. 그러나 최근 중국정부는 아시아 금융위기에서 나타나는 대기업위주 경제성장의 폐해를 인식, 이러한 대기업집단 육성정책을 재검토하고 있는바, 부실기업을 대기업에 떠넘기는 식의 합병이나 수평적 M&A는 자제하는 대신, 국유기업의 민영화, 분할매각 등 다양한 방법을 통한 기업집단화 정책으로 기업의 경쟁력을 제고(提高)하고 있다.

금융 개혁으로 부실채권 및 신탁투자공사 정리 추진, 금융제도 개혁, WTO 가입 관련 금융개방을 확대하고 있다. 행정 개혁으로는 98년 3월 제9기 전인대 1차회의에서 중앙 부서의 과감한 축소를 결정하였다. 이에 따라 중앙부처 41개 부처를 29개로 이미 축소했으며(98.3), 중앙부처 공무원 정원의 47%를 재분류 및 감축에 성공했고, 99년부터 지방정부의 기구 및 인원조정 추진도 지속적으로 추진하고 있다.

한편, 1991년 7월부터 시작된 인도정부의 경제개혁은 경제성장, 고용확대 그리고 수출신장과 인플레이션의 둔화에 기여해 왔다. 1991/92 회계연도의 외환위기 당시 겨우 0.8%에 불과했었던 국내총생산의 실질 성장률이 불과 1년 만인 1992년 이래 5% 이상을 기록하고 있다.

이것은 국가적 경제위기에 직면했던 국가로서는 보기 드문 회복력이었다. 해외부문에 대한 개혁과 외환보유고를 확대하려는 노력은 국내총생산의 증가, 고용 및 각종사회지표의 안정에 기여했던 것이 사실이다. 1993년 이래 인도의 수출성장률은 약 20%에 달했으며 외국자본의 투자도 매년 100%씩 증가했다. 외채의 경우도 1986년 이래 매년 49억불씩 증가하던 것이 1991년 경제개혁 이후에는 연평균 22억불의 증가세를 보이고 있다.

따라서 세계경제에서 인도가 차지하는 비중은 점차 증가하고 있다. 즉, 과거 빈곤과 후진성의 상징 그리고 각종 국제기구의 원조대상국에 불과했었던 인도가 점차 자신감을 되찾고 있는 것이다. 2001년 6월 미국의 보스턴 글로브(Boston Globe)는 2025년에 달하면 인도는 중국, 미국에 이어 세계총생산의 13%를 차지하는 3위의 경제대국으로 부상할 것이라고 예측한 바 있다.

현재 인도경제는 전통적인 영농과 현대적 농업, 가내공업과 광범위한 현대 공업 그리고 수많은 지원체계로 구성된 혼합체계이다. 그리고 독립 이후의 정부주도 경제발전의 비효율성이 누적되다가 1991년 초에 외환위기가 발생하였다. 따라서 인도는 사회주의적이고 폐쇄적인 경제체제를 개방적이고 시장 지향적인 체제로 전환시킬 수 밖에 없었다.

1991년부터 시작된 생산, 교역, 투자부문에 대한 개혁은 인도의 상공인들과 약 2억 명에 달하는 중산층 소비자들에게 새로운 기회를 제공했다. 따라서 인도정부는 수출을 촉진하고 외국자본을 유치하여 인도경제의 자존심을 회복하는데 지속적인 노력을 경주하고 있다.

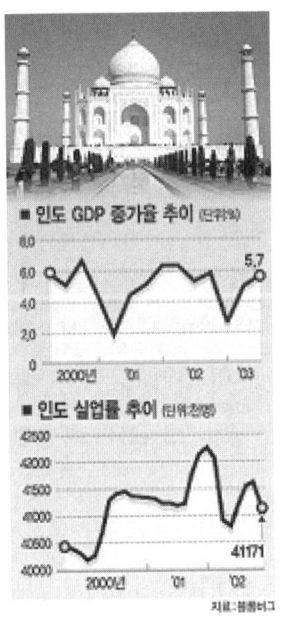

1998년과 1999년 2년 연속 인도의 GDP 성장률은 6%를 넘어섰고 외환구조 역시 건실하다. 특히 1999년 이후 외환보유고는 적정수준을 유지하였고 환율도 안정되어 있다. 특히 과거와는 달리 공업부문 생산이 농업부문의 낮은 생산성을 보완하는 역할을 하는 현상이 두드러지고 있다.

그러한 방편으로 인도 정부는 지금까지 지속되어 왔던 개인의 경제활동에 대한 과도한 규제를 축소하는 정책을 보다 과감히 추구하고 있으며, 정부의 지출과 외채 축소에 보다 강도 있는 노력을 기울이고 있다. 전체적으로 보아 현재 인도경제는 올바른 방향으로 나가고 있는 것은 틀림 없지만, 여기에 가장 큰 장애로 작용할 수 있는 것은 최근의 정치 불안 이다. 지난 수년간 계속된 연립정권들의 부침 그리고 인도인민당과 같은 힌두국수주의 정당의 세력 확장은 개혁을 늦추는 요소로 나타날 수도 있다

러시아와 브라질의 개혁

이 두 나라는 중국과 인도와는 달리 인구(人口)측면에서 안정화 되어 있으며, 광활한 영토와 무궁무진한 지하자원과 과학적 인력을 보유하고 있다. 러시아는 자체 우수인력을, 브라질은 미국에 유학한 많은 과학 인력을 보유하고 있는 실정이다. 이 점에서 경쟁력은 더욱 커지고 있다.

푸틴의 신경제정책으로 대변되고 있는 러시아 정부혁신은 소련 연방 해체 이후 10여 년 간 하염없이 추락행진을 계속해 온 러시아 사회 전반에 만연돼 있는 부패, 범죄, 경제혼란 등을 강한 추진력으로 해결하는데 초점을 맞추었다.

경제개혁정책은 지난 10여 년 간의 정책부재와 이에 따른 사회혼란으로 경제의 정상화가 가장 중요한 선결 과제로 대두되었다. 푸틴정부의 주요 경제정책은 부패청산, 시장개혁 추진, 산업정책 강화, 지방정책 변화 등이다. 그리고 세제정비, 회계제도 개선, 행정 관료주의 타파, 은행시스템 개선, 국영기업 개혁 등의 개혁방안을 추진했다.

또한 국유재산의 사유화, 합자기업법(Joint Stock Co. Law) 개정, 농지매매법 제정, 자유경제지대 선포 등이 정부혁신의 주요 골자를 차지하고 있다. 이러한 조치로 인하여 러시아는 시장경제로 전환한지 약 10

여 년의 시간이 흐른 지금, 일부 제한된 지역이지만 자유경제지대에 외국의 자본과 기술을 유치하여 풍부한 자원과 기술력이 있는 노동력을 기반으로 하여 침체된 경제를 활성화시키고 있다. 그리고 소련의 붕괴 이후 낙후된 유통체계의 복원과 외국의 발달된 서비스산업의 도입으로 국내생산성 하락의 가장 큰 요인인 소비재 산업의 발전이 개선되고 있다.

최근 남미의 숨은 강국 브라질은 경제성장을 가로막는 세제 개혁 법안이 첫 관문 통과하였고, 집권 연정이 하원 과반 의석 확보로 개혁 작업에 날개를 달 수 있었다. 집권 이후 안정을 앞세운 경제정책으로 국제금융계의 신뢰를 듬뿍 받고 있는데다가, 브라질의 외교전통을 깨고 국제정치 무대에서 주요 의사결정자로 떠오르고 있는 룰라 대통령으로서는, 앞으로 국내정치 분야에서도 상당한 자신감을 갖고 개혁을 밀어붙일 수 있을 것으로 보인다.

집권 이후 좌파의 이념과 노선을 던져버렸다는 집권세력 내부의 비난과 함께 노동당 소속 의원들은 물론 연정에 참여했던 일부 다른 정당 소속 의원들이 이탈하기도 했다. 또 자신의 가장 강력한 정치적 지지기반인 노조로부터 배신자라는 말도 들었다.

그러나 룰라 대통령이 이처럼 개혁의 첫 단추를 잘꿰면서 브라질에 대

한 국제적인 평가는 더욱 시너지효과를 내었다. 2003년 6월 프랑스 에비앙에서 열렸던 G-8(선진 7개국＋러시아) 회담에 옵서버로 초대된 룰라 대통령의 상기된 표정에서도 충분히 이런 예측을 감지할 수 있었다.

이러한 앞으로의 세계 강대국들이

바로 우리가 경쟁해야 할 상대국들이다. 미국, EU의 서방 선진국, 일본, BRICs가 바로 우리가 국제사회에서 싸워 이겨야 할 경쟁국들이다. 따라서 이러한 거대 강대국들을 이기는 경쟁력을 확보하자면 지금부터 정부혁신을 차곡차곡 추진해 나아가야 하는 것이다.

따라서 국민 여론을 효과적으로 컨트롤하고, 혁신 주체들은 일관성 있는 중심을 잡아야 한다. 사회 무질서를 공권력으로 다잡아 〈저성장 고실업 시대가 올 것〉이라는 한국경제의 위기상황을 단순한 경고로 치부하지 말고 국민들에게 솔직하게 전달해야 한다.

그러므로 대통령이하 모든 장관들은 지금부터라도 자신을 옭아매고 있는 일체의 관행과 타성을 털어버리고 국가발전을 위한 전략 스케줄을 새롭게 가다듬어야 할 것이다. 따라서 행정 효율성과 국가경쟁력을 확보할 수 있다면 비록 다소 마음에 들지 않거나, 코드가 다소 맞지 않더라도 지나친 거부감을 가지지 말고 수용할 수 있는 변혁의 마인드가 중요하다.

국제상황을 주도하는 혁신의 방향

그러면 이제부터 어떤 혁신을 해야 하는가? 이제까지 우리 사회는 진정한 성공적인 개혁과 혁신에 목말라 있었다. 그래서 지금까지 개혁에 대한 논의가 범람하여 왔던 것이다. 문제는 혁신의 방향이다. 변화를 수용해 21세기 선진사회로 갈 것인지, 아니면 20세기의 담론에 파묻혀 우리 사회를 퇴보시킬 것인지는 개혁의 방향이 결정해 줄 것이다.

앞으로의 정부혁신은 경쟁과 탐색이라는 세계의 상황에 적절히 대처할 수 있는 개혁을 해야 한다. 세계의 정치·군사는 미국이 주도하는 일

극체제이며, 세계경제는 3극체제이다. 미국, 유럽, 그리고 BRICs(브라질·러시아·인도·중국)가 제3의 축이 되어 가히 세계경제를 3등 분할하는 형세가 되었다.

이러한 역학관계 속에서 일본은 우리보다 훨씬 더 유연하게 세계적 자원을 활용하고 있다. 정치·군사적으로는 미국과 공고한 관계를 구축하고 있다. 그리고 경제적으로는 BRICs와의 긴밀한 관계 구축에 매우 적극적이다.

중국도 앞으로 지속적으로 중화(中華)의 정책기조를 지켜갈 것이다. 이것은 미국을 중심으로 하는 세계체제와 우호적인 관계를 유지하면서, 정치·경제적으로 강한 나라, 세계의 중심축을 베이징과 상하이로 옮겨가겠다는 의도이다.

그러므로 우리의 정부혁신은 실사구시의 개혁을 해야 한다. 명분에 사로잡힘 없이 실질을 숭상해야 한다. 지금 우리 사회를 지배하는 명분은 평등을 가장한 하향 평준화일 수도 있다. 따라서 이러한 우려와 걱정에서 세계 경쟁이 가속화하는 현실을 직시한다면, 지식경영의 경쟁력을 높이는 일이 아주 중요함을 절감하여야 할 것이다.

그리고 앞으로의 정부혁신은 사고체계와 시스템 전체를 고치는 개혁이 돼야 한다. 포퓰리즘과 단기적 처방의 유혹에서 벗어나 장기적 비전을 실현하고 초일류화를 도모할 수 있어야 한다.

앞에서 살펴 본 이러한 정부혁신의 방향에서 우리가 먼저 해야 할 일은 이들 강대국으로부터 관심과 존중을 받을 수 있도록 글로벌 스탠더드에 맞게 우리의 실력을 쌓는 일이다. 그리고 지식경영을 세계 첨단으로 끌어올려 세계를 무대로 조업하며, 그로 인한 수익을 다시 교육과 기술 개발에 투입하는 선순환 구조의 구축이 필요하다. 이러한 측면에서 17대 정기국회 첫날에 과학기술부를 부총리격으로 승격시켜 R&D 와 과학정책을 우선시 한 정부조직법 개정 조치는 바람직한 방향의 시사점이다.

그리고 경제가 과도하게 팽창하면 한번의 구조조정 위기가 온다는 것을 납득하고 대비할 수 있어야 한다. 1997년 외환위기는 매우 고통스러웠지만 구조조정의 절호의 기회이기도 했다. 그러나 우리는 성급한 타협으로 부동산 거품과 카드 거품을 양산해 새로운 도약의 기회를 상실했다.

반면에 중국은 자발적으로 구조조정 기간을 선택했다. 이것이 최근의 〈차이나 쇼크〉이다. 2004년 초에 중국은 스스로 이를 예견하고, 각종 대비책을 미리 강구하였다. 문제는 시스템 전체를 읽지 못하고, 사건의 진행에 일희일비하는 우리 자신에게 있는 것이다. 따라서 정부혁신은 이러한 불확실성과 무사안일과 무책임을 제거하는데 초점이 주어져야 할 것이다. 앞으로는 정부혁신을 통해 우리는 보다 투명하고 유연한 사회를 만들 수 있어야 한다. 기업혁신, 정부혁신, 노동혁신이 이와 같은 방향으로 이뤄진다면 성장과 분배를 동시에 살릴 수 있을 것이다.

또한 정부혁신은 정치의 정수리에서 출발하여야 한다. 정치행정 일원론을 넘어서 지금은 정치가 행정을 주도하고 있다. 따라서 여당은 선동정치와 포퓰리즘으로부터 자유로워져야 하고, 야당은 부패와 수구의 과거로부터 완전히 벗어나야 할 것이다.

좌에 있든, 우에 있든 추구하는 국가의 목표는 큰 틀에서 일치한다. 한편으로는 자주적 협력 국가를 건설하며, 다른 한편으로는 골고루 잘사는 민주복지사회를 구현하는 것이 정부혁신의 목표이다. 문제는 이를 실현하는 방법에 있다. 그러므로 정부혁신의 방식은 투명해야 하며, 그 결과는 예측 가능해야 한다. 많은 혁신과제를 바로 제시하면서도 그 결과를 바로 알 수 없게 하는 것은 혁신의 책임을 회피하는 것이다.

정부혁신의 큰 틀

1980년대 이후 지구촌은 정부혁신과 공공부문 개혁이 대부분 국가들의 주요 이슈가 되고 있다. 제2차 세계대전 이후 서구 국가들은 정치적 안정기를 맞이하여 민주주의의 발전과 동시에 소위 황금기(the Golden Age)로 불리는 지속적 경제성장을 기반으로 국민들의 경제적·사회적 안정을 보장하는 〈복지국가〉로 발전하였다.

이러한 정부역할의 확대는 1930년대의 대공황으로 기존의 자유방임적 사상에 기반을 둔 〈최소정부〉라는 정부역할의 패러다임이 붕괴되고, 국가의 재정을 통한 경제안정화와 완전고용을 강조한 〈케인즈 경제이론〉이 새로운 국가역할의 패러다임으로 수용되면서 시작되었다.

그러나 1970년대 오일쇼크와 국제경제 질서의 안정화에 기여했던 브레튼우즈(Bretton Woods) 시스템의 붕괴 이후, 서구경제는 실업과 인플레이션을 동시에 겪는 장기적인 침체국면을 겪게 되었다. 케인즈 경제정책이 서구의 장기적 침체를 해결하지 못함에 따라, 공공부문의 성장이 경제성장에 커다란 짐이 되고 있다고 진단하면서 다시 민영화와 규제완화, 그리고 조세감축을 통한 공공부문의 축소와 시장영역을 확대해야 한다는 신자유주의적 시각이 경제정책의 사조로 부상하였다.

이러한 신자유주의 시각은 생산기술 및 교통·정보기술의 발전에 따라 국가와 산업 간의 개방과 경쟁을 강조하는 세계화 현상을 주도하면서 최근의 공공부문 개혁의 패러다임을 지배하고 있다. 이런 맥락에서 최근의 공공부문의 개혁은 그동안 비대해진 정부 또는 공공부문의 통치 가능성(governability)과 그것이 경제성과(economic performance)에 미치는 영향에 대한 평가에 초점이 모아지고 있다.

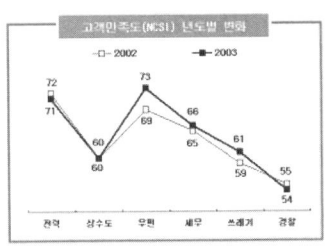

공공부문의 신자유주의적 방향으로의 개혁은 영국과 미국을 비롯한 뉴질랜드, 호주, 캐나다 등 영미계통의 국가들 사이에서 급진적으로 〈신공공관리론(New Public Management)〉 또는 〈정부재창조론(Government Reinventing)〉의 이름으로 전 세계 국가들의 공공부문 개혁에 영향을 미쳤다. 이들 국가들의 공공부문 개혁은 초기에는 성과를 거두며 많은 국가들로부터 주목을 받아 왔으나, 시간이 지남에 따라 많은 문제점 또한 나타나게 되었다.

최근 개혁의 성과에 대한 실증적 연구들은 신자유주의적 공공부문의 개혁에도 불구하고 공공부문은 신자유주의 시각에서의 기대만큼 줄어들지 않고 있으며, 과거에 비하여 그 증가율은 정체를 이루고 있거나, 오히려 세계화의 영향으로 인한 빈부의 격차와 같은 사회문제들의 심화와 고령화 사회의 영향으로, 여전히 사회복지지출의 증가를 보이고 있다.

이러한 현상은 현대 자본주의 체제와 민주주의 정치체제 사이에서 공공부문은 나름대로 중요한 역할을 하고 있음을 반증하는 것으로 해석될 수 있다. 따라서 공공부문 개혁은 단순히 단기적인 경제적 성과를 떠나 사회에서 시민들의 다양한 정치적·사회적 생활양식에도 지대한 영향을 미치고 있음을 간과했다. 그리하여 지나치게 신자유주의 이데올로기적 시각에서 수용되는 경향이 있어 왔다는 사실을 부인할 수 없게 되었다.

이러한 시각에서 정부혁신 및 공공부문에 대한 개혁이 왜 필요한가? 필요하다면 어떤 방향의 혁신인가? 최근의 전 세계를 풍미하고 있는 신주유주의 방식은 과연 시장과 공공부문의 문제를 해결하고 있는가? 그렇다면 한국에서의 정부혁신 및 공공부문의 개혁은 어떤 방향으로 이루어져야 하는가?

이러한 질문들에 대하여 아직까지 체계적인 대답을 해줄 수 있는 수준은 아닌 것 같다. 우리의 경우도, 정부 또는 공공부문에 대한 개혁은 1970년대 국가주도의 중화학공업화 이후, 1980년대부터 경제자유화 정책을 꾸준히 시도하면서 제한적이지만 지속적으로 진행되어 왔다. 그러나 그것은 정권이 바뀜에 따라 정권의 행정부 통제적인 성격이 강했다.

특히 신자유주의적 담론으로서 본격적인 공공부문의 개혁 이슈는 YS 정부의 〈작고 강한 정부〉의 슬로건으로부터 시작되었다. 이후 IMF 경제위기를 겪으면서, 세계화 현상과 이에 대한 경제 및 공공부문 개혁의 이데올로기와 해법으로서 신자유주의 시각이 정부 및 공공부문 개혁의 담론을 지배하여 왔다.

이에 따라 DJ 정부에 의해, 공기업의 민영화와 준공공부문을 포함하는 폭넓은 공공부문의 개혁이 시도되었다. 그러나 그 개혁은 한국의 공공부문의 성장 메커니즘 및 성격에 대한 충분한 연구와 이해 없이, 단순히 규모의 방만과 비효율성이라는 경험적·문화적 인식을 바탕으로 신자유주의적 개혁이 시도 되었다.

따라서 앞으로의 정부혁신 및 공공부문 개혁이념은 앞에서 제기한 혁신과 개혁의 특징 및 반성에 대한 본질적 이해의 바탕위에서 그 방향과 이념이 설정되어야 할 것으로 본다.

지난 정권들의 개혁의 교훈

한국정치 50년은 대통령들에게는 영욕의 반세기였다. 부정부패가 기승을 부렸던 부패공화국 이승만 정권은 12년 내내 정권 후반기 현상에 시달리다가 4월 혁명으로 대통령 직을 버리고 하와이로 망명했다.

박정희 정권은 군사쿠데타의 정통성 문제로 시달리다가 유신체제를 도입했지만, 가장 강력한 통치체제로 첨단 설계된 유신체제는 실상 가장 취약한 체제였다. 국민의 눈과 귀와 입을 송두리째 틀어막는 것만으로는 부족해 땀구멍까지도 막아버렸던 완벽한 질식공화국 아래서 오히려 가장 강력한 저항이 나타났으며, 결국에는 대통령 본인의 목숨을 대가로 치러야 했다.

전두환 정권의 철권통치도 3년을 넘지 못했다. 유화국면 이후 분출된 민주화 열기는 6월 민주항쟁에 이르기까지 5공화국을 최루탄공화국으로 만들었다. 대통령 직에서 물러난 다음에는 백담사로 유배되고 이어 구속되는 등 죄 값을 치렀다.

노태우 정권은 군사정권의 강력함도, 선거로 위장된 정권의 정통성도 없이 임기 내내 정치적 위기에 시달렸다. 두 정권을 괴롭힌 것은 12·12 하극상 쿠데타와 광주항쟁 유혈진압으로 인한 정통성 상실이었으며, 이들은 마지막까지 이 악몽에서 헤어나지 못했다.

김영삼 정권은 비록 노태우 정권을 씨받이로 해서 태어난 만큼 군사정권의 태반에서 숙성된 것은 사실이지만, 군부통치 청산과 공직개혁

전기요금 연체 가구수 (단위:가구)		한번이라도 단전이 됐던 가구수 (단위:가구)	
1998년 12월 현재	58만8614	1999년	65만6453
1999년 12월 현재	52만2920	1999년	56만1900
2000년 12월 현재	69만9224	2000년	50만2549
2001년 12월 현재	54만5396	2001년	48만8056
2003년 12월 현재	77만437	2002년	48만8056
2003년 12월 현재	79만199	2003년	63만4127
2004년 5월 현재	89만3272	2004년	22만976(5월까지)

혹한기 간=1월 혹서기 7, 8월은 단전 유예 기간   자료: 한국전력공사

으로 국민들의 높은 지지를 받았다. 그러나 채 3년도 지나지 않아 대통령 아들의 국정개입과 한보철강 사태로 위기에 직면했으며, 결국 외환위기를 자초하고 말았다.

같은 상황이 3년 만에 국민의 정부에서도 나타났다. 재벌개혁을 추진하고 외환위기를 극복하면서 남북정상회담을 성사시키는 등 상당한 성과가 있었다. 그러나 문민정부와 마찬가지로 포위된 개혁의 상황을 벗

어나지 못했고 안으로는 개혁정권이 피해야 할 도덕성의 함정에 빠져들었다.

문민정부가 김현철 파동에 함몰되었다면 국민의 정부는 권노갑 파동으로 깊은 상처를 입었다. 일각이 여삼추로 개혁의 좌절만을 학수고대하던 수구 보수 세력들이 얼마나 희희낙락 이 상황을 반겼겠는가? YS 정부와 DJ 정부는 이런 정도의 상황 판단력과 자제력도 없었던 것이다.

그러므로 지금 참여정부가 추진하고 있는 정부혁신은 두 가지 문제가 걱정이다. 하나는, 매우 본질적인 문제인데, 과연 노 대통령이 개혁적인 마인드를 지속적으로 간직하고 혁신을 국가 전반적으로 확산시킬 수 있는가? 하는 의구심이다. 이것은 사람의 문제인 동시에 사회세력관계의 문제이다. 혁신적인 대통령의 의지에 맞출 수 있는 우리사회가 개혁적인지? 그리고 국민들 모두가 그렇게 혁신이 중요하다고 생각하고 있는 것인지? 또한 개혁적 민심을 담아낼 적절한 혁신의 융합에너지가 공직사회에서 분출되고 있는지? 가 문제인 것이다.

또 하나는 상황의 문제인데, 공직사회를 혁신의 융합에너지로 용융시킬 수 있는 혁신 주체세력들이 얼마나 일관성 있게 혁신을 추진할 수 있는 능력이 있는지가 문제이다. 이것은 혁신 주체세력이 관료주의의 병폐를 어떻게 막아내느냐 하는 문제이기도 하다. 여기에는 도덕성과 윤리성과 청렴성도 포함된다.

왜냐하면 지금의 혁신추진 분위기 아래서 관망하던 일부 관료들의 수구 보수적 타성(무원칙 · 무책임 · 무질서)이 다시 고개를 들면서 그나마 해 온 혁신의 성과를 훼손시킬 가능성이 심히 우려되는 상황이 전개될 수도 있기 때문이다. 이것이 그동안 우리가 겪어 온 어쩔 수 없는 역사적 사실이자 교훈이다.

혁신도상국의 필요조건

현재 우리가 직면하고 있는 사회적 실체 중에서 가장 개선이 어려우면서도, 국가 사회의 발전에 가장 결정적인 역할을 하는 요인이 정부일 것이다. 실제로 1979년 이후 세계에서 정부 개혁을 가장 성공적으로 이룩해온 나라들이 가장 높은 경제 성장과 발전을 이룩하여 왔다.

앞에서도 언급했지만 영국에서는 1979년 대처 총리가 집권하여 정부 개혁을 선창하였고, 미국에서는 1980년 레이건 대통령이 등장하면서 정부 개혁의 노력이 경주되어 왔다. 뉴질랜드나 아일랜드, 캐나다 등 영미 계열의 국가들이 정부 개혁을 선창해 왔고, 따라서 이들 국가들이 상대적인 국가경쟁력의 제고를 과시하여 왔다.

한국에 있어서 건국 이후 최근까지 모두 40여 차례의 정부 개혁이 단행되었다. 지난 모든 정부는 어떤 형태로든지 정부 개혁을 시도하였고, 이는 하나의 정권이 출범하면 예외 없이 정권 초기에 대규모의 개혁이 단행된 셈이다. 그러나 그 개혁은 대부분 정부 부처간 조직의 통폐합이었다. 사실 부처간 조직의 통폐합은 조간신문의 일면을 장식할 뉴스 가치는 있을지 몰라도, 내용적인 효과는 없는 이미 식상한 메뉴였다. 정부 부처간 업무의 분장은 나라마다 상이한 것이고, 여건에 따라 조직 편제는 다를 수밖에 없는 것이기 때문이다.

그러나 지금의 참여정부는 정부혁신에 있어 독특한 특징을 보이고 있다. 조직 개편을 성급하게 추진하지 않고, 무리한 구조 조정을 시도하지 않았다. 또한 정부 개혁 프로그램간 연계성이 부족했음을 간파하고 로드맵을 먼저 만들었다. 이것은 이제까지의 개혁과 비교하면 현명한 시작으로 보인다.

그러나 앞으로 추진해야 할 정부혁신이 문제이다. 출범 2년을 넘기고 있는 정부가 혁신에 성공하기 위해서는 적어도 다음 세 가지를 필요로 한다. 첫째, 정부혁신에 대한 지적(知的) 헤게모니의 확보이다. 혁신의 담론을 주도하고, 혁신의 방향성에 대해 국민들로부터 합의를 획득해내야 한다. 이를 바탕으로 공무원들에게 혁신의 이상과 내용을 분명한 메시지로써 전달해야 한다. 그리고 혁신의 학습을 지속적으로 추진해야 한다.

둘째, 현재로서는 혁신의 전선이 너무 넓다. 참여와 형평성, 성장과 분배 등 모든 토끼를 다 겨냥하고 인사, 조직, 재정, 정보화, 산하 단체, 수도 이전 등을 망라하고 있다. 여기서 발생하는 전방위적 충돌을 참여정부가 감당하기에는 역부족일 수도 있다. 따라서 선택을 통한 집중이 불가피한 시점이다.

셋째, 혁신 주체세력을 정부 부처 내에서 조직화시켜야 한다. 대통령의 의지만으로 혁신은 성공할 수 없다. 어떤 정권이 새로 출범한 후 초기 2년 정도밖에는 혁신의 시간이 주어지지 않는다고 한다. 임기의 절반만 지나도 혁신을 강요하기가 어려워진다. 결국 초기 2년 정도에 걸쳐 국가 발전을 위한 〈전략적인 혁신〉의 기초를 닦아야 하는 것이다.

정부혁신의 원칙과 전략

얼마 전 시민단체 등에서 정치, 경제, 사회 분야 전문가가 참석한 가운데 〈참여정부 노무현 정부 출범 1년 국정운영 평가와 향후 방향 토론회〉를 가진 적이 있었다. 이 자리에서 어떤 인사는 참여정부 1년간 국정운영은 리더십의 부재, 총선 승리를 위한 국정 희생 등으로 요약했다. 탈

권위주의를 실현했지만 인력 풀(pool)의 한계, 사회적 갈등 해결 시스템의 미비로 인해 개혁은 부진한 반면 불신은 커지고 있다고 평가했다.

그리고 대통령 측근 정치인들은 정권 출범 초기 잠깐 등장했다가 현재 대부분 무대 뒤로 사라졌다며, 측근이 사라짐으로써 대통령의 대화창구가 극히 제한적으로만 가동되는 문제점을 낳고 있다고 지적했다. 따라서 이로 인해 중요 이슈에 대한 대통령의 현실 인식이 사전조율 없이 외부에 그대로 노출될 가능성이 커졌다고 우려했다.

이 자리에서 또 다른 의견으로 국민들은 대통령의 정책능력보다는 상대적으로 진보적인 정치이념과 기조에 기대를 걸었지만, 불안정한 국정 운용과 좌충우돌식 정책기조로 국정 위기를 자초했다며, 대통령은 국정 운영 철학부재에 대해 좀더 고민해야 한다고 지적했다.

정부혁신을 추진하는데 2002년 월드컵에서 새로운 리더십을 보여 준 히딩크를 장관으로 영입하자는 우스갯거리가 있었다. 과거 한국 축구는 실력보다는 혈연과 학연, 지연에 의해 팀 구성을 하는 고질적 문제를 안고 있었다.

그러나 히딩크 감독이 한국 축구의 혁신에 성공할 수 있었던 이유로 선진 기술의 접목과 함께 이러한 문제에서 자유로울 수 있었다는 점을 누구나 공감하고 있다. 마찬가지로 정부혁신이 성공하기 위해서는 장관직을 외국인에게 개방하자는 파격적인 웃지 못 할 조치가 필요하다는 주장이 제기되기도 하는 것이다.

따라서 정부혁신에는 히딩크와 같은 유능한 외국전문가를 장관으로 영입하는 사고의 전환이 필요하며, 실제로 뉴질랜드에서는 해외 잡지에 장관 채용 광고를 게재하기도 한다. 그 만큼 혁신마인드가 충만한 내각이 필요하다는 말이다.

이러한 관점에서 정부혁신은 다음과 같은 원칙과 교훈을 제시할 수 있다. 세금납부자인 국민을 고객처럼 대접하는 〈공무원〉과 정부의 〈고객주의〉, 최대한 자율성을 부여하되 자기 업무에 대해서는 끝까지 책임을 지는 〈자율성〉과 〈책임성〉, 시시콜콜한 간섭보다 국가적 방향을 제시하는 면에서 정부가 최대한 능력을 발휘해야 한다는 〈경쟁성〉을 정부개혁의 원칙으로 제시할 수 있을 것이다. 또한 낭비와 비효율을 최대한 줄이는 〈효율성〉, 회계와 업무절차 등 정부 업무 모든 분야에서의 〈투명성〉등도 중요한 원칙으로 확립되어야 할 것이다.

그리고 정부혁신에 성공하기 위해서는 단호한 사명감과 비전과 전략을 가지고 집권 전반기에 중요과제를 끝낸 후에 후반기에는 사후관리에 전념해야 하며, 개혁의 일관성을 유지하면서 다급하게 일을 추진하지 않도록 해야 할 것이다.

정부혁신에 성공하기 위한 또 다른 방안은 인력감축과 같은 비용축소 위주의 정부혁신은 경제적 효율성만 강조하는 〈잘못된 세계화〉가 낳은 폐해를 답습한 것임을 자각하면서, 삶의 질을 높이기 위해 고객감동을 강조하는 정부혁신이 이루어져야 한다는 시각이 필요하다.

끝으로 정부혁신에 성공하기 위한 조건은 정부개혁기구에 예산권과 법적 권한이 주어져야 하고, 정부혁신의 열매를 공직 사회가 먼저 맛보게 하고 그 과실은 수요자인 국민들에게 골고루 분배되어야 한다는 것이다.

그리고 스위스 국제경영개발원(IMD)의 국가경쟁력 평가에서 우리의 정부효율성 부문은 외환위기 이후 줄곧 20위권 후반에 머물고 있다고 했다. 따라서 정책입안과 정책시행을 완전 분리해서 후자는 기업의 회계와 경영방식을 도입하는 획기적인 정부조직의 시스템을 바꾸는 방안을 한번 검토해 보는 것도 하나의 전략이 될 수도 있을 것이다.

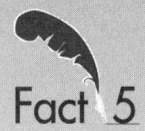

5. 역사의 FACT

우리에게 국시(國是)는 있는가?

5. 우리에게 국시(國是)는 있는가?

공론이 선 것이 국시(國是)

국시(國是)란 〈국민 전체의 의사로 결정된 국정(國政)의 근본 방침〉
이다. 국정(國政)은 나라의 정사(政事)이다. 정사(政事)는 〈1. 정치에
관한 일, 행정에 관한 일 2. 벼슬아치의 임면(任免)·출척(黜陟)에 관한
일〉이라고 사전에 나와 있다. 그만큼 국시는 포괄적이며 단적으로 정의
내리기가 어렵다. 정사(政事)를 하는 것, 즉 정치와 행정과 벼슬아치들
에 관한 근본방침이 국민전체의 의사로 결정된 것이 국시(國是)인데 그
동안 우리는 이러한 결정을 해본 적이 있는지? 를 21세기의 새벽에 다
시 한번 생각해 볼 가치가 있을 것 같다.

《 사 대사간 겸 진 세척동서 소 (謝大司諫兼陳洗滌東西疏) 》
『인심이 함께 옳다고 하는 것을 공론이라고 하고, 공론이 선 것을 국시
(國是)라고 한다. 국시란 한 나라의 사람들이 꾀하지 아니하고도 다 함께
옳다고 하는 것이니, 이로움으로 해서 유혹하는 것도 아니며 위세로써 두렵
게 하는 것도 아니면서, 삼척동자도 알 만한 것이 국시다』

- 이 글은 율곡이 44세 되던 해인 1579년(선조 12) 기묘(己卯) 5월에 대사간의 직을 사양하고 겸하여 동서(東西)를 타파하기를 진달하는 상소이다. 당시 이수(李銖)의 옥사로 윤두수(尹斗壽)·윤근수(尹根壽)·윤현(尹晛) 3숙질이 축출을 당하고 당론(黨論)이 극렬해지자, 율곡이 사직소를 올리면서 동서를 타파하고 현인을 등용하여야 함을 아울러 주장한 내용 중의 일부이다. -

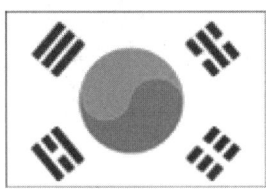 

〈대한민국의 국시(國是)는 반공이 아니라 통일이다〉라는 발언을 했다가 빨갱이로 몰려 사법처리를 받아야 했던 시대가 80년대 중반까지 계속되었다. 이러한 상황의 연장선상에서 1986년 10월 당시 야당 유성환 국회의원이 대정부 질문 시 제기한 〈이 나라의 국시(國是)는 반공보다 통일이어야 한다〉라는 이 말은, 당시로서는 충격적인 이슈가 되었던 것이다.

이 때 여당인 민정당은 성명을 통하여 〈유 의원의 발언이 우리의 국시와 자유민주주의 체제를 근본적으로 부정하고, 반국가단체의 노선과 주장에 전적으로 동조하고 있다〉라고 단정하였고, 국회의원의 면책특권 조항에도 불구하고 그가 원고 초고를 사전에 보도진에 배부했다는 이유로 그를 구속케 했다.

그러나 대법원은 6년 뒤, 유 의원의 면책특권을 인정하는 판결을 내렸다. 당시의 국시 논쟁으로 표출된 이 같은 갈등은 한국사회가 가진 이념적·정치적 딜레마를 극명하게 드러내준 사건이었다. 그리고 동시에 이 사건은 지금까지도 분명하게 추구해야 하는, 대한민국의 국시를 우리가 명확하게 가지고 있는가? 에 대하여 자기반성을 느끼게 하는 단면들이었다. 왜냐하면 국시는 국가의 이념적 요체요 영원한 국가 발전적 지향의 화두이기 때문이다.

『혁명(革命) 공약(公約)! 반공(反共)을 국시(國是) 제일로 삼고…. 구악(舊惡)을 일소하고…. 시급한 민생고(民生苦)를 해결하고…. 원대(原隊) 복귀(復歸)한다.』

- 1961.5.16, 계엄사령관 육군 참모총장 중장 장도영 -

여기서 5 · 16 이전의 자유당과 민주당 정권의 국시는 무엇이었을까? 또한 그 이전에는 역사적으로 우리나라에 국시가 있었을까? 고조선의 국시는 한민족이 하늘 · 땅 · 인간의 삼위일체사상을 가지고 하늘을 숭배한 〈천손족〉 으로 종교사상 · 정치사상 · 사회사상을 압축하면, 그것은 〈사람을 귀하게 여기고 널리 이롭게 해야 한다〉 라는 〈홍익인간〉 의 정신이 바로 고조선의 국시(國是)였다.

고대의 삼국 및 통일신라나 발해는 강력한 중앙왕권을 구축하고 영토를 확장하며, 귀족들의 합의제로 불교 및 유교로 국민사상을 통합하여 왕의 도덕정치를 국시로 삼았던 것 같다.

고려는 귀족문화를 바탕으로 불교를 국교로 삼아 고구려 고토 회복(따므르다)이라는 북진정책을 일관되게 국시로 추진해 왔었다.

조선은 사대교린으로 중국으로부터 경제적 · 문화적 실리를 추구하면서, 일본 · 여진 등과는 우호관계를 유지하려고 했으며, 숭유배불(崇儒排佛) 정책으로 유교를 통치의 지도이념으로 삼았고, 경제정책으로 농본민생(農本民生)을 근본으로 농업의 진흥에 앞서 토지개간 · 농업기술 개발에 중점을 둔 국시를 가지고 있었다.

아는 바와 같이 우리 헌법의 제 1조 1항의 민주공화국의 개념에서 우리의 국체는 공화국이고 정체는 민주주의라는 것이다. 이러한 국체와 정체는 상해임시정부에서부터 제헌헌법과 87년 9차 개정까지 계속하여 헌법 제 1조에 일관되게 유지되어 왔다. 국민주권의 원리가 같은 조 제2항에 규정되어 있는 것은, 그 점을 다시 확인하는 의미가 있다고 볼 수 있을 것이다.

第 1條 ① 大韓民國은 民主共和國이다.
② 大韓民國의 主權은 國民에게 있고, 모든 權力은 國民으로부터 나온다.

우리는 이것이 현재 우리의 국시일까? 아니면 그동안 이제까지 우리 스스로 우리의 좌우명인 국시를 외면하고 홀대한 적은 없었는가? 하는 의문과 반성을 이 시점에서 가져보아야 할 것이다.

국시는 국가와 민족의 영원한 꿈이다. 꿈은 의지이고 목표이며 열망이고 희망이며 국론통합의 기초이다. 따라서 꿈은 우리가 나아갈 길이고 국가 미래의 비전과 웅비의 인식적 터전이 되는 것이다.

국시(國是)는 나라의 핵심가치

참여민주주의의 꿈인 2만 달러 소득의 꿈, 통일의 꿈은 모두가 신선하고 희망적이다. 모두 좋다. 하지만 이것들이 뿌리내리고 성장해 나갈 토양은 다름 아닌 우리의 〈대한민국 헌법〉이고 철저한 〈시장경제원리〉이며, 대한민국의 정통성이 긍정되는 〈자유민주체제〉이다. 이런 대한민국의 핵심적 가치 위에서 그 모든 꿈(국시)들이 뿌리내려야 하고, 국시(國是)가 바로서야 할 것이다.

어떤 상황과 입장에서든 대한민국의 핵심 가치를 외면 하는 것은 그 스스로 자기존재의 근거를 부정하는 결과를 가져올 것이다. 우리 는 언제부터인가 대한민국의 핵심 가치를 너

무 소홀히 다루어왔다. 시대와 정권이 그 핵심가치인 국시를 자의로 판단하여 훼손해 왔던 것이다. 〈국민 전체의 의사로 결정된 국정(國政)의 근본 방침〉인 국시(國是)를 정권 담당자들의 의사로 훼손해 왔다고 보이는 것이다. 국정지표는 그 정권의 정치의 이념이다. 그러나 그동안 국정목표, 국정비전이라는 미명 아래 우리 민족의 핵심적 가치를 일관되게 지켜나가지 못하고 혼돈만 거듭했던 것이다.

승공통일, 반공, 한국적민주주의, 제5공의 민주주의 토착화, 복지사회의 건설, 정의사회의 구현, 교육혁신과 문화 창달, 제6공의 보통사람들의 시대, 문민정부의 신한국 창조와 역사바로세우기, 국민의 정부의 제2건국운동, 〈참여정부〉의 국민과 함께하는 민주주의, 더불어 사는 균형발전 사회, 평화와 번영의 동북아 시대와 같은 국정목표가 우리의 국시를 대신하여 왔던 것이 사실이다.

다시 말하면 우리는 그동안 국시(國是) 없이 살아왔는지도 모른다. 우리의 헌법에서, 우리의 사회가치에서, 우리의 통합적 국민의식에서, 우리는 국시를 스스로 외면하고 홀대해 왔을지도 모른다. 여기에는 이 땅의 지식인과 집권층과 공직자 모두가 책임지고 사죄해야 할 것이다.

따라서 지금부터라도 대한민국의 핵심가치를 근본적으로 찾아내어, 전체 국민적 의사와 합의를 반영하여 하나의 일관된 국시를 마련하여야 하며, 이를 정권의 변동에 상관없이 국가의 장기 목표로 추진해야 할 것이다.

그리하여 대한민국의 핵심가치인 국시(國是) 위에 미래를 향한 다양

한 꿈들이 뿌리내리게 해야 할 것이다. 그것만이 대한민국의 보다 나은 미래를 보장할 수 있는 최상의 국정운영의 전략이 될 수 있기 때문이다.

국시(國是)는 국가와 민족의 신앙

여기서 대한민국의 헌법에서 규정한 철저한 시장경제원리와 대한민국의 정통성이 긍정되는 자유민주체제가 우리의 국시인가? 하는 문제에 봉착하게 된다. 이 말은 사람은 산소를 마셔야 생명을 유지한다는 말과 같다. 따라서 자유민주주의와 시장경제는 우리의 체제이자 바탕이자 이념이지 국시는 아니다. 왜냐하면 조금은 극단적일 수는 있지만, 자유민주주의와 시장경제만 유지되면 우리나라와 우리의 미래에 어떠한 상황이 닥쳐도 상관없다는 말과 같은 의미가 될 수 있기 때문이다.

그러나 대한민국은 발전되어야 하고 우리의 후손들은 더 행복해져야 한다. 국시는 민족의 평화적 통일이나 동북아 고토회복이나 태평양의 중심 국가 건설과 같은 동적이며 일관성 있는 활동적 전략의 국가·민족적 신앙이어야 한다.

따라서 국시는 구체적으로 일관성 있게 국가가 지향해야 할 삶의 가치가 되어야 할 것이다. 자유민주주의, 시장경제원리, 광복 후 각 정권들이 마련한 국정지표들은 국시를 이행해 나가는 단지 효율적 수단과 전략에 불과하다는 것을 알아야 할 것이다. 그리고 국시는 바로 우리 모두가 대한민국이라는 국가·민족적 체제 안에서 호흡해야 하는 생존과 발전의 핵심가치이며 삶의 웅비인 것이다.

앞에서 얘기한 바와 같이, 각 나라의 헌법 제 1조는 각 국가의 정체성을 대부분 표기하고 있다. 때문에 어떤 나라의 국시를 알고자 할 때에는 그 나라의 국호가 뜻하는 것을 정확히 이해할 필요가 있다.

중국의 정식 명칭은 〈중화인민공화국〉이다. 중화(中華)란 국시를 가지고 인민공화국이란 사회주의 체제를 유지하고 있는 나라가 중국이란 말로 표현이 가능하다. 중화(中華)란 〈세상의 중심〉이란 말이고, 다른 말로 표현한다면 〈가장 큰 가치를 가진 나라〉라는 의미도 된다. 중국이 일관되게 표방하는 가장 중요한 정책은 〈민족주의〉란 말로 소수민족들을 한(漢)족 영향력 아래 통합하여 세계의 중심 국가가 되려고 하는 것, 중화(中華)가 바로 〈중국의 국시〉인 것이다.

≪ 현행 헌법 제 1조 관련 외국 규정례 ≫

중국(China)

◎ Article 1 [Socialist State]

(1) The People's Republic of China is a socialist state under the people's democratic dictatorship led by the working class and based on the alliance of workers and peasants.(§1①)

◎ Article 2 [Sovereignty]

(1) All power in the People's Republic of China belongs to the people.(§1②)

프랑스(France)

◎ Article 2 [State Form and Symbols]

(1) France is an indivisible, secular, democratic, and social Republic. It ensures the equality of all citizens before the law, without distinction as to origin, race, or religion. It respects all beliefs.

독일(Germany)

◎ Article 20 [Basic principles of state order, right to resist]

(1) The Federal Republic of Germany is a democratic and social federal state.

(2) All state authority emanates from the people. It is being exercised by the people through elections and voting and by specific organs of the legislature, the executive power, and the judiciary.

이탈리아(Italy)

◎ Article 1 [Form of State]

(1) Italy is a democratic Republic founded on labour.

(2) Sovereignty belongs to the people, who exercise it in the forms and within the limits laid down by the Constitution.

스페인(Spain)

◎ Article 1 [State Principles, Sovereignty, Form]

(1) Spain constitutes itself into a social and democratic state of law which advocates liberty, justice, equality, and political pluralism as the superior values of its legal order.

(2) National sovereignty belongs to the Spanish people from whom emanate the powers of the state.

예멘(Yemen)

◎ Article 1

The Republic of Yemen is an Arab, Islamic and independent sovereign state whose integrity is inviolable, and no part of which may be ceded. The people of

Yemen are part of the Arab and Islamic nation.

　여기서 세계 대부분의 국가는 헌법 제 1조에 국체와 정체 및 주권재민의 규정만을 열거하고 있다. 다만 중국만 예외로 중화(中華)라는 국시를 분명히 하고 있는 것이 특색이다. 미국 연방헌법도 〈제 1조 : ① 모든 입법 권한은 미국 연방 의회에 속하며, 연방 의회는 상원과 하원으로 구성한다. ② 하원은 각 주의 주민이 2년마다 선출하는 의원으로 구성된다. 제 2조 : ① 행정권은 미국 대통령에 속한다. 제3조 : ① 미국의 사법권은 1개의 연방 대법원과 연방 의회가 수시로 만들어 설치하는 하급 법원들에 속한다〉 라고 하면서, 처음에 권력분립을 열거하고 있을 뿐이다.

　그러나 1787년 제정된 이래 미 헌법의 본체는 오늘날까지 전혀 수정되지 않았다. 그리고 노예법·여성법·금주법 등 시대에 따라 추가적 수정 조항이 덧붙여졌으며, 그중 수정 헌법 1~10조는 미국의 〈권리 장전〉이라고 불리고 있다. 여기서 우리는 미국 헌법의 전문에서 미국이 일관되게 견지하고 있는 그들의 국시(國是)를 간파할 수 있을 것이다.

미국의 국시

　미국의 국시(國是)는 수정 헌법 1~10조를 근간으로 전문의 〈국민의 복지를 증진하고, 우리들과 우리들의 후손에게 자유와 축복을 확보할 목적〉이라고 분명히 나와 있다. 바로 〈과실송금〉의 자유로운 확보에 미국의 국시가 있는 것이다. 과실송금은 궁극적으로 외국투자목적이 될 수도 있는 이윤회수를 말한다. 즉 투자가들이 외국에 투자하여 얻은 이익(배당)금을 본국에 송금하는 것을 말한다.

『우리들 연합주(the United States)의 인민은 더욱 완벽한 연방(Union)을 형성하고, 정의를 확립하고, 국내의 안녕을 보장하고, 공동의 방위를 도모하고, 국민의 복지를 증진하고, 우리들과 우리들의 후손에게 자유와 축복을 확보할 목적으로 미국(the United States of America)을 위하여 이 헌법을 제정한다』

미국은 자국의 자본과 인력을 외국에 투자하여 나오는 과실에 대하여 안전하고도 자유로운 본국 송금을 제 1의 가치로 삼고 있다. 군주국가이든, 공화국가이든, 독재국가이든, 공산국가이든, 회교국가이든 간에, 이 과실송금만 보장되면 원칙적으로 우호적이다. 지금까지의 미국의 외교나 국방정책은 이 원칙을 고수하고 있다. 표면적으로는 세계 경찰이니 인권이니 하는 평화론을 내세우지만, 내면적으로는 확고한 과실송금의 자유로운 안전망 구축에 있는 것이다.

반부패세계포럼을 자기 돈으로 추진한다던가, 기후변화협약의 파기, 세계 각처에 미군을 주둔시키는 것, 이라크 및 아프가니스탄 사태를 보더라도 더 극명히 이러한 원칙을 발견할 수 있을 것이다.

현재 주한미군 감축과 용산 기지 이전 문제도 미국의 과실 송금이라는 그들의 국시적(國是的) 관점에서 보면 이해가 쉬울 것이다.

과실송금은 연도 말 자산부채표와 이윤표, 그 해의 세금 전 이익규모, 기업소득세, 세금 후 이익의 산출, 전년도 손실 보전, 미지급된 법정 납부금, 벌금, 위약금, 이사회의 이윤분배결의, 유동성부채와 비용, 추가 투자자금 등과 관련이 있다. 따라서 미국은 지금도 해당국들에게 정치·경제·군사적 압력을 행사하여, 안전한 그들의 〈과실송금망〉을 확장해 가고 있는 것이다. 이것은 바로 자신들의 국시를 향해 모든 국력을 기울이는 노력이다. 그들과 그들의 후손에게 자유와 축복을 확보할 목적을 영원히 달성하기 위하여…

이러한 국시의 일관된 추진으로 미국 노동자들은 후진국 노동자의 20~30배의 일당을 받고 있다. 국시의 일관된 추진으로 적은 노동력으로도 엄청난 부를 확보하고 있는 것이다. 물론 생산성이란 명분으로 포장하여 외국의 노동자의 몫을 착취함으로써 그들은 잘 살고 있다. 그들의 부는 당연히 외국에서의 투자나 원조에 의한 과실의 안전한 송금망 구축에서 오는 것이다. 이제까지 미국은 한번도 이 원칙을 포기한 적이 없었다.

영국의 국시

영국연방(Commonwealth of Nations)은 일곱 바다에 군림한 대영제국(大英帝國)의 재건에 그들의 국시가 도사리고 있다. 그것이 마치 과거와 같이 전 세계 식민지를 구축하는 것은 아니지만, 그들의 체제와 이념과 정책의 기본정신은 과거 대영제국 건설에 희망을 두고 있는 것이다.

영국은 90년대 들어 영연방국가, 미국 및 유럽 국가와의 유대강화와 동구권과의 관계 개선을 대외정책의 기조로 삼고 있다. 전임 총리 대처는 90년 10월 로마에서 열린 EC 정상회담에서, 다른 11개 회원국이 합의한 94년 1월 1일의 유럽중앙은행 창설에 반대하는 등 유럽통합에 대

해 반대 입장을 고수해 왔다. 대처는 독자노선의 대영제국 건설을 위하여 아르헨티나와 포클랜드 전쟁도 불사하였다.

그러나 총리 메이저는 이러한 독자 노선을 포기하고, 93년 유럽통합 조약 비준법안을 통과시켰다. 97년 발족한 토니 블레어 정권은 EU(European Union : 유럽연합)의 확대·심화와 세계 지역분쟁에 관해서도 적극적으로 대응하고 있다.

또한 2001년 9·11 미국의 대폭발테러사건 이후 미국과 함께 군사행동·외교활동·인도지원 분야에서, 국제 테러와의 전쟁 및 아프가니스탄과 이라크 사태에도 적극적으로 참여하고 있다. 영국은 이에 따라 최근까지 미국과 함께 이라크 침공과 재건사업의 주도권을 가지고 과거 대영제국의 역할을 자임하고자 노력하고 있는 것이다.

프랑스·독일의 국시

양국은 91년 소련이 붕괴되고 세계가 탈냉전시대에 들어가면서 미국이 유일한 초강대국으로 남게 되자, 경제력으로 미국을 추격할 수 있다는 생각을 하면서부터 〈유럽의 맹주〉 자리를 굳히고 있다. 89년 통일이 된 독일은 안보상의 걱정거리가 사라졌고, 자국을 위협할 수 있는 구소련이 와해되자 중·동유럽을 차지해 유럽의 맹주가 된다는 꿈에 부풀어왔다. 식민지 보유 측면에서 영국에 이어 세계 2위를 자랑했던 프랑스는 아직도 외교적 차원에서 강한 힘을 발휘하고 있고, 프랑스의 문화나 언어는 세계 각지에서 광범위한 영향력을 행사하고 있다. 현재에는 세계 제2위의

농산물 수출국이고, 3차 산업은 국민 총생산의 60%를 차지할 정도로 비중이 높다. 현재 유럽헌법을 두고 신경전을 벌이고 있는 것도 모두가 프랑스와 독일의 주도권 싸움에서 기인된 것이 많다고 한다. 하나의 유럽(United Europe)의 맹주(盟主)의 자리를 꿈꾸고 있는 것이다.

그러나 이라크 전쟁을 둘러싸고 스페인 · 포르투갈 · 이탈리아 · 덴마크 · 영국 등은 미국 편을 들고 있으며, 과거 공산주의였던 동유럽 13개 국가들(이중 8국은 2004년 유럽 연합에 가입)도 미국의 입장을 지지하고 있다. 독일이 이라크 전쟁에 대해 미국에 반대하는 것 역시 독일의 되찾은 자존심, 혹은 슈뢰더 총리의 국내 정치적 이유 때문이라고 판단된다.

그러나 그동안 미국의 적극적 지지자인 독일의 반미주의 역시, 미국으로부터 불어오는 전혀 예기치 않았던 역풍을 맞고 있다. 사실 독일의 통일에 대해 영국 · 프랑스 · 러시아 모두가 반대했었다. 강력한 독일의 출현을 우려했기 때문이다.

그러나 미국이 독일을 컨트롤한다는 보장 아래 유럽 국가들이 독일의 통일을 허락한 것이다. 그런데 미국이 주독 미군을 철수하려는 움직임을 보이고 있다. 미군이 빠져나간 독일은 프랑스의 군사력을 우려하지 않을 수 없을 것이다. 즉 독자적으로 무장하려 할 것이다.

독일의 독자적 군사력 강화는 프랑스와 러시아의 역사적 악몽(惡夢)이다. 현재 프랑스와 독일은 미국의 대 이라크 전쟁 정책에 끝까지 반대할 가능성을 보이다가 찬성  쪽으로 돌아섰다. 결국 프랑스와 독일은 〈후세인의 무장해제〉라는 미국의 전략에 전적으로 동의하게 되었다. 다만 어떻게 무장해제 할 것이냐? 의 전술적 측면에서 차이를 보였던 것이다.

결국 프랑스와 독일이 원하는 것은 양국이 국제체제에서 무엇인가 영향력을 행사하고 인정받는 데 있었던 것이다. 지난번에 야기되었던 프랑스·독일의 태도는 역시 국제체제가 변했어도 국가들의 행동을 결정하는 궁극적인 요인은 각 국가들이 보유한 〈국력〉이라는 사실을 다시한번 느끼게 해주었다. 여기에서 한 국가의 국시가 돋보이는 것이다.

일본의 국시

일본 정부는 자위대 파병 기본계획이 확정됨에 따라 구체적인 파병 절차 밟기에 들어갔다. 일본 정부는 이라크에 파견될 육·해·공 자위대의 부대 운용을 상세하게 명시하는 〈실시요령〉을 작성하고 〈파견명령〉을 내렸다. 이러한 사실로 미루어 일본의 대외정책은 앞으로 더 그들의 국시가 명확해질 가능성이 높다고 보인다.

과거 일본은 동양에서는 해양세력의 본산이라고 판단하였고, 두 번의 대륙진출을 시도하여 한번은 좌절되고 한번은 상당기간은 성공하였으나, 결국에 패전한 경험을 가지고 있다. 종전 후 일본은 평화헌법으로 군사대국화를 포기하고 경제대국화를 꿈꾸어왔다. 〈평화입국〉을 지침으로 정한 일본은 외국에서 전쟁을 하지 않는 것을 국시(國是)로 삼고 외국에 무기를 파는 것을 금지해왔다. 이제까지 세계의 어느 국가와도 싸운 적이 없었고, 경제적인 기여로 그동안 환대를 받아왔는데, 그런 자랑스러운 역할을 버리면서까지 이라크 파병을 결행하는 근본 이유는 무엇일까?

일본은 지난번 주변사태법〈유사법제는 말 그대로 유사시에 대비한 법과 제도를 통칭한 것으로 △무력공격사태대처법안 △자위대법 개정안 △안전보장회의 설치법 개정안 등 3개 법안을 가리킨다-필자 주)을 통과시켜 필리핀이나 인도네시아 등 동남아시아는 물론, 중동의 이라크나 페르시아 만까지 포함하여, 말하자면 미군이 가는 곳은 모두 〈주변사태〉라는 개념을 달아, 일본 국민을 후방지원 한다는 명분으로 전쟁협력에 가담하려고 하고 있는 것이다.

주변상황의 변화와 더불어 가속화된 자위대법의 개정과 PKO((Peace Keeping Operation) 활동의 확대, 미일방위협력지침(신 가이드라인)의 확정과 이의 실효성을 확보키 위한 〈주변사태법〉을 비롯한 관계법의 정비, 그리고 최근에는 TMD 계획(미국의 전역미사일방위계획-필자 주)의 참여 등을 통해, 실질적인 군사력 증강과 대내외적인 무력 활동 등의 장애를 없애가면서, 일본은 어느새 〈헌법의 굴레〉를 훌쩍 뛰어넘어버렸다. 막강한 자위대를 구축했고, 평화유지 명분이기는 하나 해외파병의 실험도 마쳤다.

일본은 이번 이라크 파병결정을 일본의 국제협력에 새로운 전개를 가져온 역사적 결단이며, 자위대 파견은 일본이 국제사회의 일원으로서 이행해야 할 당연한 책무라고 주장하고 있다. 국제사회의 안정은 일본의 국익이며, 이라크가 파탄국가가 되고 테러리스트의 온상이 되면, 중동 전역이 불안정화 되어, 중동에 원유수입의 90% 가까이를 의존하고 있는 일본의 경제에 치명상이 될 수 있다고 주장했다. 여기에 바로 일본의 〈국시〉가 도사리고 있는 것이다.

따지고 보면, 과거 만주사변이나 대만·중국 및 동남아 침공이나, 대동아전쟁 등도 일본의 안전한 원료 수입 망 확보에 있었다. 자원빈국의 폐쇄된 해양국가의 열등감으로부터 탈피하는 것이 바로 일본의 국시이다. 현재 중국·대만과 조어도 문제, 남동해 도서 분쟁, 우리와의 독도 분쟁, 남사군도 문제 등 모두가 원료 확보선과 관계가 있는 것이다. 그래서 일본 자위대는 해군에 많은 역점을 두고 있다.

일본 역시 가상적국인 구소련이 무너져 안보에 상당한 도움이 됐을 뿐 아니라, 그동안 활발하게 진출해 터를 닦아놓은 동남아시아에 이어 중국의 거대한 시장을 석권함으로써, 아시아의 패권을 거머쥔다는 생각을 해왔다. 이 같은 구상은 제2차 세계대전을 일으켜 패배했던 과거의 치욕(?)을 씻을 수 있다는 점에서 일종의 명예회복이 될 수도 있고, 21세기를 주도한다는 면에서 정치지도자들은 물론 상당수 국민들까지도 어느 정도의 컨센서스를 이루고 있었다.

지난 10여 년간 일본은 경제력이 급속히 하강국면에 접어들었고, 경제적 위상에 걸 맞는 국제 정치력마저도 확보하지 못하였다. 일본은 과소비와 과투자로 경제에 거품현상이 심화한데다, 주가하락과 엔화가치 하락으로 엄청난 타격을 입었으며, 설상가상으로 실업률마저 치솟은 경제 불황을 겪어왔다.

따라서 이를 극복하고자 유엔평화유지군으로서 캄보디아에 파병을 하는 등, 정치·군사력을 강화하려고 애쓰고 있으나, 중국 등 주변국들의 강력한 제동을 감당하지 못하고 있는 형편이다.

결국 일본은 21세기의 새로운 전략을 추진하면서 경제 안정 등 내치에 주력하며, 주변국들의 우려와 의심을 해소하는 점진적인 외교력을 구사할 수밖에 없을 것이다. 따라서 이러한 관계로, 앞으로는 국제사회에 보다 이바지할 수 있는 새로운 방안을 모색하면서, 경제문제 특히 원료선의 안전한 확보정책인 국시(國是)에 일본의 국력이 더욱 모아질 것으로 예상되고 있다.

러시아의 국시

러시아의 국시는 부동항의 확보를 위한 남진정책에 있다. 20세기는 대부분의 시간이 미국과 소련의 양극체제에서 북대서양조약기구와 바르샤바조약기구 간의 대립 구조 하에 놓여 있었다. 그동안 이러한 세력 구조를 독특하게 이용하여 공산국가들과 비동맹 국가들이 소련(러시아)의 사회주의 협력체제로 남진정책의 국시의 상당부분을 채워나갈 수 있었다.

그러나 기본적으로 나토와 러시아는 소련 해체 후 동남유럽 지역의 범슬라브주의와 범유럽주의의 충돌을 대표하고 있으며, 탈냉전에도 불구하고 이 지역의 분쟁과정에 있어 일정한 대립관계를 형성해 왔다. 특히 터키와 발칸지역으로 나토세력권이 확장함에 따라, 러시아는 아랍세력과 함께 이 지역에 대한 영향력을 상실할 것을 우려하고 있는 것이다.

부동항을 얻기 위한 18세기 이후 러시아의 세력 확대는 전통적인 영국 - 프랑스를 중심으로 하는 국제관계를 점차 영국과 러시아간의 세력으로 대체시켰고, 중국과 일본과의 관계도 악화시켰다. 19세기 초 나폴레옹 시대에 러시아는 오스트리아 - 합스부르크 제국〈제1차 세계대전에서 오스트리아가 패전함으로써 1918년 카를 1세가 퇴위하여 500년에 가까운 황제가(皇帝家)로서의 역사는 막을 내림-필자 주〉과 더불어 뫼테르니히가 주도하는 비인체제〈정통주의와 세력균형주의 성격, 자유주의와 민족주의 세력을 억압-필자 주〉를 구축하는 중심세력을 형성함으로써, 점차 유럽동부지역에 강력한 영향력을 행사하기 시작했다.

러시아의 남하정책은 1820년대 이후 본격화되었으나, 프랑스 · 오스트리아 · 프로이센 · 영국에 의한 견제로 직접적으로 중유럽까지 확대하는 것에는 실패하였다. 이에 따라 러시아의 남하정책의 전략적 지대는 이슬람지역의 북부지역인 터키와 발칸반도로의 진출로 전환되었다. 러시아는 터키의 북부지역에 대한 대대적인 공세를 전개하여, 영국과 프랑스가 지원하는 터키 제국과 전쟁을 벌이게 되었다. 〈터키 - 러시아〉 전쟁은 러시아의 남하정책을 막는데 중요한 역할을 했지만 오스만터키 제국의 몰락을 촉진하였고, 발칸반도 동부지역의 슬라브 민족들을 자극시켰다.

따라서 러시아의 남하정책 추진은 범슬라브주의 운동을 발생시켜, 발칸반도의 슬라브 민족 통일 운동을 촉진시켰다. 러시아 - 터키 전쟁(1877)은 범슬라브주의 운동을 러시아가 남하 정책에 이용하여, 산스테파노 조약으로 발칸 국가의 독립과 러시아 세력을 확장시킨 결과를 낳게 되었다. 베를린 회의(1878)에서 영국과 오스트리아의 반발로 비스마르크는 러시아의 남하를 어느 정도 견제할 수 있었지만, 러시아의 남하정책은 일관되게 추진되었다.

이에 러시아는 극동 아시아 쪽으로 눈을 돌려 남하정책을 추진하는 전략을 강구하였다. 블라디보스토크에 군항을 건설하고 조선과 수교(1884)하여, 베베르 공사의 활약으로 조선에 친러 정부를 수립하기도 하였다. 결국 이것은 영국의 거문도 사건(1885)을 유발하였으며, 연이어 러 · 일 전쟁도 러시아의 남하정책과 이를 봉쇄할 수밖에 없었던 일본의 최후수단으로 발발하였던 것이다.

이러한 남하정책은 스탈린에 와서 우리의 3 · 8선을 가져왔으며, 남북분단의 고통으로 이어졌다. 결국 6 · 25 전쟁을 불러왔고, 지금의 북핵문제도 어느 정도는 러시아의 남하정책의 잔여 소산물이라고 할 수 있을 것이다.

러시아의 국시(國是)인 남하 정책은 아직도 최근의 90년대 코소보 사태 등과 여러 분쟁들을 야기 시키고 있으며, 러시아의 이러한 부동항 개척의 일관된 국시는 지금도 변하지 않고 있는 것이다.

캐나다의 국시

캐나다의 국시는 다문화주의(Multiculturalism)이다. 다문화주의는 여성문화, 소수파문화, 등 여러 유형의 이질적인 문화의 주변문화를 제도권 안으로 수용하자는 입장을 이르는 말이다. 이것은 어떤 공통의 이데올로기적 입장을 말하는 것이 아니라, 어느 한편에는 단순히 자유주의적 다원주의나 세계주의의 연장이라고도 할 수 있을 것이다. 다른 한편으로는 인종 · 성별 · 문화 · 취향에 따르는 급진적 분리주의의 한 형태라고 말할 수도 있다. 이러한 다문화주의에는 소수파 또는 주변화된 집단을 위한 정치적 변호라는 강력한 성향이 내재해 있으므로 보수주의자들의 반발을 사기도 한다.

캐나다 정부는 각국으로부터 밀려드는 수십 종류의 문화를 단 하나의 문화로 통합하기보다는 각 민족 고유의 문화를 인정하고 계승 발전시켜 캐나다 문화의 한 부분으로 만들기 위해서,  1971년 세계최초로 Multiculturalism을 캐나다의 국시로 정한다는 취지를 발표했다.

이에 따른 정부의 다문화주의 정책은 여러 가지 방면으로 전개되었고, 특히 대학 및 여러 기관에서 세계 각국의 문화를 연구 및 자료 수집을 통해, 여러 민족의 고유문화를 유지 발전시켜 나가고 있다. 그 한 가지

예로 Indian(인디언)과 Inuit(에스키모)들을 위한 학교가 설립되었고, 소수민족에 대한 자국 언어를 장려하고 있는 것이다.

캐나다는 지리적으로 동일한 언어를 사용하고 있는 미국과 인접하여 영향력이 강한 미국문화에 아무런 장애 없이 노출되어 있지만, 캐나다 고유의 다문화주의(Multiculturalism)를 통해 캐나다만의 문화를 지켜 나가고 있는 것이 그들의 국시이며, 그것으로 그들의 발전과 행복을 추구해 가고 있는 것이다.

우리는 지금 어디로 가고 있는가?

이러한 세계 주요 강대국들은 모두가 변하지 않는 국가의 최고 가치를 국시로 삼고 이를 목표로 하여 번영을 추구하고 있다. 따라서 국정운영의 최고이념으로 여겨야 할 국시(國是)를 이쯤 해서 우리도 정치권력의 변화에 상관없이 논의해 볼 필요가 있을 것이다. 그리고 현재 우리의 위치도, 즉 〈우리는 지금 어디로 가고 있는가?〉를 주시하면서, 향후 우리의 번영을 위한 대응추세를 일관되게 진단해 볼 필요가 있을 것이다.

〈홍익인간〉이라는 인간의 보편성에 근거한 개방적 봉사와 인류애 정신을 전통적 국시로 삼아온 한민족이, 1948년 대한민국의 수립에 즈음하여 승공 통일이라는 협소하고 한시적인 이념을 국시로 삼게 되었다는 점에서 다소 의미심장한 역사적 아이러니를 우리는 겪어야 했었다.

국가 재건이 본격적으로 시작되었던 60년대 초, 당시의 국가적 정책 결정과 의사결정의 주도권을 장악한 세대들은 식민지 교육과 대동아 전쟁, 그리고 일본 군국주의의 패망과 친일파의 여전한 득세, 그로 인한 이념들의 첨예한 갈등, 미군정으로의 정치·문화적 혼란, 그리고 북한의 어리석은 오판에 따른 비극적인 전쟁과 피비린내 나는 동족상잔으로, 국가 기간산업 기반의 초토화를 체험한 그들에게 있어서, 〈승공 통일〉의 문제는 자기 정체성의 확립과 생존 유지의 문제로 다가섰다.

그 결과 한국에서는 자유로운 국시(國是)의 논의가 있을 수 없었다. 언제나 국시는 유보적으로 처리 되었으며, 극우적인 전체주의적 논의마저도 북한이라는 호전적 괴뢰집단과 맞서기 위한 차선으로서 용인될 수밖에 없었던 어떤 공감대가 형성되어왔던 것이 사실이었다. 그것은 60년이 다되어 가도록 한국적 정치상황에서의 불변적 상수였었고, 어두운 그림자였으며, 지금도 역시 그러하다는 시각이 주류의 자리를 차지하려고 갈등이 빚어지고 있는 것이다.

그러나 아마도 지난 미국의 클린턴 정부의 대북정책의 일괄적 타결과 북방정책, 햇볕정책, 평양 방문의 6·15 남북선언 등과 함께 이 우파적 시각의 상수는 이제 그 종결 점의 시한부 상수로 잔존하게 된 느낌을 몰고 왔다.

승공통일이라는 국시에 대해 호전적 감정을 동반한 사명감을 느끼며 살았던 세대는, 이제 거의 모든 분야에서 점차 사라지고 있는 시대에 우리는 지금 살고 있는 것이다. 그렇게 우리는 그동안 국시 없는 안타까운 시대를 역사적 소명이라는 착시로 인식하며 살아올 수밖에 없었던 것이다.

애증으로 모여진 뜨거운 덩어리

40~50대라는 새로운 세대들이 90년대 이후 속속 등장하였다. 이들은 6·25나 5·16에 대해 어렴풋한 기억만을 갖고 있는 냉전체제의 세

대들이다. 이들은 다소 전체주의적인 교육으로 조직적으로 길들여져 있기는 하지만, 60년대 중반(이때부터 우리는 북한을 경제적으로 앞서기 시작했음)부터 시작한 한국의 기적적인 경제성장에 그들의 젊음을 바친 세대들이기도 하다. 그들은 이제 한편으로는 그 성장의 결실을 향유하면서, 다른 한편으로는 다양화된 가치 세계에서 방향을 상실한 내면적 공허로 인해 다소 당황하고 있는 세대들이기도 하다.

이제까지 한국의 정치권을 형성하고 있는 인물들은 자신들은 부정할지 모르지만 ① 자유당·민주당과 과거의 군사정권과 협력·참여·경쟁했던 기회주의적 엘리트들이거나 ② 그들과 대항해서 투쟁하였던 투사형 정치결사거나 혹은 ③ 단세포적인 권력지향형 줄타기의 명인들이라고 보인다. 현재 386세대들이 〈코드〉와 〈로드맵〉이라는 기치로 개혁의 선봉장이라고 다수가 주장하고 있기는 하지만, 이들도 결국 그 명인(?)들에게서 직·간접으로 그러한 정치를 답습한 아류에 불과할 수 있다.

국내의 정치권은 아직도 박정희라는 거대 화두와 3김의 모순에 가득찬 영걸의 카리스마를, 한편으로는 부러워하고 다른 한편으로는 분노하는 작용과 반작용으로 형성된 세력들의 애증으로 모여진 뜨거운 덩어리들일 수도 있다.

최근 전 국무총리와 경제부총리 등이 급격하게 변화하는 국제정세와 세계경제에 적응하기 위해서 우리의 386 세대의 뜨거움에 대하여 우려를 토로한 것은 시사하는 바가 크다.

세계는 민주화, 세계화, 디지털화, 네크워크화라는 새로운 패러다임의 추세로 이전하고 있다. 따라서 자유와 창의를 바탕으로 한 기업가정신이 무엇보다 중요하며, 민주주의 진전에 따른 다양한 욕구를 흡수·통합하기 위해 대의민주주의와 시장경제의 공고화가 중요하다. 이러한 환경에서도 386의 열정이 여전히 뜨겁기만 한 것에 대한 우려가 나왔던 것이다.

그러나 21세기는 그 〈뜨거운〉 정치 덩어리의 시대가 이제는 〈차가워〉져야 할 새로운 시대로 접어들고 있는 것이다. 따라서 우리는 현대사회의 복잡다단한 변혁과, 그와 연결된 국내외적 상황을 두루 이해할 수 있는 전문가들과, 민족과 국가를 인도하기 위한 통찰력과 경륜을 갖춘 정치 지도자들의 총합으로 압축된 국시를 제시하고, 그 길로 나아가야 할 시대가 온 것이다. 차가워진 정치 덩어리가 냉철한 판단과 분석과 열망으로 뜨거운 국시(國是)를 논의해야 하는 시대가 온 것이다.

이제부터라도 여러 가지 다양한 정치적 이념들이 논의되고 또한 추구될 수 있어야 할 것이다. 하나의 대안이 될 수도 있겠지만, 평화통일까지는 일단 통일을 국시로 정하고, 그 방법과 수단과 전술들을 다양하게 평화적으로 모색해 볼 수도 있을 것이다. 아니면 통일보다는 동북아, 나아가 세계 경제 또는 군사 대국이 된다거나 문화강국, 첨단기술 강국, 아니면 해양대국 등이 된다던가 하는 등의 압축된 국시를 마련해 볼 수 있는 시점이 도래한 것이다.

지루한 말장난과 나열씩 국정비전에 관한 토론은 혼란만 초래하거나 고밀도의 국력을 저밀도로 만들 위험성을 내포할 수 있다. 독재와 부패와 가난과 혼란으로 멸망한 국가치고 그들의 구호가 아름답지 않은 나라는 이제까지 지구상에서 존재하지 않았던 역사적 교훈도 있는 것이다.

정치 인류사를 통하여 이런 사실은 입증되고 있다. 때문에 우리는 다시는 그러한 역사의 전철을 밟을 수 없는 것이다. 이 문제는, 즉 국시(國是)의 바람직한 논의를 위한 국민적 통합은 이제부터 모든 국가경영에 앞서 선행되어야 할 필요가 있다고 보인다.

　참고로 정부의 모든 정책위원회를 통합하든지 아니면 위원회를 하나 신설하여, 가칭 〈국시추진 또는 검토위원회〉를 만들어보는 것은 어떨까 한다. 그리하여 정부가 고민하고 국민이 동참하여 노력하다 보면, 아마 가까운 시일에는 이제까지 소홀히 취급한 〈國是〉를 우리 후손들에게 영원히 각인시킬 수 있는 어떤 핵심적인 방책이 나오지 않을까? 하는 희망을 가져보고자 하는 것이다.

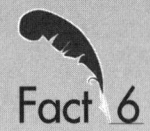

6. 희망의 FACT

국부(國富)는 공장의
굴뚝에서 나온다

6. 국부(國富)는 공장의 굴뚝에서 나온다

걱정을 넘어 안타까운 사회현실

사상 초유의 고유가가 진행되고 있다. 물가도 심상찮다. 그래도 기름 한 방울 나지 않는 우리는 모두가 차를 몰고 산과 바다로 내달린다. 거기다가 사회와 언론은 그것을 부추긴다. 내수경기를 진작시킨다고 하면서…. 그러나 지금 눈에 보이는 경제지표와 경제현실만으로도 심상치 않다는 정황을 쉽게 끄집어 낼 수 있다. 지금 추가취업 희망자가 41개월 만에 최고치에 달하고 경기침체가 장기화되면서 직장은 있지만 근무시간이 하루 3시간도 채 되지 않는 〈준 실업자〉가 크게 늘고 있다고 한다.

그러나 어찌 모두들 이렇게 태연할 수 있단 말인가? 희망을 가져보려는 일부만 괜히 호들갑떨고 있는 것일까? 사실 겁이 난다. 정말 우리경제의 성장이 60년대 한강의 기적으로 이룩하였다가 21세기 초에 1만 불 소득의 매몰적 함정에 침몰하는 것은 아닌가? 하는 막연한 불안감이 엄습해 온다.

최근의 경제부총리가 어려운

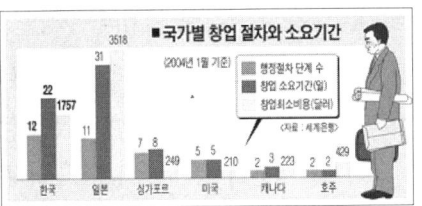

경제현실을 지적한 말이 새삼스럽다. BRICs〈Brazil, Russia, India, China의 머리글자를 딴 합성어로 미국의 유명 투자은행인 골드만삭스가 만든 신조어. 골드만삭스는 앞으로 50년 후 이들이 미국 일본과 함께 G6(선진6개국)가 될 것이라고 전망-필자 주)의 경제급성장으로 인한 팽창력 압박의 피로로 인해 우리에게 새로운 경제회생의 기틀을 마련할 기회는 앞으로 약 15년 밖에 남지 않았다는 지적은 이러한 막연한 불안감에 시사하는 바가 크다고 할 수 밖에 없다.

수출이 우리 경제를 지탱해 준다고 하지만 그 품목은 몇 가지에 한정되고 단순하다. 반도체, IT〈 반도체칩이 내장된 모든 전자장치(Hardware)를 통해서 새로운 가치를 창조하는 기술-필자 주)제품, 자동차와 선박 등 일부 품목에 고정된다. 그나마 로열티 주고, 부품과 설비 및 재료값 주고, 과반이 훨씬 넘는 외국투자자 몫을 빼고 나면 너무나 빈약하기 이를 데 없다. 거기다가 외국 투기꾼들은 경영상의 신규 투자나 윤리성이나 성장의지는 전혀 없다. 그들은 다만 투자금액의 과실에만 혈안이 되어있는 것이지 대한민국의 발전이나 투자기업의 성장이나 한국의 경제 현실에는 전혀 관심이 없다.

노동자들은 우선 자기몫 챙기기에 바쁘다. 기업성장도 좋지만 우선 자신이 현직에 있을 때 돈을 많이 받는 것이 장땡이라고 외친다. 경영발전이나 국가성장에는 아예 관심도 없다. 노동쟁의를 자제하라고 하면 부르주아 집단, 친 재벌 반동이라고 매도한다.

어지간한 기업은 외국인 손에 다 넘어가고 있다. 이대로 가다가는 우리 자식들은 어지간한 기업의 부장도 못할 것 같다. 외국자본에 넘어간 대기업 임원은 대부분 외국인이다. 그들은 호시탐탐 투자수익을 빼돌리려고 옛날 공산당 남침같이 기회만 노리고 있다.

도하개발어젠다(DDA)〈카타르 도하에서 2001년 종료된 제4차 WTO 각료회의 결정에 의해 출범한 새로운 다자무역협상체제-필자 주)협상의 기본골격 합의 안이 세계무역기구(WTO) 147개 회원국 만장일치로 최근에 통과됐다. 이제 우리가 먹고 살아야 하는 농업기반이 다시 한번 거대한 개방파고 에 직면하지 않을 수 없게 되었다.

대책 없는 대책들

최근의 재정은 정부의 경기부양책이 사실상 〈먹고 쓰는〉 쪽에 치우쳐 근원적인 성장기반을 다지는데 미흡했다고 입을 모으고 있다. 2004년 도 상반기 중에 정부가 재정을 쓸 만큼 썼지만 정규직 고용의 창출이나 내수기반의 확충, 기업투자 여건의 개선 등 근원적인 문제에는 조금도 다가가지 못했다는 것이다.

경기순환 사이클에 집착하여 지금의 내수 · 투자 부진을 일시적 어려 움 정도로 치부하는 것은 지극히 안이한 인식이며, 경제의 구조 자체가 변화한데 따른 구조적 문제에서 지금의 경기부진이 비롯된 만큼 우리 경제를 위기로 볼 것이냐 아니냐를 놓고 논쟁하는 것 자체는 무의미하 다고 국내외 전문가들이 경고하고 있는데도 정부는 별 문제가 없으니 걱정하지 말라고 한다.

부동산 값은 오를 대로 올랐다. 강남의 30평 아파트가 7억 원대를 호 가한다. 정말 미친 상황이다. 어쨌든 지금의 투기 분위기는 잠잠하다. 그런데 충청도는 땅값으로 야단이다. 억제하고 단속할수록 더 오른다고 한다. 한편으로 부동산 가격의 하향 안정화는 필요하나 거래 단절에 따 른 가격 급락 → 금융부실 심화 → 자산소득 저하 → 소비 위축 → 추가 적인 가격 하락으로 이어지는 악순환이 발생하여 일본형 장기침체(부동

<서부텍사스중질유 선물 주봉 차트>

07/30/2004 C=43.80
O=41.45 H=43.85 L=41.05 Mov Avg 3 lines

상승5파
조정4파

강력3파

상승 1파   조정2파

RSI 68.79 20.00 80.00

Volume 722239.00 Open Interest 673020.00

(출처 : Omega Research)

산 거품 꺼지며 내수 부진으로 인한 11년간 초저성장-필자 주)가 우려된다고 걱정한다.

투자가 안 된다고 한다. 기업의 투자의욕이 회복되지 않고 수출은 지속되니, 장기적으로 그동안 축적해 두었던 알곡만 파먹고 나면 머지않아 빈껍데기만 남을 것이라고 우려하는 지적도 많다. 현 시점에서 정부가 가장 역점을 두어야 할 것은 기업의 투자의욕을 북돋고 내수를 진작시키는 것이라고 강조하고 있는데도 정부의 종합적이고 장기적인 대책은 보이지 않는다.

거기다가 외국 투기자본은 투자하지 말고 배당해 달라고 압력을 넣고 있다. 하기야 잦은 노사분규와 경영권 위협 등 불확실성이 고조되는데 어느 기업들이 투자에 집중하겠는가?

소비가 살아나지 않는 것이 문제라고 한다. 실제 돈 쓸 수 있는 사람은 수출 잘되는 일부 대기업 직원과 공무원과 공기업직원, 군인, 교사뿐이라고 한다. 부자들은 돈이 없는 듯이 외국으로 빼돌린다고 한다. LA 등 외국 주요도시들은 한국사람 때문에 부동산 값이 폭등한다고 현지인들이 원망한다. 반면에 민생들은 죽을 맛이라고 아우성이다. 자영업자들은 죽어라고 장사해서 부자들이 가진 건물의 임대료 내고 나면 하나도 없다고 허탈해 한다. 겨우 작은 건물 하나 마련해 장사하려고 하면 대형 음식점과 대형 유통점으로 인해 이자도 못 내다가 압류당하기 일쑤라고 푸념한다.

4백만이 넘는 신용불량자가 문제이다. 마음대로 카드 만들어 주면서 쓰라고 해놓고 대책 없이 쓴 카드 주인만 책임이 있다고 카드대란 감사원 감사는 정확하게(?) 지적했다. 또한 투자촉진과 더불어 소비 진작 차원에서 신용불량자 문제의 전향적인 해결이 필요하다고 하는데, 남의 돈 마음대로 쓰고 갚지 않는 사람을 어떻게 해결하겠다는 말인가? 만약 탕감해주거나 쉬운 방안으로 풀어주면 그들은 또 다른 도덕적 해이〈Moral hazard란 원래 자본주의의 올바른 가치관을 훼손시키는 비윤리적인 경제행위-필자 주〉를 저지를 것이다.

우리경제의 생산성이 급격히 하락하여, 성장잠재력의 잠식이 심각하다고 한다. 그런데도 노동자들은 열심히 일하려 하지 않는다. 그저 많이 받고 싶은 심정뿐이다. 불안하기 때문에 내가 있을 동안만 많이 챙기는 것이 최선이라고 생각한다. 내가 퇴직하고 나면 회사는 망하든 흥하든 상관없다고 생각한다. 자기 자식들이 다닐지 모르는 기업인데도 말이다.

국민과 경제를 외면하는 노동귀족

파업을 할 수 있는 노동자는 상류노동자들이다. 연봉 몇 천만 원씩 받는 귀족 노동자들이다. 그래도 그들은 매년 파업한다. 습관성으로 보인다. 그들이 말하는 하류노동자들과 임시직, 일용직들은 파업도 할 수 없다. 파업해 봐야 잘리는 것과 영창행이 전부다. 상류노동자들은 하류노동자들을 우습게 보는 습관이 있다. 그들은 동질성을 부인한다. 그동안 상류노동자들이 하류노동자들을 위해 한 일이 무엇이 있었던가? 그리고 파업에 참여하지 않은 같은 직장의 직원 아파트 문에 갖은 모욕적 내용의 대자보를 도배하고 있다. 이것이 자유민주 국가인가? 파업 지상주의인가? 노동 천국인가?

 주 40시간 근무제를 본격 시행하면 경제성장률 하락이 불가피한 상황이다. 이에 대비한 성장잠재력을 키우려면 무작정 일자리 수를 늘리는 데만 몰두할 것이 아니라, 노동생산성을 향상시키는 방안이 필수적인데도 뾰족한 대책이 보이지 않고 있다. 〈노·사·정〉 모두의 측면에서 보아도 그저 안타까울 뿐이다.

주식시장에서 거래량 요건을 충족하지 못한 종목이 무더기로 나타나고 있다. 코스닥 시장은 벤처의 도덕적 해이로 공포감의 파장이 더욱 커지고 있는 실정이다. 증시 침체 속에서 부실기업들의 폭탄 돌리기(부실기업 사고파는 것-필자 주)에 투자금을 날리고 증시를 떠나는 개미들이 속출하고 있다.

행정수도 이전으로 인한 갈등, 미군 감축과 미군기지 이전, 중국의 외교적·경제적 부상과 도전, 일본의 경제회복과 한반도 회피 시각, 미국 외교에서 한국의 비중 저하, 외국 투기자본의 극성, 일부 상류층의 자산 해외도피, 지방경제와 지방행정의 성장 동력 결핍, 국가정체성과 과거사 청산 갈등 등이 우리 모두를 서성이게 하고 있다.

바닥이 드러난 성장 동력

70년대와 80년대 초의 실업계 고교의 산업 기술축적이 바닥을 보이고 있다. 이제는 보일러, 전기, 선반, 용접, 주물 등 산업 기초기술자들은 모두가 60대를 바라보고 있다. 이들이 물러가면 우리 사회의 기초기술은 누가 담당할 것인가? 앞으로 수입할 것인가? 이제 산업기술 교육은 자취를 감추고 있다.

기초학력도 안 되는 수준의 고졸이 모두 대학가는 실정이니 대학교육도 제대로 될 수도 없겠지만, 이들이 졸업하고 대졸이라고 자처하면서 60년대, 70년대의 대졸자리를 달라며 아우성이다. 그들은 자신의 실력은 문제삼지 않고 청년실업 정책이 문제라고 정부를 규탄하고 있다. 실제로는 중졸 수준도 겨우 되면서 그 수준에 맞는 직장에 가라고 하면, 대학 나왔다고 토플 책 한권 끼고 공부한다고 30이 넘도록 백수와 백조가 되고 만다.

이러는데 정부는 청년실업 해결한다고 덩달아 야단이다. 정부와 사회는 너희들 수준이 그것밖에 안된다고 솔직히 설득해야 되지 않겠는가? 정부는 그러한 중졸과 고졸 수준의 대학생을 배출한 대학정책을 반성하고 개선해야 되지 않겠는가? 이점에서 청년실업자와 정부는 서로가 솔직해질 필요가 있을 것이다.

또한 그 부모들은 그러한 자식이 뭐가 그리 귀여운지 있는 돈 없는 돈 다 쏟아 부으니, 전국의 대학 근방의 호프집, PC방, 비디오방, 여관들은 불황을 모른다. 그래서 국가 전반적인 문제투성이의 한숨만 나온다. 결국 비전이 보이지 않고 미래가 없어 보인다.

그러면 이러한 골수에 박힌 국가적 난관들을 헤쳐 나갈 해법은 전혀 없는 것일까? 이 시점에서 정부 · 사용자 · 노동자 · 청년실업자 모두는 이러한 고민들을 심각하게 생각해 보아야 할 것이다.

사실 국부(國富)는 공장의 굴뚝에서 나온다. 재취업 하려는 사람이나 청년실업자들이 자영업이나 유통업에 기웃거리지 말고 공장에 가서 물건을 만들어 외국에 팔아야 국부가 생기고 국민소득이 올라가는 것이다.

그런데 정부나 사회나 언론이나 모두가 음식점 차리라고 야단이다. 창업 전문가들은 자영업이 괜찮다고 하면서 자신들은 뒷구멍으로 그들을

유인하고 그 대가의 몫을 챙긴다. 모두가 실업자 수 줄이기에만 바쁘다. 선진국은 자영업이 10% 이하인데, 우리는 30%가 넘는다고 한다.

그러니 창업하면 당연히 90%가 망하게 된다. 실패한 그들은 하층민으로 전락하고 만다. 단기적으로 어떨지 모르나 결국 나라 안에서 죽는 줄도 모르고 자기들끼리 제 살 파먹기에 바쁘다.

우후죽순으로 식당과 분식점과 술집을 개업하니 기존에 있던 자영업도 안 된다. 같이 죽자는 수작이다. 청년실업자도 공장에 가서 물건 만드는 것에는 관심이 없고, 우선 편한 술집이나 유통업에 얼쩡거린다. 결국 아무런 기술도 없고 나이 들면 반건달로 치달린다. 지금 시점에서 왜 정부와 사회와 언론은 공장으로 가자고 계도하지 않고 반대로 임시방편으로 실업자 수만 줄이려고만 하는지 모르겠다. 정부와 사회는 솔직하게 국가경제가 어려우니 팔 걷어붙이고 경제회생에 매진하자고 호소해야 할 것이 아닌가? 벤처니 IT 산업이니 신지식이니 지식경영이니 하면서 대박과 허상만 젊은이에게 심어 놓았으니 100만 원대 월급은 눈에 들어오지도 않는다.

TV와 신문은 모두가 놀자는 얘기고 웰빙이라는 미명하에 전부가 잘 먹는 잘 살자는 얘기뿐이다. 그러면 무슨 돈으로 잘 먹고 잘 살 것인가? 그리고 뭐가 있어야 잘 먹을 것이 아닌가? 국민들 기대치만 엄청 높여 놓고 생활수준은 따라가지 못하니 강도, 살인 등 사회범죄가 증가하는 것이다.

소득은 1만 불인데 3만 불 수준에서 놀고먹는다. 그러니 항상 2만 불 정도는 적자다. 당연히 개인도 그렇고 국가도 빚만 늘어난다.

먼저 본 놈이 임자다

감사원의 카드대란 감사에서 보듯이 정부가 국민의 돈으로 정책을 집행하다가 커다란 잘못이 있어도 누구하나 책임지는 사람이 없다. 가까운 예로 시화호, 각종 댐 공사, 환경 사업, 새만금 사업, 금융정책, 농어민 정책 등등 결과는 천문학적 숫자의 국가적 손실을 가져왔는데도 누구하나 책임지는 사람도 없고, 책임 있다고 지적하는 사람도 없는 것이다. 지방자치단체와 공공기관은 더 심하다. 이러하니 먼저 본 사람이 주인이다. 그들은 일단 벌려놓고 본다. 그들에게 결과는 중요하지 않다. 일단 벌려 놓아야 자기 일자리와 권한과 술밥꺼리가 생기는 것이다.

정말 지금의 고통이 정부가 말하듯이 옥동자를 낳기 위한 행운의 산고(産苦)일까? 아니면 남미식 경제의 추락의 신호탄 일까? 필자는 한 국가의 국민으로서 정부에게 간곡히 바라고 싶다. 제발 공장으로 돌아가자고 국민을 계도하였으면 한다.

공장에 가서 물건을 만들어 팔아야 소득 2만 불, 3만 불이 되지, 1만 불 소득에 안주하여 서로 갉아 먹으면 있던 국부(國富)도 감소된다는 것을 정부는 국민들에게 솔직히 알려서 위기감을 조성하여야 할 것이다. 현재 필리핀이나 남미는 이러한 사례를 여실히 보여주고 있다.

여기서 당연히 언론의 역할이 중요하다. 언론이 보수니 진보니 어쩌고 저쩌고 하지 말고 먼저 정부와 야당이 언론을 이러한 국가성장 동력의 창출로 이끌어 가면 안 될까? 나중에 우리가 살만할 때 독재니 정체성이니 청산이니 잘잘못을 따져도 늦지 않을 것이라 생각되어 진다.

경제와 부는 단순하다. 시장경제는 거래를 전제로 한다. 거래에 있어 누구든지 이익이 있어야 사고판다. 따라서 거래에 있어 상대방의 부를 더 가져오는 쪽이 부를 축적하는 것이다. 부에 가치만 부가하는 것은 진

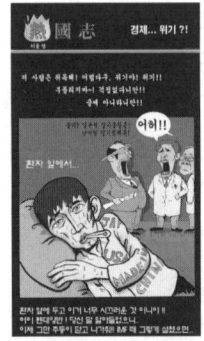

정한 국부(國富)를 창출하는 것이 아니다.

부는 남의 부를 강제로 뺏어오든지 아니면 물건을 잘 만들어 많이 팔아서 이익을 남겨야 모아진다. 지금의 자유민주 세계에서 우리가 무슨 재주로 남의 부를 뺏어 올 수 있을까? 따라서 우리는 힘든 노력으로 원재료를 싸게 사와서 물건을 잘 만들어 많이 팔아 이익을 남겨야 한다. 국부(國富)는 바로 이러한 거래에 있어서의 이익이며, 우리의 힘든 노력의 결과이다.

우리에게는 지하자원이나 원재료와 에너지도 없다. 곡물도 쌀 빼고 70% 이상을 수입해야 한다. 풍족한 것이 하나도 없는데도 항상 1만 달러 중진국 주제에 선진국의 최고 귀족들을 흉내 내어 왔다. 그래서 먹고 입고 자는 것은 세계 최고 수준으로 치달았다. 전 세계 고급양주와 고급향수와 화장품, 모피, 보석 등 사치품은 싹쓸이 한지 이미 오래다.

진정한 부는 힘과 눈물과 노력으로 만들어 지는 것이다. 따라서 공장의 굴뚝에서 연기가 그치지 않을 때만이 경제회생과 국부(國富)가 나오는 것이다. 말로만 머리로만 얄팍한 수작만으로는 진정한 국부는 절대 창출되지 않는다.

따라서 21세기 새벽에 새벽종소리를 들으며 공장으로 달려가는 우리 모습이 한강에 다시 한번 투영될 때, 우리의 행복과 웰빙이 찾아오는 것이다. 또한 그 공장은 우리 자식과 우리 후손들이 영원히 행복을 찾을 수 있는 유일한 미래의 희망임을 잊지 말아야 할 것이다.

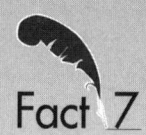

7. 향도의 FACT

정부혁신의 향도(嚮導)는 공직자

7. 정부혁신의 향도(嚮導)는 공직자

혁신은 국가경쟁력이다

오늘날 우리는 세계화라는 거대 화두를 입에 물고 산다. 무한 경쟁이든 지구촌의 발전이든 약육강식이든 상생이든 동반몰락이든 간에 세계화를 보는 시각은 다양하고 복잡하다. 따라서 세계화라는 프리즘을 들고 생존이라는 형상을 잡으려고 발버둥치고 있는 것이 지금 우리의 모습이다. 일부는 그 길이 지구촌의 유일한 번영의 길이라고 하고, 일부는 앞으로 세계화는 머지않아 몰락할 것이라고 예단하기도 한다.

그러나 지구촌의 세계화 질서 안에서 우리가 우선적으로 살아남자면 먼저 국가경쟁력이 가장 중요하다는 것에는 이론의 여지가 없을 것이다. 따라서 국가경쟁력으로 급변하는 시대적 파고를 이겨내고 창조적 국가 위상을 정립해야 선(善)기능적인 세계화의 길로 나아갈 수 있다. 이것이 바로 살아남을 수 있는 우리의 마지막 생존 전략이자 성장 동력이다.

2003년에 출범한 참여정부는 우리 현대사를 건

국의 단계, 산업화의 단계, 절차적 민주화의 단계를 거쳐 이제 실질적 민주화의 단계에 접어들었다고 보고 있다. 또한 지금은 원칙이 승리하고 국민주권이 실질화 되는 국민승리의 시대, 경제와 사회분야가 조화롭게 발전하는 새로운 도약의 시대, 사회의 각종 독점과 집중, 갈등과 소외를 극복하는 통합과 균형의 시대, 남북관계의 질적 개선으로 동북아의 평화와 번영을 선도해야할 시대라고 강조하고 있다.

참여정부는 ① 원칙과 신뢰 ② 공정과 투영 ③ 대화와 타협 ④ 분권과 자율로 집약하고, 12대 국정과제로는 ① 한반도 평화체제 구축 ② 부패 없는 사회 봉사하는 행정 ③ 지방분권과 국가균형 발전 ④ 참여와 통합의 정치개혁 ⑤ 자유롭고 공정한 시장질서 확립 ⑥ 동북아 경제 중심 국가 건설 ⑦ 과학기술 중심사회 구축 ⑧ 미래를 열어가는 농어촌 ⑨ 참여복지와 삶의 질 향상 ⑩ 국민통합과 양성평등의 구현 ⑪ 교육개혁과 지식문화 강국 ⑫ 사회 통합적 노사관계 구축의 12개 국정원리를 가지고 외교, 통일, 국방, 정치, 행정, 경제, 사회, 문화, 여성 등 국가 사회적 전 분야에 걸쳐 국정비전을 제시하고 있다.

사실 이 모든 원리와 과제와 비전은 국가경쟁력을 강화하기 위하여 추진되고 있다고 보아야 할 것이다. 그러면 국가경쟁력을 향상하기 위해서는 어떻게 해야 할 것인가? 하는 문제가 나온다. 여기에 바로 변화와 혁신의 필요성이 나타난다.

참여정부의 새로운 개혁 패러다임

① 공무원에 대한 불신(개혁의 대상)
    ⇒ 공무원에 대한 신뢰(개혁의 주체)
② 집권적·하향적 개혁 ⇒ 분권적·상향적(쌍방교류형) 개혁
③ 단기적·성과과시형 개혁 ⇒ 상시적·내실추구형 개혁
④ 일방적·강압적 개혁 ⇒ 대화와 토론식, 자기학습적 개혁
⑤ 공급자(官) 위주 ⇒ 수요자(국민) 위주

그러면 변화와 혁신은 누가 할 것인가? 물론 대통령, 공무원, 기업, 국민 모두가 혼연일체가 되어 추진되어야 한다. 그러나 변화의 시대에는 선도적 역할을 수행하는 주도적 계층이 있어야 혁신은 성공한다. 그

러면 누가 주체적으로 혁신을 추진할 것인가?

지금 21세기 새벽에 미래의 100년, 1000년을 바라보면서 공직사회는 바로 이러한 선도적 역할을 자임해야할 국민적 기대와 열망의 한가운데에 서 있다. 따라서 대통령을 중심으로 공직자가 먼저 혁신에 몰입하여 국민들과 기업들을 감동시킬 때 혁신은 성공적으로 추진될 수 있다.

그리고 공직자가 국민을 이끌어 가는 것이 아니라, 혁신에 공직자들이 먼저 희생정신을 발휘할 때, 국민들은 스스로 참여하게 될 것이다. 혁신은 바로 감동과 자발적 참여이다. 감동과 희생과 눈물과 노력이 없는 묘사적 혁신은 절대 성공할 수 없다.

대통령은 장관들을 감동시키고, 장관은 직원들을 감동시키고, 자치단체는 그 감동에 스스로 참여하고, 국민들은 대통령과 장관과 자치단체장과 모든 공직자들에게 감동하고 감사할 때 혁신은 성공한다. 바로 이러한 혁신이 국가경쟁력이고 세계화의 무한경쟁의 다툼에서 살아남을 수 있는 성장 동력이고 진정한 역사적 정부혁신의 표상이다.

국가경쟁력 향상을 위한 공직자의 혁신적 몰입과 희생과 노력이 바로 공복(公僕)의 자세이다. 역사를 통하여 성공한 개혁에는 언제나 공복(公僕)의 자기희생의 혁신과 눈물과 노력과 열정이 있었다. 혁신의 성공에는 긴 시간이 필요하지 않다. 바로 처음의 실천적 터전 마련이 가장 중요하다.

한번 혁신이 성공하면 100년, 길게는 500년 정도의 국가경쟁력 향상을 기약할 수 있다. 역사를 통하여 영국과 프랑스가 그랬고 로마도 그랬다. 지금 제국의 영광과 번영을 구가하고 있는 미국은 초기 건국의 아버지들이 피나는 자기희생의 혁신을 성공시킨 결과, 230년이 지난 지금까지 아니 앞으로도 상당기간 발전과 행복을 향유할 수 있는 것이다.

한국병 : 과감한 혁신으로 치유

1997년에 반만년 한민족의 역사에 엄청난 침탈이 찾아왔다. IMF 환란이라는 사상 초유의 소용돌이 속에서 우리 모두 한편으로는 고통스러웠고, 다른 한편으로는 잠시 참회하는 듯이 보였다. 윗물은 윗물대로 아랫물은 아랫물대로 골수까지 박혀있던 썩어빠진 정신을 척결하고자 반성도 하고 눈물도 흘렸다.

그러나 7년이 지난 2004년에도 통상적으로 말하는 한국병은 여전히 존재한다. 배타와 질시, 흠집 내기, 부정부패, 아집과 오만 등으로 우리의 성장잠재력은 충분히 발휘되지 못한 채, 침체의 늪으로 빠져들고 있다는 우려가 나타나고 있다.

지금 대한민국은 〈아시아의 용〉이 〈반도의 지렁이〉로 추락할 지경에 와 있다. 공권력이 무너지고 사회기강이 해이해지면서 무책임·무원칙·무질서의 이른바 3無 현상의 풍조가 만연하고 있다. 상류층은 사치와 과소비에 빠지고, 민생들은 무기력으로 침몰하고 있다. 공직자들은 복지부동으로 관망하고 정치권은 배타적이며 오만의 극치를 달린다. 바로 사회는 분열되었고 상생은 실종되었다는 우려가 많이 나타난다.

따라서 정부는 이러한 한국병을 참여와 원칙과 국민의 중심으로 극복하고자 정부혁신과 부정부패 척결에 대통령이 직접 나서서 매진하고 있다. 노무현(盧武鉉) 대통령은 최근 정부혁신 노력에 대해 〈지금까지의 업무방식대로 흘러버리고 안일하게 지내선 안 된다면서, 안했던 새로운 일을 발굴하고 업무 틀을 새롭게 만드는 혁신문화를 창조해야 한다〉라고 강조했다.

노 대통령은 이러한 분열과 상생의 실종을 고질적인 한국병으로 보고 있는 것 같다. 이러한 한국병이야말로 우리의 미래를 가로막는 중요한 걸림돌이 아닐 수 없다. 따라서 이러한 고질적 한국병을 말끔히 청산하기 위해서는 과감한 혁신이 필수적일 수밖에 없다고 강조하고 있다.

그리고 우리사회에 민속화 되어 있는 부정부패는 한국병의 가장 극명한 하나의 단편이다. 해방 후 모든 정권은 저마다 부정부패 척결을 외쳐왔지만, 결국 구호에 그치고 형식적으로 대처하다가 부패 스캔들에 휩싸였다. 그 과정에서 부정부패는 민속처럼 번지면서 사회 곳곳에 암적 존재로 파고들었다. 공직도 그렇지만 민간부문의 부패는 이루 말할 수 없는 지경이다. 그리고 지방행정의 부패는 도를 넘어섰다는 시각이 지배적이다.

부정부패는 정치를 소모적으로 왜곡시키고 행정을 무력화시킨다. 그리고 불필요한 비용이 추가되도록 하는 가장 큰 원인이다. 그리고 이러한 부패 구조는 또 다른 부패 사슬을 잉태하여 결국 부패의 악순환을 거듭할 수밖에 없도록 만들어 버린다. 침묵의 부패카르텔이 형성되는 것이다.

또한 부정부패는 정상적인 자유민주주의와 시장경제를 왜곡시키는 핵심요인으로 작용해 왔다. 이로 인해 로비와 뇌물을 통한 경제활동이 생산적 경제활동을 억누르고 방해하여 왔던 것이다.

혁신의 목표는 행복추구

국민의 힘으로 참여정부는 출범하였다. 이는 과거 권위주의 체제의 종말을 고하는 하나의 상징이었다. 세계가 급변하고 있는 상황에서 이는 도저히 지나칠 수 없는 현상이었다. 따라서 이러한 한국병을 척결하기 위해 참여정부는 혼신의 힘으로 혁신을 단행하고 있는 것이다.

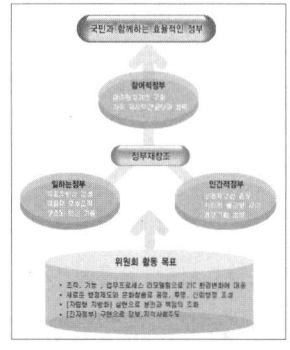

우리의 문제를 과감히 수술하여 환골탈태하는 길은 강력한 혁신 이외에는 다른 방안이 있을 수 없다. 참여정부 출범 이후 지금까지 모든 행정은 혁신의 연속이었다. 그 결과 다양한 혁신과제가 도출되었고 많은 문제점들이 치유되고 있다. 그러나 해방 후 지금까지의 고질화된 한국병이 단시일 안에 근절될 수는 없을 것이다. 따라서 참여정부는 중단 없는 지속적인 혁신과 변화로 한국병을 근절하고자 하는 것이다.

이와 관련, 일부 혁신을 주저하는 계층과 집단에서는 〈대통령의 아집〉이니, 〈인치(人治)〉니 하는 불만을 제기하고 있으나, 그것은 참여정부가 추구하고 있는 〈효율적인, 봉사하는, 투명한, 함께하는, 깨끗한 행정〉의 정부혁신의 목표를 잘 모르기 때문에 하는 주장으로 보인다.

혁신의 본질은 다양하다. 그리고 지금의 상태에서 변화 하자는 애기는 분명히 중요하다. 그러면 왜 불편하게 변화 하자는 것인가? 변화해서 어떻게 하자는 애기인가? 이러한 회의와 의문에 대한 명확한 답은 바로 행복해지기 위해서 변화와 혁신을 해야 한다는 것이다. 이러한 변화와 혁신에는 분명한 철학과 소신이 필요하다. 그 철학과 소신도 분명히 행복을 위해서 존재한다.

앞으로 동북아 중심 국가니, 소득 2만 불 시대니, 21세기 통일된 선진 민주복지 국가니 하는 것들도 결국은 우리가 행복해지자는 것이다. 따라서 참여정부는 인류문화에 기여하는 21세기 동북아 중심 국가로서 통일된 선진민주 국가를 내다보는 혁신을 지속적으로 추진하고자 하는 것이다.

공직자의 존재가치는 국민의 사랑

참여정부의 공직사회에 대한 국민의 기대와 요구는 과거 어느 때보다도 높은 것으로 보인다. 왜냐하면 권위주의를 청산하고 있기 때문이다. 따라서 국민의 사랑과 지지를 받지 못하는 공직자는 이미 존재 의의를 상실했다고 보인다. 공직자의 설 자리는 바로 국민의 가슴과 뜨거운 손길이다. 따라서 국민의 가슴으로 나아가는 길이 바로 공직자의 의식혁신의 방향이 되는 것이다.

최근 노 대통령은 〈대통령이 되어 많은 공약을 했으며, 이는 혼자 할 수 없는 공약이라며, 이는 전체 공직사회를 믿고 했다고 말하면서 공무원들이 믿음, 꿈과 미래에 대한 비전을 갖고 노력해 달라〉라고 당부했다.

또한 노 대통령은 〈공무원 조직은 한국사회의 엔진〉이라며 공직사회의 책임을 강조한 부분은 공직자의 존재가치가 어디에 있는가를 분명히 보여주고 있다.

어떤 국가의 미래 운명과 행복은 그 나라의 공직사회를 보고 짐작하면 정확한 결론을 얻을 수 있다. 이는 공직사회가 엉망이면 나라도 엉망이라는 지적이다. 그리고 공직사회가 앞장서서 잘된 나라도 있고, 나라가 잘돼 공직사회 수준이 높아진 나라도 있을 수 있는 데, 어느 쪽이 원인이든 결과이든 간에 공직사회가 우수한 나라는 반듯한 나라이고 우수하지 못한 나라는 반듯하지 못하며 별 볼일 없는 나라라는 의미이다.

국민의 사랑과 지지는 공직자들이 정부혁신의 목표인 〈효율적인, 봉사하는, 투명한, 함께하는, 깨끗한 행정〉을 열정으로 펼칠 때 가능하다. 민심(民心)은 변덕이 심한 유기체이다. 따뜻한 애정과 부드러운 손길이 언제 돌변하여 공직자의 등을 후려칠지 모른다. 민의(民意)는 그만큼 무서운 존재이다. 따라서 공직자들은 민심이 돌변하지 않도록 겸손과 포용과 열정을 국민들에 바쳐야 할 것이다.

공직자들은 명예와 자긍심으로 살아간다고 한다. 또한 당근과 채찍론을 거론하면서 공무원의 처우개선을 의식혁신의 전제조건으로 제시하기도 한다. 반면에 의식혁신과 처우는 상관관계가 없다는 견해도 있다. 처우개선과 복지부동은 별개라는 것이다.

 공직자들이 어떤 견해에 동조하든 간에 분명한 것은 공무원은 국민의 공복이기 때문에 국민의 사랑과 지지를 받지 못하는 공직자는 공무원으로서의 존재가치가 없다는 것이다. 또한 공직자들이 변화와 혁신의 주체 세력이 되어 국가경쟁력 강화의 견인차 역할을 수행해야 한다는 것이다. 이 역할은 국민의 힘으로 탄생한 참여정부의 공직자들이 수행해야할 고유 영역이다.

역설적으로 공무원에 대한 국민과 여론의 질책은 공직자들이 새롭게 거듭나기를 바라는 국민의 사랑과 애정의 또 다른 표현이며 채찍이다. 결코 공무원을 배척하고 비난하는 것은 아니라고 생각한다. 따라서 공직자 모두는 스스로를 뒤돌아보고 겸손하게 국민의 사랑과 기대에 포용과 열정으로 보답하여야 할 것이다.

미래는 혁신도상국의 청부(淸富)의 시대

대부분 공무원들은 국가발전과 민족번영을 위하여 묵묵히 일하고 있다. 좋은 여건에서 일하고 있는 사람도 있지만, 대부분 어려운 여건 속에서도 정직성 · 청렴성 · 민주성 · 합리성 등의 가치를 중시하며 국민을 위해 〈효율적인, 봉사하는, 투명한, 함께하는, 깨끗한 행정〉을 펼치고 있다.

그러나 일부는 의식과 태도, 행동 간의 모순과 권위주의, 상대적 윤리관 및 자신의 결함을 외부에 전가하려는 의식이 혼재해 있는 것도 사실이다. 또한 공직사회는 아직까지 소모적인 행정환경과 비능률, 집단이기주의, 규정주의, 낮은 보수, 승진 적체 등의 조직내부의 불만을 획기적으로 개선하지 못하고 있는 것도 사실이다.

그러나 정부의 혁신을 이끌고 있는 공직자들의 혁신 의지는 반드시 성공하여야 한다. 왜냐하면 앞으로 대한민국은 행복하여야 하고 행복해 지기를 바라고 있기 때문이다. 공직자들이 혁신을 성공하여 ① 정치 사회적 혼란 뒤 안정 ② 사회적 노사갈등 수용 ③ 덩어리 규제철폐 ④ 성장 동력 발굴 및 육성 ⑤ 글로벌 역량 강화 ⑥ 고급 기술 인력 육성 ⑦ 국가 개방 및 외자유치를 달성함으로써 국민소득 2만불의 난제를 풀어야 한다.

이러한 조건들을 충족시키기 위해서 정부를 혁신주도형 체질과 조직으로 바꾸고 우수한 혁신공무원들이 미래의 성장 동력 개발과 연구에 매진해야 할 것이다.

지금 세계의 모든 국가는 혁신경쟁을 하고 있다. 우리는 개발도상국으로 보릿고개를 극복했다. 이제는 혁신이다. 개발도상국이 아니라 혁신도상국이 되어야 한다는 것이다. 개발도상국이 우리를 후진국에서 중진국으로 끌어올렸다면, 이제는 혁신도상국의 선진국으로 올라가야 할 것이다.

지금 정부가 벌이고 있는 혁신운동은 그 혁신의 성공여부에 따라 21

세기 동북아 중심 국가가 되려는 우리의 국운이 달려 있다. 혁신은 위기 의식에서 출발한다. 번영과 퇴락의 기로에 선 위기의식이야 말로 혁신의 원동력이다.

그리고 혁신에는 뼈를 깎는 고통과 인내가 따른다. 반면에 그만큼 더 도전의 가치와 매력이 넘치는 것이기도 하다. 따라서 뼈를 깎는 자기희 생으로 혁신을 성공하여 우리는 행복해져야 한다. 또한 그 행복은 청빈 (淸貧)의 깨끗한 행복이 아니라, 투명한 청부(淸富)의 행복이어야 한다.

앞으로 공직자 모두는 혁신의 선도자, 혁신의 주체자, 혁신의 핵심세 력이 되어 국가경쟁력을 강화하고 웅비의 대한민국의 용틀임에 매진하 여야 할 것이다. 그리하면 혁신도상국 대한민국은 청부(淸富)의 행복을 담보할 수 있을 것이다. 따라서 21세기 동북아 중심국가 건설은 참여정 부 공직자들의 시대적 책무이며 소명이다.

8. 생존의 FACT

왜 혁신인가?

8. 왜 혁신인가?

1. 혁신은 무엇인가?

혁신은 생존에너지

세계는 지금 좋든 싫든 간에 불확실성의 시대로 나아가고 있다. 또한 급변하는 복잡한 시대로 나아가고 있다. 이러한 시대에는 과거의 인식을 탈피한 혁신역량만이 생존에너지를 공급할 수 있다. 정부혁신은 한마디로 효율적인 시스템을 구축하는 것인데, 시스템이란 법과 제도만을 의미하는 것이 아니고 인간의 행동과 사고와 의식을 지배하는 문화까지 포함하여 전반적 체제를 변화시키는 것을 의미하고 있다.

혁신도상국(革新途上國)은 중단 없는 혁신의 문화를 가진 국가, 성장잠재력과 통합기능이 극대화되는 국가, 비전과 전략을 가지고 웅비하는 국가이다. 따라서 참여정부의 정부혁신은 국민의 혈세를

집행하는 예산과 재정의 개혁과 이에 따른 평가와 감사를 통한 책임성 확보, 투명성과 참여 강조, 지방분권 확대, 21세기형 고도 인적자본의 발굴과 육성, 획일적 개혁이 아닌 상황과 특성에 부합하는 맞춤형 혁신 확보, 불확실성의 시대에 필요한 적실성 · 유연성 · 개방성 · 창조성 · 집합성 · 선택과 집중성 등을 모든 공직사회에 도입하여 혁신도상국(革新途上國)으로 국가경쟁력을 증진하는 방향으로 추진되어야 할 것이다.

세계는 지금 급변하고 있다. 세계는 동서 냉전체제의 국제사회가 20세기 말에 무너지고 21세기 무한경쟁의 시대로 돌입하여 변화의 가속도가 더 빨라지고 있다. 이는 급기야 우리의 생존전략과 긴밀한 세계화 · 개방화 · 정보화 · 지식경영화 · 유비쿼터스(언제 어디에나 존재한다는 뜻의 라틴어(語)로, 사용자가 컴퓨터나 네트워크를 의식하지 않고 장소에 상관없이 자유롭게 네트워크에 접속할 수 있는 환경-필자 주)에 대한 선택을 강요받는 상황으로 치닫고 있다.

이러한 변화에 능동적으로 대처하기 위한 국가전략과 비전이 바로 변화와 혁신이며 국가경쟁력 강화인 것이다. 다시 말해 변화와 혁신은 과거의 왜곡된 의식과 제도와 관행을 청산하고 올곧은 미래를 개척하기 위한 기본전제이다. 따라서 안으로는 나부터 사고와 행동을 바꾸고 밖으로는 우리 스스로가 변화함으로써 첨예한 지구촌의 생존경쟁에서 이겨야 한다. 이와 같이 혁신과 국가경쟁력 강화는 그 개념이 상호 보완적이며 서로 상승적으로 맞물려 있는 것이다.

경제대국 일본이 장기간의 경기침체에서 벗어나 동북아를 석권하려고 달려들고, 중국은 그들의 국시(國是)인 중화(中華)를 추구하여 세계의 중심축을 자기들 안방으로 잡아당기고 있다. 이러한 기조위에서 우리의 고구려사 찬탈도 일어났다. 북핵의 6자회담은 여전히 한반도가 동북아 분쟁의 테두리를 벗어날 수 없다는 것을 보여주고 있다.

또한 BRICs(브라질·러시아·인도·중국)의 도약과 동남아시아 경제성장의 기지개 등 어느 한 분야에서도 우리는 자유롭고 안심할 수 없다는 것을 작금의 국제현실은 보여주고 있다.

브릭스 4개국의 국가 경제 규모	브라질	러시아	인도	중국
인구(만명)	17,600	14,400	104,600	128,400
GDP(억 달러)	4,524	3,465	5,012	12,370
1인당 GDP(달러)	2,570	2,413	480	963
경제성장률(%)	1.50	4.30	4.30	8.00

2002년 현재 · 자료: 수출입은행

한국의 브릭스 수출액과 비중 — 비중(%): 10.6, 13.4, 11.8, 14.7, 20.6 / 액수(천만달러): 1,320, 1,820, 1,689, 2,214, 2,829 / 1995, 1997, 1999, 2001, 2003.9 · 자료: 통계청, 무역협회

한국의 브릭스 투자액과 비중 — 비중(%): 28.9, 24.7, 12.5, 12.5, 38.1 / 액수(천만달러): 90, 88, 41, 63, 90 / 1995, 1997, 1999, 2001, 2003.9 · 자료: 한국수출입은행

그러나 우리는 이러한 어려운 주변 환경을 역전시켜 우리의 경제발전과 한민족의 웅비의 기회로 활용하여야 하며, 또한 그렇게 할 수 밖에 없는 실정이다. 선택이 아닌 당위의 생존의 길이다. 따라서 현실에 안주하거나 변하지 않는다면 우리나라는 21세기 동북아 중심 국가로 웅비할 수 없다.

그리고 현실에 안주하여 종래의 잘못된 관행과 제도로서는 위기를 호기로 전환할 수 없다. 지금은 위기를 기회로 재창조하여야 한다. 따라서 정부혁신은 우리 시대의 절대 절명의 국가적 과제가 아닐 수 없는 것이다.

혁신은 미래 행복의 첩경

불행하게도 우리는 제국주의 열강의 침략으로 20세기를 맞아야 했으며, 그 20세기 전반부를 모두 빼앗겼다. 곧 이은 6.25 전쟁은 한민족 공동체에 씻을 수 없는 상처를 남겼고, 결국 지금까지 남·북이 서로를 원망하고 불신하게 만들었다.

그러나 우리는 타고난 민족의 저력을 발휘하여 인고의 세월을 딛고 일어났으며, 건국의 단계, 산업화의 단계, 절차적 민주화의 단계를 거쳐

이제 실질적 민주화의 단계에 접어들었다. 지금 우리는 원칙이 승리하고 국민주권이 실질화되는 국민승리의 시대, 경제와 사회분야가 조화롭게 발전하는 새로운 도약의 시대, 사회의 각종 독점과 집중, 갈등과 소외를 극복하는 통합과 균형의 시대, 남북관계의 질적 개선으로 동북아의 평화와 번영을 선도해야할 시대에 살고 있다.

21세기 새벽에 출발한 참여정부는 도전적이고 위협적인 국내외 국제환경 아래서 정부혁신을 주도하여, 우리나라를 21세기 동북아 중심 국가로 올려놓아야 할 막중한 역사적 사명을 지니고 있다. 따라서 참여정부의 혁신은 21세기 국운, 즉 한민족의 운명과 직결되어 있다고 보아야 할 것이다.

따라서 정부혁신을 주도하고 성공시키고 국민 전체의 혁신으로 승화시켜야 하는 당위가 바로 여기에 있는 것이다. 결국 정부혁신은 한민족 공동체의 미래 행복의 첩경으로 나아가는 지름길이다.

2. 혁신의 목표는?

혁신의 목표는 국가경쟁력 강화

변화와 혁신은 참여정부의 핵심이념이다. 탄핵정국과 17대 총선을 거치면서 참여정부는 〈부패청산과 정부혁신〉을 국정 2기의 좌표로 제시하고 공직사회에 고강도 개혁 드라이브를 예고했다. 또한 노 대통령은 정치·언론개혁은 국회가 주도하고, 대통령과 정부는 부패청산과 정부혁신을 책임지겠다고 직접적으로 정부를 개혁 대상에 올렸다.

따라서 정부는 반부패 투명사회 구축, 국가·국토균형 발전, 선진화를 위한 동북아 거점 국가 건설에 집중하는 것이 앞으로의 바람직한 방향일 것이다. 이를 위하여 노 대통령은 ① 공직사회 혁신을 위한 공무원들의 본질적 고민 ② 조직혁신을 위한 장관들의 리더십 ③ 새로운 과제, 아이디어, 지식, 정보의 지속적 발굴 등을 강도 높게 주문했다.

정부혁신의 목표는 바로 국민과 함께하는 효율적인 〈정부 재창조〉이다. 그러나 이 말은 전 세계, 아니 해방 후 어느 정권이나 다 해온 말이기도 하다. 그 만큼 국민들은 혁신에 대하여 식상해 있다는 말이다. 또한 혁신은 그만큼 성공하기가 어렵다는 것을 반증해 주기도 하는 말이다.

여기서 우리는 문민정부의 개혁이 성공하지 못한 평가에서 교훈을 얻을 수 있을 것이다. 집권 전반기 동안 진행된 김영삼 정부의 개혁은 사회 전 영역을 망라한 포괄적이고 다층적인 개혁으로 상당한 성과를 거두었으나 국민적 동참을 이끌어내지 못해 지속적인 개혁연합 구축을 통한 제도화에 실패함으로써 성공하지 못했다.

다시 말하면 민주주의의 확고한 기반성립 및 구축, 세계통합과 지구촌화에 대비한 능동적인 상황대처 능력의 함양, 민주적 질서에 적합한 새로운 국가발전전략의 개발과 추진에 만족할 만한 성과를 이룩하지 못했던 것이다.

처음에 문민정부는 문민화의 기틀을 다지고 민주주의의 공고화를 이루는 역사적인 의의를 지닌 개혁을 추진했다. 특히 군부의 정치화와 권부조직의 정치개입을 차단함으로써 국민들이 향유할 수 있는 자유를 폭넓게 신장했다. 또한 부정부패 척결을 통해 권위주의의 경제적 비용을 낮추고 사회전체의 효율성을 증진하는 목표를 지향했다. 그러나 후반기

개혁은 지금까지 제기된 표적성, 편파성, 보복성 등의 비판을 겸허히 수용하고 공직윤리와 반부패를 기초로 항구적 제도화의 관점에서 진행되지 못하여 실패했다.

공무원은 국가조직의 근간이므로 이들에 대해서는 공직자 윤리교육을 더욱 강화할 필요가 있었고, 공무원의 복지부동 문제를 해결하기 위해서는 승진과 보상의 새로운 틀을 빠른 시간 안에 수립해야 했었다. 특히 군 조직에 대해서는 당장 향상된 물질적 보상을 제공할 수 없더라도 군의 명예와 사기를 떨어뜨리는 정책과 몰아치기는 극히 조심해야 했었다.

지금 정부는 혁신비전으로 참여적 정부, 일하는 정부, 인간적 정부의 재창조를 제시하고 있다. 그리고 조직·기능·업무프로세스 리모델링으로 21세기 환경변화에 대응하고, 새로운 행정제도와 문화 창출로 공정·투명·신뢰 행정을 조성하며, 자립형 지방화 실현으로 분권과 책임의 조화를 도모하고, 전자정부 구현으로 정보·지식사회를 주도하는 것이 참여정부의 혁신방향이라고 강조하고 있다.

그러나 이러한 좋은 말은 역대 어느 정권이나 다 약속했고 또한 성공과 실패를 떠나 어느 정도 시도했었다. 사실 어느 정권이나 혁신의 목표는 비슷하다. 역대 정권들 모두가 부정부패 척결, 경제회생, 국가기강 확립 등의 개혁의 실천과제를 들고 대한민국의 미래상을 제시했었다. 보다 자유롭고 성숙한 민주사회, 정의가 강물처럼 흐르는 사회, 더불어 풍요롭게 사는 공동체, 문화적인 삶과 인간의 품위가 존중되는 나라, 세계의 평화와 인류의 진보에 기여하는 통일한국 등의 혁신의 목표와 비전을 제시하였다.

모든 정권은 출범 즉시 위로부터의 개혁이라는 방식을 통해 우리사회의 가장 심각한 발전 저해 요인인 부정부패 척결에 일차적 힘을 집결하는 한편, 경제 활성화를 위해 심혈을 기울여 왔다. 이와 함께 〈세계로 미래로〉 나아가기 위한 미래지향적 혁신 전략을 채택하여 왔던 것이다.

과거 문민정부도 21세기 〈한국경제의 비전과 발전 전략〉에서 정부혁신의 15개 분야별 핵심과제를 중점적으로 추진했다. 정부기능을 전반적으로 재검토해 불필요한 기능은 폐지하고 민간이 담당할 수 있는 기능은 과감하게 이양해야 하고, 이를 위해 정부업무 전반에 대한 직무분석과 시장성 테스트를 실시, 사업부서로 전환하거나 계약제, 기업화, 민영화 등 적합한 개편전략을 마련하고자 했다.

또 공기업의 민영화를 적극 추진하고 고객인 국민의 만족도를 높이기 위해 구체적인 대국민 서비스 기준을 마련하는 등 고객주의 행정을 강화하면서 정부 부문에도 경쟁을 도입, 성과 및 능력을 중심으로 한 인사제도를 만들고 재정지출의 효율성을 높이기 위해 장기대형사업에 대한 계속비제도를 활성화하는 등 예산제도의 개혁도 지속적으로 추진하고자 했다. 아울러 조세의 형평성과 중립성이 제고될 수 있도록 제도를 재정비하고 납세자위주의 세무행정 서비스 체계를 구축하고자 하는 정부혁신을 추진했었다.

국가경쟁력 강화는 가장 분명한 생존전략

따라서 참여정부도 국민과 함께하는 효율적인 정부재창조를 위해 〈참여적 정부, 일하는 정부, 인간적 정부〉의 목표와 비전을 설정하고, 이 같은 목표를 달성하기 위해 각 분야에 걸쳐 강력한 혁신을 추진하고 있다. 그 중에서도 분권과 책임의 조화, 경쟁기회 보장, 창조와 혁신기풍 진작에 매진하고 있다.

세계는 지금 정부혁신의 투쟁적 경쟁의 장(場)일지도 모른다. 정부개혁의 효시인 영국, 가장 급진적인 개혁으로 성공한 뉴질랜드, 점진적인 접근법을 취한 호주, 전 분야를 동시다발적으로 개혁중인 미국, 실용적으로 추진 가능한 영역부터 혁신해 오고 있는 캐나다, 최근의 경제침체를 극복하고자 개혁에 착수한 독일, 정부와 민간 혁신으로 장기 경제침체를 탈출한 일본, 전반적 혁신으로 경제 도약에 성공하고 있는 BRICs(브라질, 러시아, 인도, 중국), 풍부한 지하자원과 지리적 이점을 활용한 동남아 국가 등 세계 각 국의 서로 다른 정부가 모두 혁신에 〈올인〉하고 있다.

그만큼 정부혁신은 생존전략이라는 말이다. 이제는 정부도 부분적으로 이들 국가의 정부혁신 사례를 활용하되, 우리 실정에 맞는 시스템을 계발하여 종합적인 전략이나 방향을 설정하고 일관성 있게 추진하는 단계에 올라서야 할 것이다. 정부경쟁력은 국가경쟁력의 초석이기 때문에 우리 정부도 이제 커다란 변화를 시작해야할 정확한 시점에 있는 것이다.

혁신은 모든 분야의 국가경쟁력을 강화하기 위한 과정과 수단과 목표이다. 따라서 혁신을 통한 국가경쟁력 강화는 과거 권위주의 시대의 규제·통제 위주의 체제와 결별하고 참여와 창의의 실질적 민주주의와 시장경제를 통해서만이 달성될 수 있다.

앞으로 협력과 상생과 대화의 정치와 효율적인 행정은 거역할 수 없는 시대의 흐름이자 국민의 바램이다. 그리고 경제회복의 따뜻한 기운이 민생의 가슴에 와 닿을 때 국가경쟁력은 강화될 수 있다. 또한 교육은 자율과 창의와 인성을 바탕으로 한 경쟁력 있는 선진 시민교육을 지향하여야 한다.

언제 어디서나 변화와 혁신의 목표는 결국 인간의 행복추구에 있다.

국민의 행복은 국가경쟁력이 향상될 때만이 약속되어진다. 따라서 국가경쟁력 강화야말로 무한경쟁의 세계화 시대에 살아남기 위한 가장 분명한 생존전략이다. 따라서 정부혁신만이 가장 효율적인 생존 전략이자 국가경쟁력 강화라는 라는 말로 귀결된다는 것을 명심하여야 할 것이다.

2003 국가경쟁력 순위		
순위	국가명	경쟁력 지수
1	미국	73.88
2	스웨덴	63.84
3	캐나다	62.48
4	영국	62.02
5	싱가포르	61.46
7	홍콩	61.23
19	일본	52.73
20	대만	52.01
25	한국	48.5
25	칠레	48.5
28	말레이시아	47.65
30	태국	44.92
31	멕시코	44.5
32	중국	43.41
33	브라질	42.38
34	러시아	41.62

자료:산업정책연구원·국제경쟁력연구원

21세기는 분명 인류 문명사적인 대변혁이 있을 것이라는 전망과 함께 벌써부터 국제관계나 경제 질서 및 과학기술 등 모든 분야에서 커다란 변혁들이 일고 있다. 우리는 지금 이러한 변혁의 출발점에 서 있는 것이다. 이러한 위치에서 우리 공직자들은 각 분야별로 향후 어떠한 변화들이 있을 것인지와 우리는 국가발전 차원에서 어떻게 대응해나가야 하는지를 심층 진단하는 자기반성의 시간을 가져 보아야 할 것이다.

21세기의 새벽은 꼭 1백 년 전인 19세기말 한반도 형국과 엇비슷하게 나타나고 있어 과연 역사는 반복되는 것이 아닌가를 실감케 하고 있다. 19세기 말 한반도 주변 강국들이 약육강식 및 적자생존의 법칙과 제국주의 논리에 따라 쟁탈전을 벌이면서 한반도를 할퀸 사실이나 개화세력들이 개혁의 몸부림을 친 사실 등은 오늘의 현실과 대비가 되고 있다.

당시 개화세력은 구호만은 근대화를 내세웠으나 진부한 사고의 틀 속에서 벗어나지 못했을 뿐 아니라, 근본적인 체제 개혁도 하지 못한 채 강대국의 힘을 빌리려다 침략을 당하고 말았다. 이 같은 역사적 사실이 아직도 기억 속에 생생한 가운데 우리는 또다시 그와 비슷한 상황을 맞고 있다. 여기서 우리는 몰려오기 시작한 문명사적 대변혁의 물결을 슬기롭게 헤쳐 나가지 못하면 엄청난 시련을 맞을 것이다.

우리는 그러한 경험을 북핵의 6자 회담이나 중국의 고구려사 찬탈, 미국과 일본과 러시아의 움직임 등에서 분명 체험하고 있다. 따라서 앞으로의 21세기에는 백 년 전보다 더욱 치열한 국제경쟁 구도 속에 국경도 없이 상품과 자본 및 문화 등 모든 것이 거침없이 넘나들게 되어 국가발전이나 생존전략측면에서 지난날과 전혀 다른 사고와 인식 및 새로운 패러다임이 요구되게 될 것이다.

지난 세기 말, 희망차고 원대한 새로운 세기를 준비해야할 시기에 우리는 국제통화기금(IMF) 체제 속에 꽁꽁 묶이고 만 것도, 결국 완전 개방과 초국경 경쟁의 현실을 직시하지 못했을 뿐 아니라, 이 같은 시대에 맞도록 체제개혁이나 구조조정을 하는데도 게을리 했기 때문이다.

이에 따라 참여정부는 현재의 어려운 국제적 상황 등 험난한 국가적 어려움을 어떻게든 극복해 나가야하는 한편 장기적인 안목에서 앞으로의 한 세기, 더하여 새로운 천년을 맞을 준비를 해야 하는 이중적인 도전과 과제를 안게 되었다. 따라서 지금의 정부혁신은 이 같은 문명사적 변혁기를 맞으면서 우리에게 최우선적으로 요구되는 것이 무엇인지에 대한 근본적 이유를 판단해 보는데서 출발해야 할 것이다.

이것은 무엇인가를 알아내는 철저한 현실인식이며 이를 바탕으로 새로운 사고의 틀을 짜고 대대적인 시스템 혁신에 나서야 하는 것이다. 그동안 낡은 체제와 구조로는 체제 피로(System fatigue)와 붕괴 현상을 일으켜 동북아 중심 허브 경제 구축이 어렵기 때문에, 열린 시대에 맞게 전면적인 조정과 개편이 이루어져야 한다는 것이 정부혁신의 목표이다.

3. 혁신의 이념은?

혁신의 이념은 올곧은 정치철학

이념이란 다양한 개념이 있지만 무엇을 최고의 것으로 하는가에 대한 그 사람의 근본적인 생각이라고 한다. 올곧다는 말은 마음이 정직하고 바르다는 뜻이다. 실이나 줄의 가닥을 뜻하는 〈올〉이 곧은 것에 빗대어 바른 마음을 가지고 정직하게 살아가는 사람의 성품을 나타낸 말이다. 지도자(指導者, leader)는 집단의 통일을 유지하고 성원이 행동하는 데 있어 방향을 제시하는 역할을 하는 인물을 말한다.

정치철학(政治哲學)은 정치의 본질 및 이념 · 가치 · 정치의 방법 등을 연구하는 학문이라고 한다.

여기서 정치(政治)의 다양한 정의가 있을 수 있으나, 국가권력을 획득하고 유지하며 행사하기 위하여 벌이는 여러가지 활동 및 통치자나 위정자가 국민을 위하여 시행하는 여러 가지의 일을 의미하는 것이다. 따라서 정치의 기본이 서있지 못하다는 말이 있는데, 이 말의 뜻은 한국정치의 미발달과 후진성, 고질적인 분열증세, 정치적 리더십의 부재 등에서 나온 말인 것이다.

그동안 우리의 〈역사적 오류〉는 안락과 간신들과 내분, 국가 비전과 애국애족의 실종, 나태와 치부와 탐욕, 정보 빈곤과 파벌, 개인영달의 극치, 민족을 배신한 소영웅주의, 변절자의 전성시대, 반유비무환과 역사적 안목 실종, 정치지도자와 공직자의 오만과 무능 등으로 나타나서, 국가와 민족과 개인에게 고통과 참상과 침탈과 붕괴와 분단과 멸망으로 귀결되었다.

이러한 모든 〈역사의 오류〉는 올곧은 지도자를 만나지 못하였고, 또한 당시의 시대적 문제점을 혁신하지 못함으로서, 결국 부정부패를 몰고와 국가와 민족과 개인에게 고통과 참상과 침탈과 붕괴와 분단과 멸망을 안겨 주게 되었던 것이다.

가까운 역사에서 우리는 이러한 역사의 오류들을 발견 할 수 있다. DJ의 국민의 정부에서 제2건국추진위원회의 혁신과제는 올곧은 정치철학이 충만하지 못하여 실패한 하나의 사례를 보여주고 있다.

이 중 7대 중점추진과제를 선정하여 1999년을 〈제2건국 추진의 해〉로 정하고 정부 각 부처, 민간단체 등을 통해 실행하였다. 제2건국운동이 추구하는 의식·생활행태·제도전반에 걸친 개혁은 민간의 힘만으로는 어렵고, 공직사회 만으로는 더더욱 어렵기 때문에 민간과 관이 서로 유기적 협조체제를 이뤄야 달성될 수 있다고 하면서, 의식·생활행태·제도 전반을 포괄하여 개혁추진의 방향과 정책대안을 제시하였다.

〈신뢰사회를 만듭시다〉라는 주제로 ① 정부혁신 ② 경제 살리기(1백만 일자리 창출) ③ 부정부패추방 ④ 세계기준에 상응한 기업·금융시스템의 선진화 ⑤ 창의적 인적자원개발 ⑥ 노사간 협력과 신뢰구축 ⑦ 남북간 화해환경 조성 등을 7대 중점추진과제로 채택했다.

중점추진과제는 연초부터 민관합동으로 본격적인 실천운동에 착수하고, 민간부문과 프로젝트별로 연계하여 추진하며, 특히 민간단체에 대한 프로젝트별 지원제도의 입법화를 추진했다. 또한 국민여론을 수렴하여 국민들이 피부에 와 닿는 구체적 실천과제를 발굴하기 위해 국민대토론회를 개최하고, 민간단체와의 정례모임을 갖고 민간전문가 등이 참여하는 작업단을 구성, 〈국민교육 아젠다〉를 개발키로 했다.

그러나 결과는 어떠한가? 만약 국민의 정부에서 절반만 성공했더라면 지금의 참여정부는 정부혁신과 부패척결의 부담을 어느 정도는 지지 않아도 되었을 것이다.

다시 말하면 충만한 정치철학을 겸비하고 창조적 리더십을 발휘하는 올곧은 지도자를 선택하여, 언제 어디서나 나타나는 문제점을 바로 혁신함으로써 부정부패를 방지하는 국가와 사회와 개인은 고통과 참상과 침탈과 붕괴와 분단과 멸망을 차단하고, 번영과 승리와 영광과 행복과 웅비의 역사를 만들어 갈 수 있었던 것이다.

인간은 누구나 올곧은 지도자를 원하고 그로 인하여 국가 사회적 문제점을 혁신하여 부정부패를 척결함으로써, 승리와 번영을 구가하고 싶어한다. 그러면 이러한 올곧은 지도자는 과연 어떤 사람인가? 하는 문제에 봉착하게 된다. 이제까지 우리는 역사를 통하여 수없이 많은 올곧은 지도자를 선택하였다고 자만하다가 그 안도감이 사라지기도 전에, 위정자는 바로 위선의 가면을 벗고 억압과 독재와 폭정과 오만을 일삼아 온 사례들을 많아 보아 왔다. 따라서 올곧은 지도자를 선택하는 일은 우리 모두의 개인 및 국가적 책임이며 소명이며 선택인 것이다.

올곧은 지도자는 언제나 주체성 및 자주성을 바르게 육성하는 품성을 지녀야 한다. 또한 인간은 누구나 자존심을 갖고 있으며 자신의 힘으로 창조적인 일을 하려는 욕망을 갖고 있다. 하부의 사람들은 지도자가 이 자존심을 손상케 하거나 창조적인 일에의 욕망을 뭉개 버리는 것을 가장 싫어한다. 그만큼 자존심과 창조적 일에의 욕구는 인간에게 기본적인 것이다. 군림하는 지도자가 미움을 받는 것은 아래(하부) 사람들의 주체성을 부정하기 때문이다. 따라서 그런 주체성 및 자주성을 바르게 육성하는 교육을 행하는 일이야말로 지도자의 가장 귀중한 임무중의 하

나일 것이다.

또한 지도자는 그릇된 열등감을 갖고 있거나 자신의 일을 하찮게 생각하는 주체성을 결여한 하부 사람들에게 자신감을 갖게 해주고, 그들의 일이 갖는 의의를 잘 이해시켜야 할 것이다. 그리고 지도자는 하부사람의 일에 대하여 창조적인 제안을 계속 내도록 장려해야 할 것이다. 이는 대중에게서 배우는 방법의 하나이며, 창조적인 제안이 많이 나오면 나올수록 지도자는 자신도 생각하지 못했던 많은 것을 발견할 수 있고, 따라서 많은 것을 배우게 된다는 것이다.

그리고 오만과 기만은 혐오감을 일으키지만 겸손은 존경심을 심어 준다. 이것을 지적하여 어떤 사람은 〈잘못을 시인하는 것은 당신이 큰 인물이라는 증거가 될지언정 체면을 잃게 하지는 않는다〉라고 말할 수도 있을 것이다. 큰 뜻을 갖는 지도자일수록 자신의 활동상의 오류 및 결점을 숨겨서는 안 된다. 숨길수록 시정은커녕 더욱 큰 오류가 범해지게 마련이므로, 큰 뜻의 실천은 첫걸음부터 난관에 부딪힐 수 밖에 없는 것이다. 따라서 시정이야말로 전진의 초석임을 알아야 한다는 것이다.

현실사회에서 여러가지 불의와 부조리를 느끼고, 그로 인해 고통 받는 사람들의 문제를 남이 아닌 자신의 문제로 받아들여, 그들과 함께 사회를 변혁하고자 실천적으로 노력하는 사람이 있다면, 그는 당연히 존경받는 지도자의 자질을 갖추고 있다고 보아야 할 것이다.

또한 지도자는 자신이 맞이한 승리의 상황을 수많은 민생들의 노력과 고통으로 만들어진 행운임을 절대로 잊어서는 안 될 것이다. 그리고 지도자의 목표와 임무는 자신을 위하는 것이 아니라, 다른 사람을 위해 봉사하는 것을 명심하여야 할 것이다.

지도자는 환경이 좋았느냐? 안 좋았느냐? 가 아니라 그가 가지고 있는 가치가 중요하다는 마음을 가져야 할 것이다. 지도자는 민생들이 어려울 때 그들의 등을 어루만지며 눈물을 닦아 줄 수 있어야 할 것이다. 민생들은 그 눈물이 위로가 되어 다시 일어설 수 있기 때문이다. 따라서 지도자는 자신이 가지고 있는 가치에서 미움과 증오와 오만을 떨쳐 버리고, 겸손과 포용과 열망을 간직하여야 할 것이다.

역사를 통하여 우리는 무능한 지도자로 인하여 혹은 유능했던 지도자의 실수로 엄청난 고통을 입었던 경우가 숱하게 많았음을 알 수 있었다. 특히 정치는 국민들 모두에게 직접 관계되므로 정치조직 등에서의 무능한 지도자는 그만큼 큰 피해를 국민들에게 주어 왔던 것이다. 그리고 지도자는 과거의 화려한 경력이나 굳센 의지만으로는 부족하다는 것을 스스로 알아야 하는 것이다.

따라서 혁신을 주도할 올곧은 지도자란 법을 준수하고 책임감이 투철하여야 한다. 그리고 원칙과 타협·포용의 통일능력을 가져야 한다. 또한 판단력과 결단력을 겸비하고 치밀한 계획의 수립과 전개능력을 가져야 한다. 지도자는 전문적인 활동능력을 겸비해야 하고, 독립적인 활동과 조직을 확대할 수 있는 능력을 갖추어야 한다. 또한 조직 간의 결연 및 새 조직의 창출능력도 발휘할 수 있어야 할 것이다.

변화의 시대에는 그 어느 때 보다 지도자의 리더십의 역할이 중요하다. 대통령의 말 한마디가 국가 경제를 망칠 수도 있는 것이다. 또한 CEO의 적절한 판단 하나가 세계적 기업으로의 도약을 가져올 수도 있다. 따라서 혁신과 변화를 성공적으로 이끌 수 있는 지도자의 자질 및 리더십의 조건과, 성장과 발전을 담보하는 개혁의 성패를 가를 수 있는 지도자의 조건은 너무도 중요하다는 것을 우리는 알고 있다.

혁신에 성공한 지도자들은 한결같이 지도자 개인의 입장을 고집하기보다는 다양한 집단의 이해관계를 조정·통합·조화로 이끄는 리더십을 가진 인물들이다. 반대로 지도자의 정책 자체가 분열과 대립을 가져 올 때는 개혁에 성공할 수 없었던 것이다. 지도자의 목표는 국민의 삶의 양식이 변화하는 것을 읽어내고 따라가야 한다. 훌륭한 지도자는 자기 가 발탁한 사람에게는 절대적인 신뢰를 주었고, 동시에 이를 철저히 비 판할 수 있는 제3의 세력을 준비했다.

혁신에 성공적인 지도자에게는 적절한 시점에 용기 있게 뚫고 나가는 결단력과 실천능력 역시 중요하다. 지도자에게는 시대적 과제를 정확히 찾는 역사적인 통찰력 또한 중요하다. 성공적인 지도자들은 인재를 적 재적소에 등용할 수 있는 다양한 인재 풀(pool)을 가지고 있었고, 이들 의 출신지역과 이념을 가리지 않고 포용력 있게 끌어안았다. 성공적인 지도자들은 문무겸전(文武兼全)의 특징을 가지고 순간적으로 사태를 정 확하게 판단하는 결단력과 돌파력을 가지고 있었던 것이다.

반면에 실패한 지도자들은 항상 정치적 위상에 너무 집착 한다. 또한 초기의 성공에 취해 오만해지는 〈자의적 리더십〉도 비전과 통찰력이 없 기 때문에 근시안적으로 빠지게하여 실패하게 된다. 또한 실패한 지도 자는 결단력이 부족하여 변절자나 소인들에게 의지하거나 공적인 관계 가 아닌 개인적인 이해관계에 의지한다. 실패한 지도자들은 측근 정치 의 폐단을 간파하지 못한다. 측근들은 지도자의 잘못된 것을 비판하지 않고 영합해 버리기 때문이다. 이렇게 되면 의견수렴 통로가 좁아져 한

쪽 얘기만 듣게 되는 것이다.

아무리 훌륭한 비전과 정책이 있어도 관료집단과 국민의 동의나 공감을 받지 못하는 혁신은 실패한 다. 지도자의 비전은 출발일 뿐이며, 관료와 국민들 을 설득하지 못하면 성공할 수없기 때문이다.

근본적으로는 사적인 이해관계였던 것을 통치현

실 속에서 국가적인 이해관계로 착각하면 반드시 실패하게 된다. 지도자의 우유부단은 당장 눈에 띄지 않기 때문에 비판거리가 되지 않는다. 하지만 지도자가 남의 눈치나 보고 적당히 넘어가려고 할 때, 오히려 더 큰 문제를 낳을 수 있는 것이다.

혁신은 장기적인 안목으로 먼저 큰 그림을 그려야 한다

부정부패를 척결하고 국가 비전을 제시하는 정부혁신에는 장기적인 안목이 필요하다. 그동안의 정권은 자기의 임기 내에 완수하려는 조급함 때문에 혁신에 실패했다. 또한 중요한 것은 비전을 실천할 주체는 바로 〈인간〉이기 때문에 지도자는 훌륭한 이념과 이를 실천할 인재들을 가져야 할 필요가 있다. 또한 기업과 달리 정부는 다양한 의견수렴 구조를 가져야 한다. 다양한 의견을 받아들여야 지도자는 성찰의 기회를 더 가질 수 있다. 또한 어떤 상황에 따라서는 인재집단은 개혁성보다 오히려 전문성이 더 필요할 수 있다는 것도 함께 알아야 할 것이다.

지도자가 새로운 국가 방향의 비전을 제시하지 않으면 국민들의 동의를 얻기 어렵다. 하지만 그렇다고 지도자가 자기 비전을 모든 사람에게 강요해서는 안 된다. 비전은 커다란 정치적 담론이지만 혁신은 실제적인 사회의 변화이다. 따라서 각론에 맞는 다양한 사람들의 삶의 방식을 제시하고 거기에 동의를 얻어 가야 할 것이다.

현대의 변화 속도는 과거와는 비교할 수 없다. 이럴 때일수록 지도자들은 현실에 안주해서는 안 될 것이다. 평화와 안정을 확보하기 위해서라도 다음 또 그 다음 단계를 준비하는 통찰력이 있어야 한다. 민주 사회에서는 모든 사람이나 절대 다수의 공감을 얻기는 쉽지 않다. 하지만 다수의 공감을 얻으려는 노력은 항상 경주할 필요가 있다. 따라서 지도자는 조화와 균형의 리더십, 공신·친인척 폐해를 막을 수 있는 결단의 리더십, 위기 극복의 리더십, 실사구시의 리더십, 인간경영에 성공한 리더십을 연마·발휘해야 지도자로서의 자질을 가졌다고 말 할 수 있을 것이다.

결론적으로 지도자는 국민적 합의(선거·추천·승인·인지 등)로 마련된 지위를 얻음으로써, 권위와 권력이 그 지위에서 나오는 것이다. 따라서 지도자는 그 권위와 권력을 인(仁 : 겸손, 포용)으로 변환시켜 자신을 전체적 합의로 권력을 부여해 준 국민들을 생기(활력·희망·열망)가 돌도록 만드는 능력이 있어야 한다는 것이다.

냉철한 분석과 업무 수행능력인 지혜, 부하들의 신뢰를 받을 만한 처신, 가진 것을 나눌 줄 아는 따뜻함, 고통을 먼저 감내할 줄 아는 솔선수범의 용기, 마지막으로 조직을 위해 아끼는 사람을 벨 수도 있는 엄격함과 단호함 등이 정치철학이 충만한 지도자의 혁신의 덕목이다.

여기에 혁신의 지도자는 다름 아닌 유연성을 더 가져야 한다. 사고가 경직되어 있지 않고 유연할 것, 목에 힘주지 않고 항상 겸손한 마음으로 초심을 잃지 않는 리더가 바람직한 지도자상이다. 자리가 조금 높아졌다고 오만하고 부하들을 무시하는 사람은 지도자로서 자격이 없다고 생각한다. 자리가 높아질수록 고개를 숙일 줄 아는 사람, 합리적인 사고를 하는 사람, 쓸데없는데 고집 부리지 않는 사람, 그런 사람이야말로 조직원들이 바라는 리더의 자질을 가진 사람이다.

반면에 가장 피곤한 사람은 자기 세대의 논리와 가치관만을 주장하고 고집하는 타입이다. 따라서 혁신의 지도자는 신축성 있는 사고를 가지고 항상 열려 있는 시각을 가져야 한다. 연륜 만큼 덕을 쌓을 수 있는 그런 지도자, 국민들이 진심으로 따르는 그런 지도자가 혁신을 성공할 수 있는 지도자이다. 그런 지도자를 우리 모두 는 지금 바라고 있는 것이다.

정치는 〈가치의 권위적 배분〉이라고 정의한 다. 칼 슈미트〈1888~1985, 독일의 공법학자·정 치학자-필자 주〉는 〈정치는 적과 동지의 구별〉이라고 정의하였다. 또한 政治의 〈정사 政〉을 〈바를 正〉으로 정의하는 사람도 있다. 현실적으로 정치는 무엇이고 권력은 무엇인지에 대한 명확한 규정과 비판에 대한 방안이 없어도, 정치는 이루어지고 권력은 행사되고 또한 비판의 대상 이 되어 왔다. 그러면서 우리 한국에서는 정치도 정치철학도 없다는 말 을 흔히 하여 왔다. 즉 정치철학을 모르는 정치인들이 정치를 하기 때문 에 정치가 잘못되고 혁신이 추진되지 않으며, 부정부패가 만연한다는 것을 믿고 있는 것이다.

정치철학의 중심과제는 정치권력을 도덕적으로 평가하는 것이다. 즉, 도덕이라는 저울로 권력의 창출·행사·유지·증대·소멸을 가늠함으 로써, 정치권력의 소재, 한계와 목적 등을 명확히 하여 정치적 권위와 의무의 근거를 밝히는 것이 정치철학이다. 정확히 말하면, 정치적 권위 와 의무의 근거에 대한 윤리적 기준을 제시하는 것이 정치철학이라 할 수 있는 것이다. 그리하여 정치철학은 정치체제로 하여금 〈공동선〉을 추구하게 하여, 인간이 행복한 정치생활을 하도록 하는 것을 궁극적인 목적으로 삼는 것이다.

여기서 우리의 정치지도자들은 이러한 정치철학의 몰이해와 무지로 인하여 부정부패와 반혁신의 전철을 밟아 왔을지도 모른다는 전제를 해 보는 것이다. 그래서 우리는 최소한 〈올곧은 지도자는 정치철학〉을 바 르게 이해하여 〈혁신의 충만한 품성〉을 유지하기를 바라는 것이다.

국론통일은 국정의 최대 과제

〈참여정부〉는 모두가 변하고 싶다는 열망에서 출발했지만, 지금까지 대통령의 탄핵이 16대 국회에서 가결되는 등 어느 쪽으로 갈지에 대한 방향을 검토하고만 있는 상황이라는 비판이 있어왔다. 지금 국정의 두 축인 국민경제와 안보 모두 심상치 않다고 한다. 미국과 일본, 중국과 러시아 등 한반도 주변 4강이 한반도에 대한 세력 경쟁을 벌이고 있는 상황에서 한국이 남북관계만 잘한다고 안보가 지켜지지는 않는다는 우려의 목소리도 있다. 또한 이런 안보 환경이 경제에도 영향을 주고 있다고도 한다.

그동안 우리의 정치는 지난 반세기 넘게 독재정치와 군사정치로 많은 고난과 발전의 퇴보를 거듭했었다. 이러한 불행의 경험을 바탕으로 현재 우리가 반드시 알아야 하는 역사적 교훈이 있다.

첫째, 한 사람을 두려워하거나 높다고 생각하는 민족은 반드시 멸망한다는 교훈이다. 번영의 국가나 민족에게서는 그들의 지도자를 무서워하거나 높다고 생각하지 않는다. 그들의 뇌리 속에는 그런 의식 자체가 없는 것이다.

둘째, 한 사람의 유능한 지도자가 나타나서 모두를 잘 살게 해 줄 것이라는 기대를 가지고 넋 놓고 기다리고 있는 민족은 절대 잘 살게 되는 법은 없다는 교훈이다. 자기인생은 자기가 결정해야 하는 것이다. 아무리 하찮은 사람이라도 그 자신의 삶을 그 자신이 결정하고 선택한 시간 동안 아무에게도 방해 받지 않고 충분히 누릴 자유와 권리가 있는 것이다.

셋째, 건전한 토론을 할 줄 모르는 민족은 절대로 나라를 바로 세울 수 없다는 교훈이다. 어떤 민족이 서로 의논을 세울 줄 모른다는 일은 구역 질보다 더 참기 어려운 수치스러운 일이다. 국론 통일은 국정의 최대 과제이다. 우리는 그동안 자기와 코드가 맞지 않으면 적으로 간주하는 경향이 많았다.

우리의 정치·경제·사회·문화는 다양한 이념적 스펙트럼이 제대로 수용되지 못하면서 대통령과 국회, 주류와 비주류, 여당과 야당, 대기업과 중소기업, 상사와 부하, 사용자와 노동자, 선생과 학생, 상류층과 하류층. 진보와 보수, 개혁과 반개혁, 친시장과 반시장, 좌와 우, 과거와 미래, 성장과 분배, 선별주의와 보편주의 등등의 이념과 가치의 혼란을 겪고 있다고 진단하는 전문가들이 많다.

대통령과 국회가 공존하지 못하면 국가체제가 아니다. 주류와 비주류가 존재하지 못하면 권력구조가 아니다. 여당과 야당이 견제와 협력을 다하지 못하면 정치구조가 아니다. 대기업과 중소기업이 협력하지 못하면 경제체제가 아니다. 진보와 보수, 개혁과 반개혁, 친시장과 반시장, 좌와 우, 과거와 미래, 성장과 분배, 선별주의와 보편주의가 서로를 미워하고 인정하지 않고 적으로 간주하는 사회는 반드시 미래의 보장이 없이 〈시간의 보복〉을 당할 것이라는 역사적 당위를 명심할 필요가 있다.

〈우리가 어느 날엔가 마주칠 불행은, 과거에 우리가 소홀히 보낸 어느 시간의 보복이다〉라는 나폴레옹의 명언이 있다. 우리는 그동안 이러한 근본적인 오류에서 많은 갈등과 혼란을 거듭해 왔다. 따라서 이러한 오류를 치유하기 위한 건전한 토론을 할 줄 모르고 배격한다는 것은 상대방의 불신과 자기 부정에서 나오는 소아적 발상이다.

따라서 우리는 이제부터라도 상생과 공존의 가치를 통하여 이러한 토론과 의논을 바로 세워야 할 것이다. 그래서 발전하는 민족이나 국가는

한 사람의 유능한 개인을 믿지 않는다. 반면에 그들은 통일된 국론을 믿을 뿐이다. 때문에 그들은 국론이 분열되는 것을 최고의 국가적 위기로 여기는 것이다.

그리고 국론 분열을 민주시민의 최대의 수치로 여기는 것이다. 따라서 그들은 국민들을 실망 시키지 않고 국론을 통일하는 방향에서 〈大를 위하여 小를 죽이는 결정〉을 내리는 위대한 지도자를 그들 스스로 만들어 가는 것이다.

〈시간(時間)은 지나가는 인간의 끝없는 지평(地平)의 한복판에 흐르는 열망이며, 역사(歷史)는 강력한 시간의 경험적 탑(塔)이다〉 라는 말이 있다. 여기서 우리는 역사를 배우는 두 가지 목적을 발견할 수 있다. 하나는 〈오늘〉 을 알기 해서다. 〈과거는 오늘을 바라보는 창〉 이라는 말이 있듯이, 오늘이 있기까지는 길고 오랜 과거의 경험과 교훈이 있었다.

따라서 우리는 그 과거를 통칭해서 흔히 역사라고 부른다. 둘째는 〈교훈〉 을 얻기 위해서다. 우리의 삶은 매우 다양한 듯하지만, 알고 보면 단순한 측면도 있다. 당장 내일 일도 모르는 것이 우리의 삶이라지만, 가만히 생각해 보면 삶의 큰 흐름은 예측이 가능할 수 있을 것이다. 이것으로 역사는 그만큼 법칙적인 면이 있다는 얘기다. 그렇기 때문에 수백 년 전의 역사라도 오늘의 삶에 직 · 간접적으로 원용할 수도 있는 요소는 충분히 내재하고 있는 것이다.

고구려 17대 소수림왕(재위 371~384)이 즉위했을 때, 나라는 절체절명의 위기에 놓여있었다. 그러나 그는 창조적 리더십을 유감없이 발휘하여 고구려를 동북아의 중심 국가로 웅비하는데 필요한 터전을 마련했다.

소수림왕은 〈위기를 기회로 활용〉 할 줄 아는 탁월한 리더십을 지녔다. 그는 복수심조차 조절할 만큼 감정을 절제하였고 국제적인 안목이 있었다. 아울러 그는 내정 개혁에 착수했다. 그는 보편적인 신앙(불교)을 통해 국가 통합을 이루어 내었고, 보수층을 설득하여 외래문화를 수용한 혁신에 대한 반발까지도 무마했다.

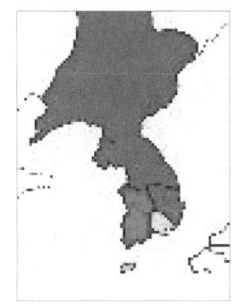

소수림왕의 이러한 혁신은 즉위 초 2년 내에 집중적으로 이루어졌다. 나라의 위기를 반대파의 저항을 무마하는 계기로 활용하는 절묘한 타이밍의 감각을 보여준 것이다. 소수림왕의 창조적 리더십은 고구려를 국망(國亡)의 위기에서 구해냈을 뿐 아니라, 다음시대 동아시아의 패자로 우뚝 솟아오르게 하는 기반을 마련했다.

우리는 지금 바람직한 리더십의 창조적 지도자를 원하고 있다. 망망대해에서 헤매는 배에 나침반이 없다면 얼마나 당황할까? 마찬가지로 우리 사회에서도 방향감각(指)을 올바르게 갖고, 사람들을 인도(導)하는 참된 지도자(指導者)가 그리운 것이다.

혁신의 출발은 창조적 리더십

창조적 지도자들에게는 분명한 비전이 있다. 이들은 꿈을 꾸고 동시에 꿈을 실현하고자 현실사회의 구체적인 변화와 개선을 모색하려고 시도한다. 그리고 창조적 지도자는 불굴의 개척정신을 가지고 있다. 설령 추구하는 목표가 힘들고 불가능해 보여도 모험을 해볼 뿐 아니라, 그로 인해 올 수 있는 실패나 실수의 위험을 두려워하지 않는다. 이들의 개척정신은 적극적이고 진취적인 사고방식을 갖게 한다. 그들에게는 직감적 통찰력이 있다.

상황인식에 빠르고 현실을 직시하면서 동시에 닥쳐올 미래를 남보다 한발 앞서 예감하는 선견지명이 있고, 이에 필요한 것을 미리 준비하고 대처하는 능력이 있는 사람을 창조적 리더십의 지도자라 한다. 또한 그들에게는 외유내강의 기질이 있으며, 부드러움과 따뜻함을 느끼게 해주나, 그렇다고 나약하다고 느껴지지 않으며, 감히 함부로 침범할 수 없는 온유함과 힘의 조화가 잘 이루어져 있으며, 또한 그들은 자발적으로 솔선수범을 하는 사람들이다.

창조적 정치지도자들의 또 다른 특징은 언제나 국민 중심의 안목을 갖고 있다. 초심으로 국민을 처음 대하듯이 그동안 가졌던 가치관·인간관·국가관·세계관을 바탕으로 새로운 국민적 관점에서 모든 일들을 이해하고 해석하고 판단하는 눈을 철저하게 계발하는 것이다. 그리고 그들에게는 민의와 총화로 민주주의와 법을 통해서 인간의 삶을 변화시킬 수 있다는 가능성을 믿고, 세상의 온갖 문제에 궁극적 대답을 찾을 수 있는 확고한 신념이 있는 것이다 그리고 국가와 민족에게 헌신하고자 하는 안타까운 열정과 소망이 그들에게는 충만하다. 그들은 인간의 한계성을 인정하고, 전폭적으로 국민들에게 도움을 청하고 순종하는 사람들이다.

창조적 정치지도자들은 결국 국민들에게 인정을 받고 국민을 이끌며 국민들에게 영향을 미치는 사람이기 때문에, 인간관계에 성공하는 사람들이라고 말 할 수 있어야 할 것이다. 인간관계의 근본적인 바탕은 사랑에 있고, 사랑은 모든 사람을 포용하려는 노력으로 개발된다는 것을 알고 있는 사람들이다.

한국정치에 필요한 창조적 리더십은 첫째, 바뀐 세상을 받아들일 수 있는 개방적 리더십이다. 거기에 한 가지를 덧붙이고자 하는 것은 인간

중심의 개성이 강조되는 21세기에는 인간에 대한 깊은 이해, 이것이 바탕을 이루어야 한다는 것이다. 토니 블레어의 제3의 길〈중도파 및 중도좌파의 본질적인 가치를 간직하고 이를 현실에 맞게 변형시켜 새롭게 적용하고자 하는 이념적인 시도-필자 주〉이 세계적으로 센세이션을 일으킨 이유가 여기에 있는 것이다. 개인을 중시하거나 개성을 중시하거나, 또는 인간 개개인의 삶의 질을 중시하는, 이것이 정치적인 이념의 바탕이 되는 것이 개방 사회 리더십의 아주 필수적이고 기본적인 요소가 될 것이다.

둘째, 현시점에서 필요한 리더십은 무엇보다 민주적 리더십이다. 개발독재의 시절에 정치리더십은 국가의 목표를 스스로 설정하고 이에 저해되는 부분적 이익을 억압하는 권위주의적 리더십이었다. 그러나 다원적 민주사회에서 정치리더십은 사회의 일반이익을 대변하기보다는 부분적 이해를 대변하는 존재로서 자신을 설정한다.

나아가 자신이 대변하는 부분적 이해를 관철시키기 위해 투쟁하는 것이 아니라, 자신과 대립적인 다른 이해나 이익을 수용하고 이와 타협함으로써, 사회적 갈등을 완화하고 국민통합을 이룩하는 것을 목표로 삼는다. 민주화를 완성하고 민주주의를 정착시키기 위해서는 이러한 유연한 리더십, 민주적 리더십이 요구되는 것이다

셋째, 현재의 상황에서 바람직한 리더십은 사회통합과 국민통합의 리더십이다. 민주화는 권위주의 하에서 억압되었던 다양한 이해관계의 표출에 따른 사회적 갈등의 증가를 수반하기 마련이다. 이러한 사회적 갈등은 경제위기와 구조조정 과정을 통해 증폭되고 있다. 따라서 현 시점에서는 지역간 · 세대간 · 계층간의 갈등적 이해를 조정하고 통합하는 정치리더십의 역할이 무엇보다 중요할 것이다.

넷째, 21세기를 준비해야 하는 대전환의 시기에 우리에게 필요한 것은 보다 적극적이고 진취적인 리더십이다. 시민들은 일상생활 속에서

공공의 일보다는 사적 이해를 앞세우기 쉽기 때문에 단기적이고 부분적 이해에 매몰될 위험이 있다. 따라서 정치적 리더십은 이들의 이해를 대변하면서도 이를 전체 이익과 조화시키는 조정의 역할을 수행하여야 할 것이다. 갈등적 이해를 조정하여 사회 구성원 전체가 나아가야 할 공동의 국가목표를 제시하고 이를 향해 국민의 열정을 모아갈 수 있는 적극적 지도력, 그것이 전환의 시기에 필요한 리더십일 것이다.

따라서 현재의 위기를 극복하고 21세기를 위한 새로운 국가모델을 정착시켜야 할 우리에게 필요한 새로운 유형의 리더십은 민주적 리더십, 사회 통합적 리더십과 국가의 새로운 목표를 설정하고 이를 향해 국민을 통합할 수 있는 적극적 리더십이다. 이러한 리더십은 당연히 과거의 리더십과는 다른 자질과 요건을 필요로 하는 것이다.

21세기 정치 리더십의 최우선적 과제는 새로운 국가모델, 새로운 발전모델을 확립하는 것이며, 이는 구체제의 혁신 없이는 불가능 할 것이다. 따라서 21세기 정치리더십에게 요구되는 최우선의 자질은 〈개혁과 혁신의 정신〉이다. 영국 · 미국 · 유럽 · 일본 등 선진 각 국은 이미 〈끊임없는 국가혁신 없이 21세기의 미래는 없다〉 라는 인식 하에, 이를 주도할 젊고 패기에 찬 혁신적 리더십을 키워 왔던 것이다.

혁신에의 참여는 모두가 다시 태어나는 것

참여정부는 우리 모두 다시 새롭게 태어나기 위한 노력에 혁신의 초점을 맞추고 있다. 그러면 다시 태어난다는 것은 무엇을 의미하는가? 이는 뒤틀린 과거를 청산하고 새롭게 다시 태어나 미래를 지향한다는 의미를 담고 있다.

정부혁신 컨버전스의 12가지 Fact

사실 우리 사회는 그동안 파벌주의, 침묵의 카르텔, 부패사슬, 통합을 저해하는 분열주의 등 각종 부조리와 해악이 만연해 왔다. 따라서 참여정부는 이러한 부조리와 해악을 척결하기 위하여 끊임없이 혁신을 단행하고 있는 것이다.

잘못된 과거의 청산은 필연적이다. 그러나 우리는 잘못된 과거를 청산하는 일에만 자족할 수 없다. 과거를 청산함과 동시에 그 위에서 다시 태어나지 않으면 안 된다. 따라서 〈다시 태어나기〉는 미래를 향한 시금석이라고 말할 수 있을 것이다.

또한 혁신의 동참은 자발적이고 능동적이어야 한다. 그리고 혁신에의 동참은 국민 각자가 다시 태어남을 의미한다. 더불어 함께 살기는 다시 태어나기를 바탕으로 자연스럽게 깨우치게 되는 혁신의 참모습이다. 즉 진정으로 다시 태어난 사람은 정상적인 생각과 인간다운 생활이 무엇인지를 저절로 깨닫게 되는 것이다.

사실 우리 사회 곳곳에는 〈지금 갈등 해소는 없고 싸움만 있다〉라는 자조적인 얘기가 들린다. 우리 사회의 갈등 역시 과거 미국 사회의 흑백갈등 못지않다. 아니 더 하면 더 했지 결코 작지 않을 것이다. 그만큼 우리사회의 갈등은 골도 깊고 가짓수도 많다. 남북갈등 · 남남갈등 · 노사갈등 · 보혁갈등 · 지역갈등 등 이루 다 헤아릴 수 없을 정도다.

그러나 이제는 역지사지(易地思之)의 여유 속에 상호 대립과 불신의 벽을 허물고 더불어 함께 사는 지혜를 실천하지 않으면 안 된다. 더불어 함께 살기는 한 배를 탄 운명의 공동체라는 인식을 나누어 가질 때 참뜻을 갖게 된다. 우리는 서로 이웃을 생각하며 절실한 위기의식을 가져야 할 필요가 있다. 무한경쟁 시대의 가파른 파고를 헤쳐 나감에 있어서 이러한 공동체 의식과 위기의식의 공유가 더욱 절실히 요청되는 것이다.

이러한 인식 위에서 국민들은 능동적 자세로 혁신의 공동체에 참여할 수 있다. 산업현장에서는 단순한 일이 창조적인 일로 탈바꿈하며 소외의식이 극복되고 공존공영의 참여의식이 고양될 수도 있을 것이다.

더불어 함께 살기는 모두가 화합하면서 미래를 향해 전진하자는 데 더 큰 의의가 있다. 운명의 공동체 인식, 바로 그것이 더불어 함께 살기의 모태이며 정부혁신의 이념이다.

더불어 함께하는 행복은 혁신의 지향점

우리사회의 정상화와 다시 태어나기를 통해 우리사회는 복원력을 회복할 수 있다. 즉 국가기강이 다시 서게 되고 부정부패의 먹이사슬이 감소된다. 그리하여 전도된 가치관이 바로 서고 땀 흘려 일한 자가 열매를 거둘 수 있는 사회 분위기와 여건을 만들어 가게 되는 것이다.

따라서 더불어 함께 살기는 본격적인 혁신을 위한 정지작업의 완성이라고 말할 수 있다. 이 단계에서 우리는 생산적인 정치와 행정, 효율적인 경제건설을 위해 모든 역량을 기울이지 않으면 안 될 것이다.

한편 변화와 혁신의 지향점은 결국 행복이다. 변화와 혁신으로 국가경쟁력을 강화하고, 그 강화된 국가경쟁력으로 국부(國富)를 창출하여, 더불어 함께 사는 공정하고 정의로운 사회를 건설하여 행복해 지는 것이 바로 혁신과 변화의 지향점이다.

혁신은 자신의 핵심역량을 개발하고 자신의 재능과 소질을 찾아서 잘 하는 것을 더 잘 할 수 있도록 해 준다. 행운은 준비가 기회를 만났을 때 일어나는 것처럼, 혁신은 기회가 평소의 사전준비에 있다는 것을 알게 해준다. 혁신은 영감을 불어넣어 주는 책이며, 사기진작을 해주는 지도

서이다. 혁신은 정신적 단백질을 섭취하게 하여 긍
정적 · 낙관적 · 침착 · 자신감 · 성실 · 사랑 · 행복
을 느끼게 해준다. 혁신은 우리가 어디에 있느냐 보
다 어느 방향으로 향하고 있느냐가 진실로 중요한
것이라는 것을 일깨워 준다.

혁신의 지도자는 우리 근대사의 교훈과 대일 항
쟁의 정신과 국토 분단의 비극에 대한 분명한 시각을 가져야 한다. 그리
하여 민족과 국가의 진로를 겸손과 포용과 열망으로 다 함께 모색해 보
아야 할 것이다. 혁신의 지도자는 한민족의 정신세계에 대한 명확한 인
식이 정립되어야 한다. 우리의 자긍심인 신바람 · 호국 정신 · 상부상
조 · 화합과 포용의 이상 · 선비정신 · 호연지기 · 중용의 도 · 실학의 실
천적 과학기술의 중시와 숭문사상의 조화 등등에 대한 깊은 열망을 가
져야 할 것이다.

그리하여 세계로의 웅비를 위하여 우리 민족의 끈기, 타고난 재능, 인
정과 의리에 대한 전통적인 민족성을 긍정적으로 생각하여야 할 것이
다. 그리고 위대한 국가를 건설하기 위하여 우리 민족사를 재인식하고,
애국애족과 주인정신, 책임의식, 가능성의 사고, 공동체 의식, 준법정신
과 청렴 의식, 신의와 정직과 봉사와 희생정신, 근면과 검소와 실질을
숭상하는 정신, 공 · 사 구분과 공익 우선의 정신, 그리고 절차탁마의 은
근한 성실에 대한 열망을 가져 보아야 할 것이다.

그리하여 혁신의 지도자는 선도적으로 인류 사회를 위한 민주 통일국
가 건설에 매진하여야 할 것이다. 빛나는 전통 속에 창조되는 민족 예
술, 자연과 조화를 이루는 인간 문명, 윤리에 바탕으로 한 관용정신, 개
인의 자유를 존중하는 정의 사회, 인간적 가치를 최고로 하는 과학기술
을 혁신의 지도자들은 우리의 역사 앞에 겸손과 포용과 열망으로 창출

해 내어야 할 것이다.

정부혁신은 국가와 민족의 성장 동력

이제 우리는 21세기 세계로의 웅비로 도약하여야 한다. 따라서 이러한 21세기의 유비쿼터스의 지식정보기반 사회에 대비하기 위해서 우리는 혁신의 의지로 무장하여야 한다. 한민족의 숨결이 세계 도처에 세차게 뻗어 나가도록 하여야 한다는 말이다. 이제는 단합과 통합과 토론과 상생만이 우리의 살 길이 될 것이다. 우리의 머리와 가슴과 혼과 눈과 손발과 상품과 기량과 도덕으로 5대양 6대주에 한국인의 눈부신 활약상이 꺼지지 않도록 해야 할 것이다. 그리하여 세계사의 주역이 되도록 노력하여야 한다.

우리는 반만년 민족사 속에서 숱한 국난을 겪어 왔다. 일제에 의한 침탈로 역사의 객체로 전락한 쓰라린 경험과 6·25의 동족상잔의 참혹한 비사(悲史)를 간직하고 있다. 때문에 우리의 노력으로 세계사의 주역으로 우뚝 서서, 우리가 과거 역사의 열등감에 안주하고 있었던 민족이 아니라는 것을 보여주어야 할 것이다.

〈동방의 등불 코리아〉가 역동적으로 대륙국가로서는 동 아시아에, 해양국가로서는 환태평양의 주역으로 우뚝하게 거듭나야 할 것이다. 그리하여 대륙·반도·해양 국가로 엮어진 한·중·일 3국의 미묘한 의식적 관점과 특이한 역사적 존재를 우리가 주도하여 세계문명사의 주역이 되어야 할 것이

다. 거기에 평화와 협력을 심고 인류 사랑과 공동 번영의 문화를 파종하는 정신대국·문화대국으로 웅비하야야 할 것이다.

그리하여 우리는 아름다운 대한민국의 미래를 만들어야 할 것이다. 우리를 진정으로 소중하게 여길 수 있는 자존의식이 강하고 진정한 자주와 삶의 질을 위하여 우리와 타인을 함께 돌아보는 지혜를 가져야 하며, 보수·진보가 서로 엇갈려 교차하며 진솔한 삶의 현장을 만들고, 상류층과 서민이 진실한 인간의식을 통하여 서로를 이해하면서 의미 있게 소통하는 창조적인 참여의 시대를 만들어 가야 할 것이다.

우리의 이러한 비전을 실현시키기 위하여 민족적·국가적 역량을 총화 하여야 할 것을 이제 우리는 혁신으로 다시 한번 다짐하여야 할 것이다. 총집결된 이러한 역량을 잡고, 비전을 제시하며, 세계로의 웅비를 실현시킬 사람은 다름 아닌 우리 국민 모두를 앞에서 이끌어 가야 할 혁신의 지도자이며, 지금 우리 모두는 그러한 지도자를 원하고 있다.

4. 혁신의 원칙은?

혁신은 일관성을 유지한 대장정

원칙은 근본이 되는 본칙, 여러 사물이나 일반현상에 두루 적용되는 법칙이라 한다. 그래서 무슨 일이든지 먼저 원칙을 세우는 것이 중요하다. 그래서 지금 우리 사회에서 일반화 되고 있는 경영혁신과 반부패 운동에서는 3無(무원칙, 무질서, 무책임)의 3無 추방 운동을 전개하고 있다.

그만큼 원칙은 질서와 책임을 동반한다. 그래서 혁신에는 먼저 원칙이 서야 한다. 그러나 원칙이 바로 서지 않는 사회의 일각에서는 혁신에 대한 그릇된 인식과 거부감이 존재하고 있다. 그런데 그중에는 참여정부의 혁신에 대해 이해부족으로 일어나는 오해도 있을 것이다. 따라서 이를 극복하기 위해서는 혁신 추진에 분명한 원칙을 먼저 제시할 필요가 있다.

그리고 혁신에는 일관성이 있어야 한다. 수많은 개혁정책 중에서 역사적으로 성공한 개혁에는 항상 일관성이 유지되었다. 어떻게 보면 참여정부의 남은 임기는 혁신의 기틀을 다지는데도 충분하지 않을 수도 있다. 그러나 노무현 대통령이 기회 있을 때마다 혁신의 일관성을 강조하는 것은 혁신이야말로 실질적 민주화를 위한 원칙을 동반한 대장정임을 일깨워 주기 위한 것인지도 모른다.

문제는 혁신을 고수하느냐 안하느냐에 달려 있는 것이 아니라 일관성을 어떻게 살려 나가느냐의 여부에 달려 있다. 즉 혁신을 단계별로 어떻게 정리하고 어떻게 추진해 가야 하느냐에 우리 모두의 지혜와 역량이 모아질 수 있어야 한다는 점이다.

따라서 혁신은 역사의 대장정이며, 일관성은 혁신의 생명선과 같은 의미를 가지게 되는 것이다.

혁신의 성공은 실천력의 총화

혁신은 정부의 강력한 실천이 총화될 때 성공할 수 있다. 참여정부 이후 우리 사회는 가히 혁명적이라 할 만큼 엄청난 변화의 충격을 체험하였다. 따라서 혁신에 있어 우리는 백 마디의 말보다 하나의 실천이 더 위대하다는 것을 실감할 수 있어야 한다.

참여정부는 역대 어느 정권보다도 강력한 실천력을 강조하고 있다. 그러나 이러한 실천력은 대통령 한 사람의 몫은 아니며 혁신의지를 가진 공직자가 먼저 혁신을 선도하고, 전체 공무원들이 동참할 때 혁신은 성공되어 진다. 그리고 그러한 혁신의 성과가 국민들의 가슴에 따뜻한 온기를 불러일으키면 국민들의 저력도 함께 발휘되어진다. 여기서 각 조직의 리더들의 〈실천적 리더십〉, 〈참여적 리더십〉, 〈창조적 리더십〉들이 그 진가를 발휘하게 된다.

따라서 대통령은 이러한 혁신적 마인드와 리더십을 가진 장관들을 발탁하는 것이 가장 중요하다. 변화와 혁신은 진심으로 동참과 자발성을 불러일으킬 수 있는 인간의 능력에서 출발한다. 능력을 바로 실천할 수 있게 만드는 것이 리더십니다.

강력한 실천력은 국민들의 공감을 유도하고, 이러한 실천력의 총화가 조직 단위로 이루어질 때 정부혁신은 성공적으로 완수되어 진다. 이러한 맥락에서 위로부터의 혁신은 아래로 아래로 더 내려가지 않으면 안된다. 그리고 실천력이 혁신으로 완성되기 위해서는 전 국민의 지혜와 역량이 응집될 수 있도록 윗물들의 자기혁신과 그러한 의지로 민생들의 공감을 이끌어 낼 수 있는 진솔한 열정과 준비와 고민으로 가득하여야 할 것이다.

국민이 먼저 체득하는 정부혁신

정부혁신은 공직자들만의 잔치로 끝나면 실패한다. 즉 민생들이 먼저 혁신의 과실을 따 먹어야 혁신은 성공할 수 있다. 정부는 혁신한다고 하는데 일반 국민들은 그 혁신이 무엇인지 또는 어떤 혜택과 변화가 있는

지 모르거나 느끼지 못한다면 혁신을 추진하지 않은 것만도 못하다.

혁신은 공직자가 혁신의 향도가 되어 피나는 자기희생으로 추진하되 그 결과는 국민이나 민간에게 먼저 돌아가야 한다는 말이다. 각종 규제와 간섭으로부터 국민과 민간을 자유롭게 하는 것이 혁신이다. 혁신은 창조력과 자율성을 최대한 보장하기 위해 심혈을 기울이는 것이다. 혁신은 국민들의 일상생활을 짓누르던 수많은 제도와 관행과 불편이 철폐되거나 개선되는 것이다.

이러한 차원에서 노무현(盧武鉉) 대통령이 최근 향후 국정운영 방향에 대한 밑그림을 제시한데 이어 이번에는 정부혁신을 위한 〈공직사회 다잡기〉에 발 벗고 나선 것은 의미심장하며, 분명 바람직한 방향이다. 노 대통령은 명확하게 공무원들의 자세와 각오를 다잡는 일에는 앞으로 대통령이 직접 나서겠다고 밝혔다.

또한 혁신은 정부와 민간이 조화와 균형을 이루는 것도 중요하다. 정부는 혁신을 위해 법과 제도를 마련하고 민간은 사회발전과 경제성장을 위한 통합적 의지와 경쟁력을 확보할 때 진정한 의미의 혁신은 성공될 수 있다.

이에 정부와 민간의 재정립이 필요하다. 자율과 창의의 민간부문과 정직과 봉사의 정부가 새로운 관계를 정립하는 것이 혁신의 단계이다. 따라서 이 조화와 균형 가운데서 민간이 유리한 혁신분야는 민간이 주도적으로 혁신을 추진할 수 있도록 정부는 권한을 이양하고 도와주어야 할 것이다.

앞으로의 혁신은 이러한 특성과 원칙위에서 진행되어야 한다. 그리고 이제 정부혁신은 국가경쟁력, 생존전략, 국민의 행복이라는 국가의 큰 그림 위에서 큰 흐름을 형성하여 도도하게 흘러가는 역사의 대하(大河)의 국면으로 전개되어야 할 것이다. 🖋

Fact 9

9. 척결의 FACT

혁신은 부정부패 척결의 칼

9. 혁신은 부정부패 척결의 칼

정부혁신의 주적(主敵)은 부정부패

인류역사를 거슬러 가면 어느 시대에나 역사의 고난을 몰고 와 역사의 종언을 고한 근본 바탕에는 당연히 부정부패의 만연이 도사리고 있었다. 그것도 지도층의 부정부패가 단연 으뜸으로 망국의 지름길을 만들어나갔다.

그리하여 인류는 이러한 부패를 없애려고 지속적으로 개혁을 추진하여 왔다. 그러나 여전히 역사는 이러한 부정부패의 척결을 위한 수많은 개혁을 거부해 왔다. 지금 우리 사회에도 끊임없이 우리 사회를 이끌어가는 사람들의 이해할 수 없는 거짓말들이 난무하고 있다. 〈전혀 그런 일 없다〉, 〈잘 모르는 일이다〉, 〈기억이 잘 나지 않는다〉 등등…

35년의 식민지 생활에서 겨우 풀려난 후에도, 권력다툼과 부패는 계속되었다. 결국 나라는 둘로 나뉘고 전쟁을 겪었다. 그 후 여러 정권이 부패 척결을 내걸고 등장했지만, 한결같이 척결하고자 한 부패로 인해 무너지고 말았다.

그러나 노 대통령은 이번에도 최근 부패문제를 정부혁신의 차원에서 가지만 자르는 것이 아니라 뿌리까지 뽑겠다는 원칙으로 일과성 사정이 아닌 제도적인 접근을 통해 부패의 근원을 척결하겠다고 언급했다.

〈참여 정부〉의 노무현(盧武鉉) 대통령은 2003년 5월 31일 반부패 세계포럼 폐막 전체회의에서 〈부정부패를 절대로 묵과하지 않을 것이며, 부패와 끝까지 싸울 것〉이라고 말했다. 우리는 노 대통령의 거듭되는

부정부패 척결의 국정 2기 (2004)
〈범정부적 반부패 추진계획 수립〉

- 법·제도상 부패유발
  요인 일제조사
  (업무취약성 발굴·분석)

정부혁신 추진을
위한 기틀 마련

- 구조적·고질적 5대
  중점분야 제도 개선
  (부패의 침묵카르텔 분쇄)

부정부패 척결은 참여정부의 시대정신

1. 반부패는 정부혁신 의지의 재충전 발전 동력
2. 반부패는 미래지향적 정부혁신의 초석
3. 반부패는 우리사회의 공정과 투명과 국가경쟁력을 제고
4. 반부패는 국민과 함께하는 성장 동력과 생존에너지
5. 반부패는 정부혁신의 장애요인을 척결하는 칼
6. 반부패의 진원지와 향도(嚮導)는 바로 공직사회와 공직자

☞ 공직사회에 분명한 반부패 압박을 가중 ☜

평화와 번영의 『동북아 경제 허브』 초석

의지의 표명과 인식을 환영하며 크게 기대했다. 그러나 부패척결을 말하는 것은 이제까지 모두가 했고 누구든지 할 수 있었다. 문제는 말이아니라 실천이다. 지금 당장 그 실천을 위한 법과 시스템을 만드는 일이중요하고, 법과 원칙을 바로세우는 것에 의미가 있는 것이다. 그래야만대통령을 믿을 수 있고 국민이 동참할 수 있는 것이다.

노 대통령은 5월 31일 〈저는 부정부패를 절대로 묵과하지 않을 것이며, 부패와 끝까지 싸울 것〉이라고 말했다. 〈민주주의의 상극이자 가장큰 적은 부정부패로, 특히 공직자의 부패는 국민의 신뢰를 손상시켜 국정운영에 장애를 초래한다〉라며 이렇게 강조했다. 노 대통령은 〈97년외환위기 이후 정경유착이나 관치금융과 같은 폐해는 더 이상 찾아볼수가 없다〉라고 전제하고, 〈그러나 우리는 여기서 만족하지 않고 부정부패를 근원적으로 차단하는 구조개혁을 추진하고 있다〉라며, 〈정부와기업이 힘을 모아 공정하고 투명한 시장 질서를 확립해 나가고 있다〉라고 밝혔다.

이어 노 대통령은 〈전자정부 구현과 공직자들의 자발적인 참여를 통해 행정의 투명성과 청렴성을 높여나가고 있으며, 대통령인 저 자신부터 과거 구조적인 부패의 근원이 됐던 권력기관과의 유착관계를 확고히단절해 나가고 있다〉라고 덧붙였다. 노 대통령은 〈한마디로 절차와 과정의 공정성을 추구하고 있다〉라며, 〈부패는 단지 돈이나 대가를 받는것뿐만 아니라, 공정하고 투명한 절차를 파괴하는 것까지를 포함한다고믿기 때문〉이라고 말했다.

또한 〈부정부패는 결코 하루아침에 해결될 수 있는 문제가 아니다〉라며, 정부와 기업, 시민사회를 비롯한 각계각층의 공동노력을 강조한 뒤,특히 정부역할에 대해 〈정부의 효율적인 법 집행을 통해 부패는 효과적으로 근절될 수 있으며, 그 토대는 합리적인 입법과 공정한 사법이 될 것〉이라고 밝혔다. 아울러 노 대통령은 〈정부가 그 역할을 다하기 위해선 정부 내부부터 부정부패가 없어야 한다〉라며, 〈부패로 인해 국민 신뢰와 지지를 받지 못하는 정부는 정책목표를 효과적으로 실현할 수 없기 때문〉이라고 지적하고, 〈투명하고 깨끗하고 공정한 정부는 부패추방의 첫걸음〉이라고 강조했다.

혁신 실패의 어두운 그림자인 부패

그러면 그동안 민생들은 왜 반부패 운동과 부패방지에 방관자였는가? 우리는 여기서 지난 시기의 반부패운동이 실패한 원인을 몇 가지 찾을 수 있을 것이다. 첫째는 과거 정권들이 뒤에서는 부정을 저지르면서, 스스로 부패한 상태에서 앞으로는 부패 척결을 외쳤다. 이것은 바로 민생들을 기만한 것이고, 순진한 민생들은 속은 것이다. 따라서 정권들이 외친 부패 척결은 구호에 불과한 것이었고, 부패방지법 제정이나 부패시스템을 제어할 수 있는 기구 마련 등 현실적으로 법률과 제도를 보완하는 일은 전혀 도외시하였던 것이다.

둘째로 국민들이 스스로 반부패 전쟁에 대해 냉소적이었다. 이는 물론 과거 정권들이 구호에 불과한 반부패를 외친 까닭이라 할 수 있겠다. 또한 국민적 참여를 통해 과연 어떠한 결실을 얻어낼 것인지에 대한 회의가 컸었다. 물론 일부 시민사회에서 부정부패의 척결을 소리 높여 외쳤지만, 이는 메아리 없는 공허한 외침에 불과하였다. 이들 단체들은 자신들이 전개한 활동들이 몇 달 지나면서 국민 참여가 저조한 데 실망을 느끼고 스스로 포기하게 되는 일이 잦았다. 또한 국민들도 부패와 싸우기보다는, 부패에 동조하고 이를 방관하는 자세로 일관해 왔던 책임도 컸다.

결국 이러한 정권과 민생들 사이의 부패참여와 부
패방조는 부패시스템의 안정화를 불러왔고, 이는
우리나라에게 〈총체적 부패공화국〉이라는 오명을
안겨준 요인이 되었다. 최근의 국제투명성기구〈국가
활동의 책임성을 확장하고 국제적·국가적 부패의 극복을 목

표로 하는 공익적인 국제비정부기구(NGO) -필자 주)가 발표한 우리나라의 청
렴지수는 조사대상인 세계 80여 개국 중 10점 만점에 5점 이하를 받았
다. 싱가포르가 9.1점으로 7위, 홍콩이 7.8 점인 데 비하면 이러한 결과
는 OECD 가입 등 외형만 화려하고 내실은 썩어 있던 우리 사회의 현주
소를 잘 드러내주는 것이라 하겠다. 정경유착과 부실대출 등 우리 사회
의 부패 구조는 결국 우리 경제 전체를 뒤흔들어놓았고, IMF 체제에 편
입되게 만들어 수많은 서민, 중산층들에게 고통을 안겨주었다.

과거 정권들도 부패와의 전쟁을 선포한 것이 한두 번이 아니었다. 따
라서 〈부패와의 전쟁을 선포하는 것과, 전쟁 그 자체와는 별개의 문제〉
라는 명제가 우리에게 남는다. 전쟁을 선포하는 것은 대통령일 수 있지
만, 전쟁을 치르는 데에는 국민들의 적극적인 참여가 필수적 이라는
말이다. 이런 점에서 대통령의 〈국민 여러분의 적극적인 지원이 필요하
다〉라는 이 호소는 이 전쟁의 성패가 걸린 정확한 언급이 아닐 수 없
다.

여기서 중요한 것 또한 국민들의 반부패 실천이다. 어떤 법률이나 제
도로도 저절로 부정부패를 사라지게 할 수는 없다. 대규모 국민적 참여
를 근거로 하는 국민운동이 법률과 제도의 변화와 맞물려 돌아갈 때 부
정부패척결을 위한 효력은 극대화되는 것이다. 이러한 효력을 극대화할
수 있는 원동력은 어디까지나 지도자의 ① 청렴 ② 자기희생 ③ 공인의

책임의식이 선행되어야 한다는 것을 간과해서는 안 될 것이다.

사회갈등을 심화시키는 부패

부정부패는 개인이나 사회의 윤리성과 도덕성에 먹칠을 하여, 부패구조에 동참하지 않으면 불이익을 당하게 만드는 역기능을 조장한다. 그리고 이로 인한 검은 돈이 사치와 향락으로 연결되며, 이는 사회적 위화감을 양산하여 갈등을 심화시키는 결과를 가져온다. 또한 부패는 경쟁에서 탈락되지 않으려면 어쩔 수 없이 이에 동참할 수밖에 없게 만들어, 이를 방치하면 자연히 확대재생산 되는, 그리하여 나라 전체를 서서히 파멸로 이끄는 사회적 암적 존재가 되는 것이다. 특히 지도자의 부정부패는 망국의 지름길이다. 그 지름길에 민생 전체의 고난과 고통과 슬픔과 분노가 스며들게 되어 있는 것이다.

정권이 몇 번 바뀌어도 변하지 않는 〈혁신의 과제〉가 있다. 그것은 당연히 부정부패의 척결이다. 부정부패의 척결은 역대 정권이 그토록 결연한 의지를 표명해 왔음에도 불구하고, 역설적으로 이것은 또한 정권 실패의 원인을 제공하면서 가장 성공하지 못한 정책과제이기도 하였다.

도덕성을 강조한 〈참여정부〉역시 부정부패 척결을 최우선 혁신의 과제로 상정하고 있다. 이번에는 이것이 성공한 정책이 되길 바라는 마음이다. 부정부패 척결이 여전히 미완의 정책이라는 사실은 국가청렴도(CPI 지수) 조사 결과가 말해 주고 있다. 국제투명성기구(TI)가 발표한 한국의 청렴도는 2000년 조사대상 90개국 중 48위, 2001년에는 91개국 중 42위, 2003년에는 131개 중 50위를 차지했다. 우리의 경제규모가 국내총생산(GDP) 기준으로 세계 14위, 수출 규모로 세계 13위인 점을 감안하면 이런 국가청렴도가 과연 〈경제 선진국〉의 위상에 걸맞은 도덕적 수준인지 창피한 생각을 들게 한다.

끊임없이 불거지는 부정부패 스캔들을 접하면서 이제 부정부패는 〈사건〉이 아니라 한국 사회의 또 하나의 〈문화〉로 자리 잡은 것이 아닌가 하는 느낌마저 들 때가 있다. 더욱이 우리를 크게 실망시키는 것은 지도층이 연루된 정치적 성격의 부정부패만이 아닐 것이다.

따지고 보면 우리 사회의 부정부패는 어느 특정 계층에만 국한된 문제가 아니라는 점이다. 광범위하고 뿌리가 깊어 누가 피해자이고 누가 가해자인지도 구분할 수도 없는 지경에 이른 것 같다는 점이 가장 걱정스러운 것이다.

부패는 민속인가?

부패문화, 하나의 문화로까지 번진 상황에서 이제는 생활양식이고 의식형태로까지 표현되게 되었다. 우리 사회에서 부패의 만연은 어디에서나 볼 수 있고, 어디에서나 접촉할 수 있고 어디에서나 냄새를 맡을 수 있다. 그러나 누군가가 부패 소리를 하면 여전히 빅뉴스가 된다.

권력이 있는 곳에 부패가 있다. 그럼 권력은 어디에 있는가? 다 아는 사실이다. 그 권력의 순위도 뻔히 아는 사실이다. 어느 자리가 권력이 있는지 안다는 말이다. 부패란 신기하기만 하다. 우리 사회에서 가장 평범한 것 중의 하나이면서, 그것을 말하는 사람은 아주 특이한 사람으로 몰린다. 그래서 옛날 며느리같이 〈보아도 안 본 척, 알아도 모르는 척, 들어도 못 들은 척하는 것〉이 우리사회에서는 아주 현명하게 행동하는 처세술이 되었다. 심각하게 생각하는 사람만 바보가 되는 것이다.

부패를 자꾸 말하는 것은 이제 진절머리가 난다. 그동안 수없이 많은 부패 방지를 위한 실천적 대안들이 강조·추진되었다. 그러나 나중에 보면 그것을 강조한 사람이 서초동 검찰 청사를 드나들고 있는 현실을 무엇이라고 설명해야 할까? 역대 대통령 모두는 취임사부터 시간이 있을 때마다 국민과 국가의 번영을 위하여 성역 없는 사정과 부정부패 척결 의지를 천명해 왔었다.

그러나 그 정권이 말기에 이르거나 정권교체가 이루어지면 어김없이 부패정권을 면할 수가 없었다. 그만큼 선언적 메아리만 있었고 실천의 지는 없었다. 왜냐하면 부패는 〈민속〉이었고 〈문화〉로 자리 잡았기 때문이다.

혁신의 실패는 부정부패에서 온다는 사실을 지금 당장은 모른다. 그러나 추상적이고 선언적인 부패문제의 접근은 미래에 반드시 혁신의 실패를 더욱 초래할 것이라는 것을 역사를 통하여 알 수 있다. 보다 솔직하고 보다 현실적인 해결방안과 보다 전략적 지혜를 가지고, 법제개혁·의식혁신·관행변화를 유도할 종합적인 총괄적 혁신을 추진하지 않으면 혁신의 실패는 어김없이 오게 되어 있는 것이다.

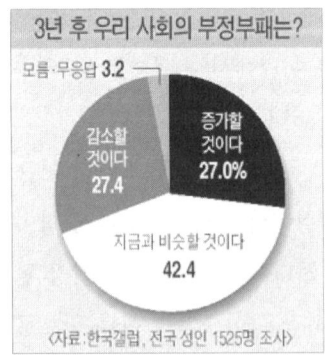

국가의 흥망성쇠(興亡盛衰)와 부패는 어떠한 방정식이 립될까? 영국의 명재상인 글래드스톤〈1868년에서 1894년까지 영국의 수상을 재임했던 빅토리아 시대의 정치가─필자 주〉의 〈부패는 국가를 몰락

으로 이끄는 가장 확실한 지름길이다〉라는 경구처럼, 부패로 망한 국가는 역사적으로 적지 않다는 것을 우리는 역사를 통하여 알고 있다. 오히려 대부분이라 말해야 좋을 것같다.

여기서 혁신의 주적(主敵)은 부정부패이며, 정부혁신은 부정부패 척결의 가장 날카로운 칼이라는 사회적 명제가 나오게 되는 것이다.

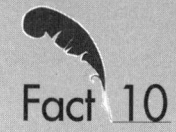

10. 성공의 FACT

어떻게 혁신할 것인가?

10. 어떻게 혁신할 것인가?

1. 혁신은 윤리적이어야 한다

우리의 역사를 보면 새롭게 집권한 세력들은 언제나 개혁추진세력으로 자처해 왔다. 그러나 항상 시간이 흐르면서 우리는 고려시대의 땡추〈당추 : 고려 공민왕의 개혁추진세력, 후에 땡중으로 변질-필자 주〉와 같이 개혁 마인드가 변질되는 것을 보아왔다. 이런 경향에 〈참여정부〉는 예외가 되었으면 좋겠다. 이러한 혁신 마인드의 변질 때문에 일반국민들은 혁신의 당위성에 대한 인식과 더불어 혁신에 대한 냉소적 시각이 똑같이 팽배해 왔다는 점을 우리는 직시해야 할 것이다.

혁신에 대한 조소와 비판에는 여러 가지 이유가 있다. 우선 〈누가 누구에게 돌을 던지겠는가?〉하는 준칙으로 표현될 만큼 개혁추진 세력의 도덕적 위상이 가장 중요할 것이다. 새로운 정권은 항상 일련의 개혁을 표방하여 표적 사정 같은 정치적 이득을 추구하기도 하고, 혹은 새로운 정권이 들어설 때마다 반복되는 〈공직사회 길들이기〉같

은 정책으로 집권세력의 혁신을 스스로 왜곡시켜온 사례도 많이 보아왔던 것이다.

혁신에 대한 이러한 부정적 시각들은 혁신추진 세력도 〈자기 이익 극대화의 존재〉에 불과하며, 결국 경험적으로 볼 때 정치인들과 집권세력은 〈득표극대화의 존재(vote-maximizer)〉 그 이상도 이하도 아니라는 시각이다. 반대로 혁신 주도세력들은 이를 기득권 세력의 저항 정도로 일축하기도 하였다.

그러나 우리는 혁신이 냉소적으로 비추어지고 개혁에 대한 비판이 지속되는 이러한 현상을 단순한 기득권 세력의 저항이라고만 치부하기보다는 그 이상의 차원에서 살펴볼 필요가 있을 것이다.

현재 우리의 정치권이나 경제계, 교육계 등 사회의 각 분야가 혁신을 필요로 할 만큼 중병을 앓고 있다는 사실 자체를 부인하는 사람은 없을 것이다. 고비용·저효율의 정치권, 정경유착을 일삼아온 경제계, 구조조정을 망설이는 재벌기업, 무기력한 교육계가 모두 혁신의 과제를 안고 있는 영역들이다. 문제는 이러한 상황에서 혁신추진세력이 스스로를 독창적인 〈혁신의 주체〉 세력이라고 자처하고, 혁신 대상은 동반자가 아니라 〈너 죽고 나 살자〉라는 의식으로 혁신의 대상을 〈하위 집단〉으로 치부하는 경향이 농후하면, 결국 혁신은 성공하지 못하는 결과를 몰고 올 수밖에 없다는 것을 알아야 할 것이다.

혁신은 새로운 정신과 창조적 의지로

우리는 혁신이라는 명제에 대하여 우리가 안고 있는 새로운 정치적·경제적 역할을 흐린 정신과 탁한 윤리를 가진 낡은 인간이 수행할 수 없

다는 것을 알고 있다. 당연히 새 술은
새 부대에 담아야 하듯이, 새로운 혁
신은 새로운 정신, 새로운 윤리에 의
해서만 가능할 것이다. 이것은 오늘
날 한국의 정치적·경제적 개혁과 구

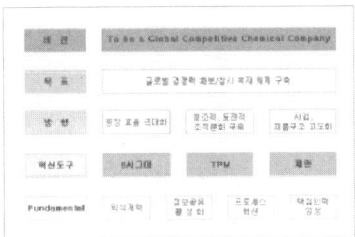

조조정의 정책적 혁신들이 새로운 인간, 새로운 윤리의 확립 없이는 결
코 성공할 수 없다는 사실을 지적해 주는 것이다.

이제 우리 혁신의 방향은 청빈(淸貧)이 아니라 청부(淸富)를 누릴 수
있고 또 누려야 하는 방향으로 진행되어야 할 것이다. 오늘날 21세기에
도 한국의 시장자본주의는 아직도 정치지향자본주의 내지 천민자본주
의적 체질을 극복하지 못하고 있으며, 아직도 졸부(猝富)형 축적체제를
청부(淸富)형 축적체제로 변혁하지 못하고 있다. 그 이유는 다름 아닌
우리의 혁신에서 윤리성이 부족하였기 때문이다.

혁신의 목표는 중요하다. 혁신의 목표가 바로 혁신의 과정과 전략을
결정하기 때문에 매우 중요한 것이다. 그러나 여기서 더 중요한 것은 혁
신의 과정과 전략에 윤리성이 결여되면 그것은 폭거이고 개악이 될 뿐
이라는 것을 명심하여야 할 것이다.

21세기의 벽두에 세계 각국은 구조조정을 국가혁신이라는 이름으로
전력을 다하여 추진하고 있다. 과거 20세기형 성장의 연장선상에서 연
속적으로 21세기가 있는 것이 아니라 구식 온정적 패러다임을 파괴하면
서 단절적으로 21세기형 성장의 새로운 물결이 일고 있다는 것을 알아
야 할 것이다.

따라서 구조조정 혹은 혁신은 이러한 새로운 역동적이고 창의적인 패
러다임에 대응하여야 할 것이다. 이러한 자기 혁신의 개혁 없이 21세기
의 물결을 탈 수가 없다. 이제는 우리가 〈개발도상국〉이 아니라 〈개혁

도상국〉이 되어 한국의 개혁성을 성장시켜야 한다는 세계적 조류에 우리가 살고 있다는 것을 명심하여야 할 것이다.

그런데 가끔 정치적 목적에 따라 〈내가 하는 것은 혁신이요 이를 반대하는 것은 보수반동〉으로 간주하는 사례가 있을 수 있다. 따라서 이러한 오만을 배격하고 성공하는 혁신을 이끌기 위해서는 바로 〈윤리성을 겸비한 수요자 중심의 혁신이어야 한다〉라는 것을 알아야 한다.

전 국민의 다양한 계층에서 공통적으로 수용할 수 있는 혁신이어야 한다는 것이다. 그러나 이처럼 많은 사람들이 혁신은 수요자 중심으로 추진되어야 한다고 같은 목소리를 내면서도 정작 혁신의 수요자가 누구인가? 하는 문제의 실패에서 혁신은 실패하게 될 수도 있다는 점을 간과해서는 안 될 것이다.

우리는 역사가 시작된 이래로 수많은 다양한 개혁들을 보아왔다. 고려 광종과 성종의 개혁, 동학의 폐정개혁, 그라쿠스 · 상앙 · 왕안석의 개혁 정치, 갑오개혁, 에라스무스 · 프로테스탄트 · 루터 · 칼뱅의 종교개혁, 로마 마리우스의 군제개혁, 중국의 변법자강운동, 중국 청대 말기의 여걸 서태후(西太后)의 개혁, 고려 공민왕과 신돈의 전민변정도감을 통한 개혁, 조선 후기 실학자들의 개혁조치, 조광조의 개혁, 고구려 소수림왕의 개혁, 고려 말 신진사대부의 개혁, 통일신라 경덕왕(景德王)의 개혁, 흥선대원군의 개혁, 일본 메이지유신, 고르바초프의 개혁, 조선 허균의 개혁, 고려 충선왕(忠宣王)의 개혁, 신라 지증왕(智證王)의 개혁, 연암

박지원의 개혁, 부르주아 혁명, 미국 독립혁명, 명예혁명, 일본 에도시대(江戸時代) 개혁, 중국 신해혁명, 프랑스 혁명, 신라 태종무열왕(太宗武烈王)의 개혁, 정도전의 개혁, 정조의 개혁, 농지개혁, 화폐개혁 등등 수많은 개혁들이 있었고, 이중 성공한 개

혁과 실패한 개혁을 역사적으로 보아왔다.

해방 후 우리는 농지개혁, 국가재건운동, 새마을 운동, 서정쇄신, 사회 정화운동, 새질서 새생활 운동, 신한국 창조, 역사바로세우기, 윗물맑기 운동, 제 2건국운동, 동북아 중심 국가, 소득 2만불 시대 건설 등등의 개혁도상국에 살아 왔고 또한 살고 있다. 그동안 우리는 정권은 바뀌어도 끊임없이 들었던 말 가운데 하나가 개혁과 혁신이었다. 특히 국정목표 라는 표방 아래 다양한 개혁은 변함없이 등장하는 하나의 신정권의 특허 메뉴였다.

이제 변화와 혁신은 이미 한국사회의 지배적인 이념이 되었다고 해도 과언이 아닐 것이다. 다시 한번 말하지만 정권이 출범할 때는 출항하는 범선에 높이 단 기치가 개혁이었지만, 이제까지는 모든 정권의 5년 동안 떠났던 개혁의 범선은 찢기고 빛바랜 개혁의 깃발과 함께 닻을 내려야 만 했었다. 왜냐하면 지속성과 위기감과 윤리성을 결여했기 때문이다.

자신을 낮추고 가진 것을 버리는 혁신주체

혁신에는 분명히 혁신의 주체가 있기 마련이다. 대통령 한사람뿐이라 고 말하든 집권세력이라고 말하든 간에 혁신의 화두가 꺼지지 않는 한, 분명 혁신의 주체는 살아있다. 문제는 혁신이 민생들의 공감을 얻으면 서 제대로 굴러가느냐? 아니면 개혁주 체 세력의 소망사항에 그치느냐? 에 달려 있다. 혁신의 씨알이 땅에 떨어져 싹을 내고 뿌리를 내리고 줄기와 가지를 뻗고 꽃을 피우고 열매를 맺자면, 몇 가

지 조건이 필요하다. 그 다양한 조건 중에 윤리성이 개혁의 가장 중요한 요소가 될 것으로 확신하여야 한다.

윤리성이 살아있는 생명력 있는 혁신이 되자면, 첫째 사람이 끌고 가는 혁신이 아니라 제도와 규범의 틀 속에서 혁신의 물길이 스스로 흘러가게 해야 한다는 것이다. 이 말은 혁신의 자율성과 혁신의 규범화를 강조한 말이다. 인간은 미혹하다. 인간의 속성은 변질과 사랑과 미움과 모순의 덩어리이다. 따라서 사람의 의지와 손에 이끌리는 혁신이 아니라, 제도와 틀에 이끌리는 혁신이 바람직하다. 그렇게 될 때 혁신으로 인해 잃을 것이 있는 자도 섭섭하지 않고, 얻을 것이 있는 자도 오만하지 않게 될 것이기 때문이다..

둘째, 혁신의 윤리성은 남에게 하기 전에 자기 몸과 자기 주변에 먼저 행할 때 나타난다. 혁신에는 기득권의 청산절차가 따르기 마련이다. 혁신이 바로 진행되기 위해서는 혁신주체가 원칙 위에 서야 하고 그 원칙에 먼저 자기 몸을 맞추어야 할 것이다. 스스로 모범을 보이지 않는 혁신, 스스로 가진 것을 버리지 않는 혁신은 소박한 국민들의 정서를 안정시키기 어려울 것이다.

셋째, 혁신의 윤리성은 어제의 동지와 지지 세력과의 결별도 불사하는 결단과 용기가 있어야 할 것이다. 만약 혁신에 동참하지 않으려 할 수도 있을 열악한 혁신환경 속에서 혁신을 이끌어나가자면, 혁신주체의 높은 도덕성과 이에 대한 민생들의 지지와 신선한 신뢰를 기치로 내세워야 할 것이다. 높은 도덕성은 혁신주체가 무엇을 얻기 위해 혁신하는 것이 아니라, 국민 전체와 국가의 미래를 위해 자신을 죽이고 가진 것 전부를 버리는 데서 나온다는 것을 명심하여야 할 것이다.

2. 혁신의 근본은 정당한 명분

역사에서는 어느 순간 그 사건이 우리가 알고 있는 대로 전개되지 않았다면 하는 아쉬움과 조바심을 던져주는 것이 많이 있어 왔다. 그러나 이러한 일들이 운명의 장난처럼 홀연히 일어난 것은 아니었다는 사실을 알아야 할 것이다. 거기에는 누군가의 준비가 있었고, 희생이 있었으며, 열정이 있었기에 성공이 있었으며, 또한 누군가의 시기가 있었고, 어리석음이 있었고, 무책임이 있었기에 좌절이 있었다.

그러나 역사의 운명을 놓고 벌였던 역사의 게임은 항상 공정한 조건 속에서, 공정한 방법에 의해, 예상된 과정으로 전개되지는 않았다. 게임은 전혀 예상치 못한 순간에 승패가 뒤바뀌기도 했다. 왜냐하면 역사는 인간이 만들어가기 때문이다. 인간은 결정적인 순간에서 용기를 가질 수도 있고, 두려움에 떨 수도 있으며, 주저할 수도 있고, 대담해질 수도 있으며, 변화를 거부할 수도 받아들일 수도 있으며, 자기만을 생각할 수 있고 또한 전체를 생각할 수도 있다.

운명의 순간에 인간의 선택은 자유롭게 이루어졌지만, 역사는 매섭게 자기의 길을 재촉했다. 기회가 다시 부여되는 경우도 간혹 있었지만, 또 다시 받지 못한 자도 있었으며, 재기하여 영광의 자리를 얻게 된 자도 있었다. 기회는 곧바로 다시 오기도 했지만, 몇 세기가 지난 뒤에 오기도 했으며, 영영 오지 않은 경우도 있었다.

기회를 받을 수 없는 자는 역사의 게임 판에서 사라져야만 했던 것이다.

그러나 역사의 거대한 흐름은 게임의 결과에 의해 바로 물줄기를 바꾸었던 것은 아니며, 게임 판 자체를 천천히 또는 급격히 변화시켜나갔다.

역사는 언제나 큰 흐름을 거부하고 옛 것만을 부둥켜안고 있는 세력을 역사의 뒤안길로 점차 사라지게 해왔다. 역사는 많은 사람들이 자유와 평등을 누릴 수 있는 방향으로 점점 변화하여 게임같이 인류를 시험해왔다. 그러나 역사는 역시 인간이 만들어가고, 인간은 누구나 행복한 삶을 원하기 때문에 한 방향으로 흘러왔다. 그러므로 이러한 역사의 게임 판의 변화 방향을 올바로 아는 자만이 진정한 게임의 승자로 남을 수 있었다.

따라서 이러한 게임 판의 바른 변화의 방향을 옳게 알고, 그 방향으로 나아가는 것이 바로 우리가 그렇게 추진하려고 애쓰는 혁신이다. 바로 역사의 게임 판의 돌림을 바르게 하는 것이 혁신인 것이다.

따라서 우리의 혁신은 단기적인 결과에 집착하기보다는 윤리적인 인류의 공동선을 위해 정당한 명분을 가지고 게임에 임했을 때, 영원히 진정한 승자로 남을 수 있다는 것을 역사에서 알 수 있는 것이다.

정치나 경제가 어려울 때일수록 정부는 좀더 분명하게 혁신의 명분과 비전을 제시하여야 할 것이다. 왜 혁신이 역사적으로 피할 수 없는 과제인지, 그리고 지금 혁신으로 겪고 있는 고통이 어떻게 장래에 보상받게 될 것인지에 대하여 분명한 청사진을 보여주어야 할 것이다. 그래야 국민들도 확실한 방향감각을 갖고 혁신을 위한 에너지를 모을 수 있으며, 반대로 혁신의 저항세력들은 명분을 잃게 될 것이다. 따라서 혁신은 정당한 명분에서 출발해야 한다는 당위가 여기에 바로 내포되어 있는 것이다.

혁신의 한계

혁신은 성패여부와 관계없이 사회변혁의 필요성을 국민들에게 인식시킬 수 있다. 따라서 혁신은 국민들에게 수동적 자세와 의식을 불식시키고 진취적 · 전향적 · 미래지향적 역사관을 일깨우게 하는 촉진제 역할을 수행한다는 차원에서 역사발전의 계기가 된다는 점을 간과해서는 안 될 것이다.

그러나 추진된 혁신이 여러 가지 요인과 저항과 방해에 의해 중도에 좌절되면, 수구세력의 준동에 의하여 역사는 오히려 전보다 더 퇴보한다는 것을 우리는 역사를 통하여 알고 있다. 그러므로 국민적 통합의 혁신은 어떠한 어려움이 있더라도 성공하려는 의지와 노력과 열정이 필요할 것이다.

그리고 국민적 통합은 주로 내부의 저항에 의하여 좌절된다는 것도 우리는 역사를 통하여 알고 있다. 그러므로 혁신이 어려운 것이다. 그러나 이러한 어려움을 극복하는 과정은 항상 새롭게 형성되는 진취적 · 진보적 · 전향적 세계관과 민생적 의지를 통하여 미래의 발전에 가장 귀중한 발판이 된다는 것을 우리는 알아야 할 것이다. 또한 실패한 혁신과 미완의 혁신에 대한 역사적 고찰과 반성을 통하여, 혁신의 성공과 혁신의 확대 추진이 동시에 성취되는 사회적 여건 및 전략을 탐색해 보는 계기를 마련해 보아야 할 것이다.

바로 이러한 점이 우리가 지난 역사에서 배울 수 있는 교훈이다. 왜냐하면 우리는 지난 반세기동안 수많은 혁신을 보아왔고, 그 중에서 성

공과 실패를 보아왔다. 우리가 보아온 성공한 혁신 중에서 파악할 수 있는 요점은 바로 윤리성을 겸비한 정당한 명분으로 국민 모두의 적극적 동참으로 지속적으로 법과 제도의 틀 속에서, 자기혁신의 아픔으로 추진한 열정과 의지라는 것을 우리는 파악할 수 있었다.

혁신의 과제와 방향

혁신의 길은 멀고도 험난하다는 것을 우리는 역사적으로 알고 있다. 왜냐하면 거기에는 엄청난 저항과 〈잘 되는지 두고 보자〉라는 질시와 방관과 부정부패라는 구조적 유혹이 항상 따르게 마련이기 때문이다. 그러나 분명한 것은 21세기 미래는 분명 우리에게 혁신을 요구하고 있다는 사실이다. 전례답습적인 적당한 혁신과 전 정권의 오류를 치유하는 수준의 혁신으로는 절대 살아남기 어렵다는 것이다. 만약 그렇게 하면 약하게 말하여도 〈20 대 80 사회〉의 80에 빠져서 20이 주는 거지 양식으로 이른바 굴욕적인 〈배부른 노예 돼지〉로 살아가야 할 것이다.

강력한 혁신을 추진할 수 있는 전제조건은 일단 사회경제적으로 제반 여건이 악화되어 위기감이 조성되어야 할 것이다. 그래야만 혁신해야 한다는 국민적 또는 사회적 공감을 불러올 수 있기 때문이다. 그러나 혁신을 성공하기 위해서는 혁신을 추진해야 할 정치가 안정되어 있어야 한다. 그리고 혁신 주체세력은 논리 정연한 정책 패러다임을 수립하고

지속적으로 추진하되, 혁신 대상들을 포용하고 설득해 나아가야 할 것이다. 즉 정책 패러다임은 예를 들어 성장이냐 분배냐, 집단주의나 신자유주의냐, 발전이냐 복지냐

등등의 분명한 정책을 패러다임으로 설정하여 일관성 있게 추진해야 민생들의 혼란이나 갈등이 없어지게 되는 것이다.

전략적 측면에서 혁신을 추진하려면 충격적 전략은 지양되어야 할 것이다. 반면에 사회 전체가 참여하는 국민적 당위로 추진되는 혁신이어야 성공할 수 있을 것이다. 또한 부문별 혁신을 사회 전체 혁신의 도구가 되게 하고, 개별 부문들이 상호 혁신을 촉진하는 상생의 역할로 작용하도록 하여야 할 것이다.

혁신은 구호가 아니다

그리고 혁신은 항상 구호에 그치지 말고 명확한 목표아래 추진될 때, 효과를 배가 시킬 수 있는 것이다. 아울러 혁신의 가장 중요한 부분인 정부혁신은 집권 직후부터 단행하여야 성공할 가능성이 많다는 점도 인지하여야 할 것이다. 이것은 이전 정권에 대한 불만으로 혁신에 대한 공감대가 이미 형성되어 있고, 이에 따르는 저항이 표출되기 전에 혁신이 이루어져야 하기 때문이다. 또한 혁신이 추진되는 부문도 공공부문, 농업정책, 노동시장, 금융, 조세, 지방정부 등 모든 부문에서 동시에 추진되어야 할 것이다. 왜냐하면 국민들이 한 부문에서 발생되는 손실을 다른 부문에서 보상받을 수 있도록 해주어야 저항이 없고 동참을 유도할 수 있기 때문이다.

한국의 현실은 정권 초기에 신속한 혁신보다는 정치개혁과 경제개혁을 동시에 추진해야하는 구조적 결함이 있다고 보여 진다. 따라서 우리는 오히려 사회적인 합의와 여론의 추이를 살펴보

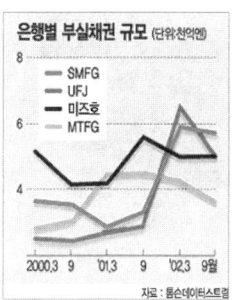

면서 서서히 추진하는 혁신의 방안도 신중히 고려해 보는 것이 더욱 바람직할지도 모른다. 특히 구조조정 과정에서 재벌개혁이나 공공개혁은 노동시장에 중대한 영향을 미치므로, 빅뱅식 개혁은 오히려 노동자, 재벌, 공공부문 종사자들을 반혁신 세력으로 연합시키는 오류를 범할 수 있다는 것을 지난 정권의 경험으로 알 수 있을 것이다.

또한 신속성에 의한 지나친 혁신은 최고통수권자의 힘에 의한 자의적인 권력행사로 전락할 위험성을 초래할 수 있으므로 반드시 배제하여야 할 것이다. 따라서 법과 제도에 기초한 절차적 합리성을 항상 추구하여, 저항세력들을 정치적 명분으로 무력화시킴과 동시에, 정권 교체 여부와 무관하게 지속적으로 혁신이 추진될 수 있도록 하여야 할 것이다.

그리고 자유시장 원리라는 혁신이념을 일관되게 추진함으로써, 민간부문들이 혁신을 예측가능한 일로 인식할 수 있도록 추진할 것이다. 단순히 혁신이 위기에 대한 대응방안에 국한되는 것이 아니라, 장기적인 발전 비전이라는 인식하에 혁신의 내용이나 방향을 개혁추진 세력이 분명히 제시하여야 할 것이다.

그리고 우리는 혁신의 효율성을 지나치게 강조하다 보면, 사회적 연대나 공평성 그리고 정부의 책임성까지 약화시키는 한계를 노출시킬 수 있다는 점을 간과해서는 안 될 것이다. 따라서 혁신추진 세력은 혁신이념을 포괄적으로 정립하여 이념을 전체에게 분명하게 제시하여 공감을 획득해야 할 것이다.

우리는 그동안 국가 주도의 경제발전 전략을 추구하다가 국가의 관료 비대화에 따른 역기능적 병폐를 분명하게 경험하였다. 관료 비대화는 규제와 간섭의 비대화를 가져 왔고, 이는 자원배분을 왜곡하고 산업구조조정과 각종 인·허가에 대한 개입의 여지를

증진시켜 왔다.

이것은 앞으로 전개될 초국적기업의 비중이 점차 증가하는 것에 대비한, 신속한 정책적 대응을 하기 힘들게 만들었던 것이다. 또한 우리는 그동안의 경제개발 발전 모델에 내재되어 있던 〈정치-재벌-관료〉의 유착관계를 건설적인 견제와 균형의 감시 관계로 정착시켜 나가야 하는 전술적인 문제도 안고 있다는 것을 알아야 할 것이다.

마지막으로 우리는 국가 발전의 목표와 세계화 시대에 걸 맞는 새로운 국가 역할의 목표를 동시에 추진해야 한다는 점을 잊어서는 안 될 것이다. 즉 이제까지 우리가 경험한 국가주도의 발전 모델의 부작용과 비민주적 제도들이 자유시장의 기능을 왜곡하여 다양한 위기를 조장하여 왔다는 점에 주목하면서, 혁신을 지속적으로 추진해야 하는 당위를 안고 있는 것이다.

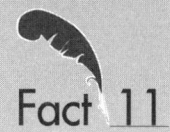

어떻게 변할 것인가?

공무원과 詩

공무원 모두가 詩人이었으면 좋겠네

옛날에는 詩를 잘 지으면 좋은 관직 받았는데
요즈음은 법 잘 피하고 요령 좋아야
높은 사람 된다는데

물새우 귀엽게 장난치는 청명호수에
담비 붓 사뭇 찍어 공명을 휘갈겨 쓰고
공직은 청풍명월같이 아무도 취할 수 없으며
권력은 형상도 기약도 없이 무상하다는 이치를
자연의 순리로 시율(詩律) 맞추어 고상하게 쓴
위민(爲民)의 詩 관청마다 당당히 걸어 놓고
조석(朝夕)으로 함께 모여 낭랑히 외우는
공무원 모두가 詩人이었으면 좋겠네

목덜미 치세우고 유세 다니는 시간에
봉공(奉公)의 詩 한 수 멋들어지게 낭송하고
역사를 위하여 귀중한 몸 바친다는 위정자
서사 시집(詩集) 한 권 밤새워 넘겼으면 좋겠네

불편부당 앞세우고 애국애족 헌신없이
민안국태 실천하는 공복의식 전혀없이
권력이용 수뢰행위 허가승인 잘해주고
감춘소득 숨긴재산 적은세금 도모하면
어찌하여 능력 있고 잘 나가는 공무원이 되는지

공직은 세상을 위해 만들어지지만
누구의 사심으로도 움직일 수 없으며
자혜로운 사람에게는 단지 여관같이 스쳐 지나는
미련이나 삶의 핑계로
흥정할 수 없는 두려운 경지인데

공무원 모두가 詩人이었으면 좋겠네
일생동안 부끄럼 없이 나라 위한 공무원들
언제나 순수하고 깨끗한 詩
가슴으로 읊조릴 수 있는
하늘에 순응한 詩人 모두가
공무원이었으면 좋겠네

- 박재목 시집(3집) 〈숯쟁이 움막에서의 좌망(座忘)〉(1997) 중에서 -

11. 어떻게 변할 것인가?

1. 왜 변해야 하는가?

기존의 비효율에서 과감히 벗어나야

혁신이 성공적으로 추진되기 위해서는 공직자들의 솔선수범이 절실히 요청되고 있다. 그러나 아직도 일부 공직자들은 혁신에 소극적인 일면을 보여주고 있다. 이에 따라 사회 일각에서 이른바 복지부동이니 복지 안동이니 하는 비판들이 나오고 있다. 이러한 비판이 나오게 된 배경에는 공직자 개개인의 문제뿐 아니라 그동안 공직사회가 안고 있는 구조적 · 체질적인 문제에서 비롯된 것도 적지 않을 것이다.

그러나 제도나 조직, 환경, 문화 등 구조적인 문제만 탓하기에는 국내외 환경이 너무 급박하게 돌아가고 있다. 따라서 더 이상 머뭇거릴 겨를이 없다. 그리고 제도나 조직, 환경, 문화 등 구조적인 문제를 고쳐 나가는 것이 혁신의 본질인 만큼 먼저 공직자의 의식혁신이 가장 절실히 요구된다 하겠다.

앞으로 공직자들은 신뢰받는 공직자, 경쟁력 있는 공직자, 사랑받는 공직자로 거듭나서 공직자로서의 능력과 자긍심과 명예를 회복해야 한다. 이것은 얼마 전 노무현 대통령이 말한 〈친절은 하되 자존심을 지키자〉 라는 말과 일맥상통한다. 과거의 타성과 관행과 무사안일에서 과감히 벗어나 21세기 유비쿼터스 시대에 걸맞은 일류화 된 공직자로 거듭나야 한다.

공직자에 대한 국민의 애정과 신뢰는 저절로 주어지지 않는다. 모든 공직자 개개인이 각자의 위치에서 받은 바 소임을 묵묵히 성실하게 수행해 나가면서 중단 없는 자기혁신의 과정을 몸과 행동과 정성으로 보여줄 때 가능한 것이다.

국민들에게 외면당하지 않는 자기혁신

자기혁신은 자신의 생존에너지이다. 자기혁신은 자신의 재충전이다. 자기혁신은 자기재창조이다. 자기혁신은 자신을 스스로 Up-grade 시키는 것이다.

역사를 통하여 공직자들이 선도하고 솔선수범하지 않은 수많은 개혁은 결국 실패했다. 반면에 공직자들의 애정 어린 열정과 피나는 노력이 깃들인 혁신은 반드시 성공했다. 따라서 공직자들이 혜안과 열망을 가지고, 만약 이것이 없다면 학습하고 발굴하고 고민하여 국내외의 어려움을 슬기롭게 극복해 나가지 않으면 소득 2만불 시대, 동북아 중심 국가는 고사하고 현재의 수준도 유지하기 어렵게 될 것이다.

행정이라는 것은 어떻게 보면 참으로 단순하다. 국민을 행복하게 해주고 국민들 돈을 적게 쓰는 것이 바로 행정이념이다. 사실 행정만큼 낭비적인 분야도 없을 것이다. 어떻게 보면 인간사회에서 필요 없는 부분이 행정일지도 모른다.

국민들 스스로 자기 돈으로 원만하게 사회를 잘 꾸려 나가면 사실 정부나 공무원 조직은 필요 없다. 그러나 현실적으로 그렇지 못하기 때문에 법과 규정을 만들고 조직도 만들고 공무원도 뽑아 대신 일을 시키는 것이다.

그렇기 때문에 모든 공직자들을 국민들을 안전하고 편리하고 행복하게 해 주어야 한다. 공무원은 그 일을 하고 대가로 월급을 받는 것이다. 따라서 국민들에게 안전하고 편리하고 행복하도록 봉사하면서, 동시에 국민들 돈을 적게 써야하는 것이다. 이것이 행정의 효율성이다. 그런데 그 반대로 국민들을 안전하고 편리하고 행복하게 해 주지도 못하면서 돈만 많이 쓰고 낭비한다면 어떻게 되겠는가? 당연히 국민들로부터 외면당하거나 쫓겨날 것이다.

따라서 기업이나 국민들이 국제 경쟁에서 이기기 위해 몸을 던지고 있는데, 공직자들만 계속 머뭇거리면서 앞서가는 국민이나 기업들의 발목이나 잡으려고 해서는 안 된다는 지적이 나오고 있는 것이다.

이와 관련, 일반 국민들의 공직 사회를 바라보는 시각 중에는 〈당신네들이 도와준다고 나서지 않아도 좋으니 제발 나서서 훼방이나 놓지 말라〉 라는 비아냥거림이 만만치 않은 것도 숨김없는 사실이다. 이러한 측면에서 볼 때, 이제는 누가 시키지 않아도 공직자 스스로 국민들로부터 더 이상 외면당하지 않기 위해서도 자발적으로 자기혁신에 모든 노력을 아끼지 말아야 할 것이다.

2. 어떻게 변할 것인가?

공복(公僕)은 국민의 번거로운 일을 도맡아 하는 종

혁신이 성공되기 위해서는 공직자들의 의식이 먼저 혁신되어야 한다. 그러나 의식혁신이란 매우 포괄적이고 광범위한 개념이 아닐 수 없다. 따라서 의식혁신이란 쉬운 문제가 아니며, 하루아침에 실효를 거둘 수 있는 것도 아니다.

그러나 지금부터라도 조금씩 바꾸어 나가지 않으면 안 된다. 즉 공직자들이 의식을 혁신하지 않고서는 공무원 개개인은 물론 우리나라 전체의 진정한 발전이나 성장을 기대하기 어렵다.

공직자의 의식혁신은 쉽게 말해 국민의 진정한 공복(公僕)으로 거듭나자는 것으로 요약할 수 있다. 복(僕)은 남의 번거로운 일을 대신해 주는 사람을 의미한다. 따라서 공복(公僕)은 국민의 번거로운 일을 대신하여 처리해 주는 종이다. 공직자의 혁신은 이러한 공복의 마인드 없이는 불가능하다.

따라서 이러한 명제에 어긋나는 것은 과감히 고치고, 잘하고 있는 것은 더욱 확산시키자는 것이 공직자 의식혁신의 첫걸음이라고 하겠다. 공직자 의식혁신의 대상과 범위는 직급별·분야별·조직별로 다양하다. 그러나 경영혁신과 의식혁신에 앞서가고 있는 선진국들의 경우를 살펴보면 처음에는 주변의 쉬운 것에서부터 혁신의 과제를 찾아 개선해 나가고 있음을 알 수 있다.

그리고 이러한 의식혁신은 제도와 환경과 문화의 혁신이 뒤따르거나 병행되어야만 소기의 성과를 거둘 수 있다. 또한 의식혁신은 선진국의 경우처럼 제도와 환경을 개선하고 개개인의 의식도 혁신하여 사회 전체의 시스템을 효율적으로 바꾸는 것이 바로 혁신의 요체라고 말할 수 있다. 따라서 혁신은 질서정연하고 효율적인 것을 의미한다.

혁신을 추진하기 위한 다양한 기법과 Tool이 있다. 적절한 기법과 Tool은 효율성을 더해 준다. 경영혁신의 기법과 Tool에는 ① Downsizing ② Business Reengineering ③ Virtual Organization ④ Benchmarking ⑤ Restructuring ⑥ 카이젠 ⑦ 상생경영 ⑧ 공격적 경영 ⑨ 세계화 경영 ⑩ Outsourcing ⑪ 전략적 제휴 ⑫ 전환경영 ⑬ 스피드 경영 ⑭ 전사적 품질경영(TQM) ⑮ 가치공학 등이 많이 활용되고 있다.

이 밖에도 Zero Base, 6시그마 운동, 고객 만족경영(CSM), 동시공학(CE), 기업이미지 통합(CI), 비전수립(VM), 시나리오 경영(SM) 新인사제도(NPS), 워크아웃미팅(WOM), 학습조직(LO), 3D's, 거울 테스트, 아이디어 수용도 분석, 혁신비전 형성(SAV), 장벽 제거하기, 프로세스 분석, TPC(기술·정책·문화) 분석, Brain Writing 기법, 액자안/액자밖 기법, 치환(Tradeoff) 기법, 혁신을 위한 체크리스트 기법, 영향력 분석 기법, 의사결정간 연계도(RG) 분석, 조직 네트워크 분석, 진척상황표 분석, 브레인 스토밍 등 수없이 많이 활용되고 있다.

그러나 여기에 매몰되어서는 안 된다. 왜냐하면 결국 혁신은 사람이 하는 일이기 때문이다. 따라서 혁신은 의식이 가장 중요하다. 혁신하려는 의지가 가장 중요하다. 제도와 문화와 환경의 문제는 일거에 개선하기 어렵다는 점에서 가장 먼저

실천 가능한 의식혁신 과제를 발굴해 추진하는 한편, 제도와 환경을 개선하는 노력을 병행해 나아가야 할 것이다.

혁신은 윗물에 달렸다

지구촌의 모든 국가는 세계화의 무한경쟁에서 살아남기 위한 생존 전략으로서 정부혁신운동을 강력하게 추진하고 있다. 이러한 추세에 앞서 가기 위해 정부는 정부혁신과 부정부패 척결을 국정과제의 최대 현안으로 꼽았다. 여기서 노 대통령의 혁신과 반부패 의지는 확고해 보이는 것 같다.

따라서 정부혁신에는 장관들의 혁신 마인드가 중요하다. 장관들이 혁신 주체가 되어 혁신의 이념을 강력하게 추진할 때만이 소속 공무원들은 따라오게 마련이다. 그러나 장관들을 비롯한 정무직들은 별로 문제가 되지 않는다. 혁신 마인드가 보이지 않으면 갈아 치우면 되는 것이다. 대통령과 혁신 코드가 맞는 장관을 임명하면 문제는 바로 해결될 수 있다.

그러나 항상 행정조직의 간부들이 문제다. 길게는 10년 이상 실·국장 자리에 머물면서 자주 바뀌는 장·차관·청장들의 눈치만 보면서 승진의 기회만 노린다. 그들은 변화를 외치면서 내면으로는 가장 변화를 싫어한다. 혁신하려는 마음을 가지려 하지 않는다. 마음먹고 잘 혁신하면 그 공로는 장·차관·청장들이 차지하기 때문에 적당히 있으려고만 하는 속성을 가지게 된다. 장·차관·청장들은 얼마 있지 않으면 자리를 뜨기 때문이다.

만약 실·국장들이 쓸모없는 일을 시키거나, 내용은 부실하여도 모양 좋은 보고서를 요구하거나, 중요하지 않은 내용을 수십 번 고치다가 원래 상태로 돌아오거나, 쓸데없는 자료 모아다가 책 만들어 자랑하거나, 국회의원이나 기자들에게 아부하거나, 윗선의 눈치만 살피거나, 일은 않고 생색내는 일에만 앞장서거나, 개인 용무에 법인 카드 남발하거나, 술밥 사주는 직원에게 높은 근무평정을 주거나, 공직을 개인 것인 양 거들먹거리거나, 지위를 이용하여 오만하거나 한다면 그 조직의 혁신은 이미 물 건너갔다. 어느 공무원들이 이러한 간부의 혁신에 귀를 기울이겠는가?

사실 공무원들은 너무 순진하다. 그래도 법과 공복에 충실하고 공익을 먼저 생각하려고 한다. 그런데 항상 고위직이 문제다. 고위직만 공복에 충실하고 혁신의지만 투철하다면 모든 공무원들은 따라온다. 저절로 혁신에 동참하려고 한다. 혁신에는 다소의 시행착오가 불가피하고 실패도 있을 수 있다. 하지만 정부혁신의 성공요인을 분석해 보면 다음과 같이 몇 가지로 요약해 볼 수 있을 것이다.

첫째, 혁신에 대한 장·차관·청장들의 확고한 혁신철학과 비전 제시를 들 수 있다. 정부조직은 규모가 크고 관료조직화가 되고 어느 정도 비능률이 발생하기 마련이다. 따라서 정부혁신을 성공하기 위해서는 이러한 조직을 혁신시킬 수 있는 장·차관·청장들의 행정철학이 필수적이며 미래를 내다보는 비전이 확고해야 할 것이다.

둘째, 장·차관·청장들의 솔선수범이다. 창의적이고 자발적인 조직은 다양화와 민주화를 추구한다. 혁신은 이러한 조직문화에서 발전한다. 그런데 이러한 조직에서 고위층의 하향식·억압적 지시는 조직원들의 공감을 확보할 수 없다. 어떤 조직이든지 조직원들의 자발적 참여 없는 혁신은 성공하기 어렵다. 조직 구성원들의 공감과 자발성을 이끌어내기 위해서는 최고관리자의 자기희생적 솔선수범이 선행되어야 한다.

셋째, 혁신추진 주도그룹의 신념과 추진력이다. 장관·차관·청장들이 아무리 혁신하려고 해도 조직원들이 따라주지 않으면 공염불이 된다. 따라서 대통령의 혁신이념을 체계화시키면서 앞장서는 신념에 찬 주도그룹의 강력한 추진력이 있어야 하는 것이다.

넷째, 인간위주의 혁신, 신뢰의 혁신을 바탕으로 조직 구성원 모두의 주인의식을 키워 나아가야 한다. 장관·차관·청장들과 공직자 모두가 서로의 벽을 허물고 믿음을 통해 주인의식을 가지게 함으로써 조직의 혁신에 성공할 수 있을 것이다.

다섯째, 혁신에는 경영마인드와 환류(Feed-back)의 도입이 중요하다. 공직자들이 열심히 혁신하여 달성한 성과의 상당부분을 급여인상, 인센티브 지급, 복지 확충 등의 형식으로 조직원들에게 돌려주어야 한다. 공직자들은 열심히 혁신한 만큼 대가가 돌아온다는 믿음이 있기 때문에 혁신 추진에 자발적·적극적으로 참여하게 되는 것이다.

결론적으로 언제나 변화와 혁신은 거창한 구호나 다짐만으로는 성과를 기대할 수 없다. 바로 행동으로 실천해야 한다. 개개인의 측면에서 보면 어느 정도는 스스로 자신의 타성과 관행과 비능률이 있다는 것을 안다. 다만 실천으로 연결시키지 못하는 분야가 많은 것이다. 그러나 거대한 관료조직에서는 막연히 개혁, 혁신하면서도 구체적으로 무엇을 어떻게 혁신해 나가야 할지를 몰라 허둥대거나 시행착오를 거치는 경우는 많다.

혁신 분위기와 조직문화의 접목

혁신을 추진하기 위해서는 조직 구성원의 공감대와 자발성이 절대적으로 필요하다. 그러면 혁신 과제를 어떻게 추출하고 직원들의 참여를 어떻게 이끌어 낼 것인가? 하는 것이 중요한 문제가 된다.

어떤 조직이든지 여러 사람들이 모여 공동의 목표를 추구하는 조직은 그 조직 고유의 문화나 풍토가 있다. 따라서 공직사회가 혁신을 하기 위해서는 리더와 고위층은 바로 해당기관의 문화를 현실적으로 파악하고 거기에맞는 혁신 방안을 도입하되 혁신 분위기가 조직문화와 접목될 수 있어야 한다. 여기서도 리더의 솔선수범은 가장 중요한 핵심이다.

주체그룹 5%가 혁신의 성패 좌우

의식혁신운동의 성공을 위해 모든 전문가들이 공통적으로 주장하는 것이 있다. 바로 《① 변화는 위로부터 ② 변화는 나부터 ③ 쉬운 것부터 철저히 ④ 변화는 자신과의 약속(자율) ⑤ 자신을 정확히 아는 것부터》라는 다섯 가지이다. 한편 변화는 5%가 좌우한다는 말이 있다. 어느 조직이나 변화를 주도하는 5%의 혁신그룹, 5%의 반대그룹이 있으며, 90%는 대세에 따르기 마련이라고 한다.

따라서 5%의 혁신 주도그룹이 반대그룹을 압도할 수 있다면 혁신은 성공할 것이고, 반대 세력이 우세하면 실패할 것이다. 그러므로 의식혁신의 전략도 혁신 주도그룹을 먼저 만들고 이를 키워 가는 별도의 추진 전략과 체계가 적절히 구사되어야 할 것이다.

3. 어떤 방향으로 변할 것인가?

정부재창조(Reinventing Government)를 선도하는 공복 (公僕)

앞으로의 정부는 새로운 시대를 대변하는 각종 혁신적 조치들에서 나타난 고객지향 및 결과중심주의, 현장중심주의 등 기업과 행정의 혁신을 위한 새로운 개념들을 재창조하여야 할 것이다.

앞으로의 정부는 ① 촉매역할을 하는 정부(공공서비스 제공자에서 유도자의 역할로 전환) ② 지역공동체가 소유하는 균형 잡힌 정부(주민에 대한 봉사대신 주민의 참여를 적극 유도) ③ 경쟁적 정부(공공서비스 수행에 경쟁을 도입) ④ 임무에 따라 움직이는 정부(규정에 안주하는 조직의 일대 혁신) ⑤ 결과 지향적인 정부(예산 소요대신 업무의 성과에 따라 예산을 배정) ⑥ 수요자가 움직이는 정부(정부관리의 필요 대신 고객의 필요를 충족) ⑦ 사업성에 입각한 정부(소비보다는 이익실현에 중점)여야 한다는 것이다.

이상의 주요 내용은 정부기능, 특히 공공서비스 제공부문에 있어서는 기업가적 정신을 도입하자는 것이다. 그래서 제도·절차의 개선을 통하여 행정능률을 향상시켜야 하며, 참여 및 규제완화 등 〈참여정부〉가 추진하는 각종 정부혁신과 관련된 정책들이다.

혁신의지는 공직자의 자기평가

공직자는 두 가지 중요한 기대에 직면하게 된다. 하나는 직업공무원으로서 스스로 설정한 근무실적, 근무태도, 그리고 자신의 가치관을 충족시켜야 한다는 내면으로부터의 기대이며, 다른 하나는 자신이 근무하는 기관, 정책 그리고 국민 등 외부로부터 주어진 기대이다. 이러한 기대는 시간과 장소에 따라 다양하게 나타나며, 때로는 두 기대 간에 고통스러운 갈등이 야기되기도 한다.

현대사회에서 공직자에 기대되는 역할은 더욱 다양해지고 있으며, 그 결과 두 기대를 모두 충족시키는 데에는 더 큰 어려움과 복잡함이 따른다. 과거에는 국민에게 봉사할 행정기관을 만들고 정책을 결정하는 것이 공평무사하게 어느 정도는 기계적으로 이루어질 것으로 가정하였다. 그러다 보니 공무원의 행동에 대한 반성적 자기 책임이 그리 중요하지 않았는지도 모른다. 바로 이러한 경향이 공무원 개인의 가치기준이나 직업의식을 고양시키는 데 커다란 장애로서 작용하고 있었던 것이다.

현대 행정에서 공무원이 직면하는 또 하나의 도전은 법적 요구와 일상의 실무에서 직면하는 현실적 요구를 조화시키는 일이다. 사람과 돈이 개입된 대민접촉에서 나타나는 공무원의 딜레마 상황은 갈수록 증가하고 있다. 이러한 접촉은 필연적으로 자유재량을 요구하고 있으며, 공무원의 윤리기준은 물론 행정실적에도 영향을 미치게 되는 것이다.

과연 공무원이 자신의 직무에서 요구되는 상반된 이중성에 어떻게 대응할 것인가에 상당한 어려움이 따른다. 이것이야 말로 공무원에게는 커다란 도전이며, 결코 주먹구구식으로 적당히 해결책을 찾을 수 있는 것이 아니다.

모든 공무원은 일생을 공직생활을 통하여 언젠가는 주어진 임무의 달성과자신의 윤리기준을 적용시키는 과정에서 딜레마에 봉착하게 될 것이다. 더구나 그것은 궁극적으로 스스로 해결해야만 할 문제이다. 비록 어떤 행동은 하고 어떤 행동은 하지 말라는 긴 check list를 만들 수 있을지는 몰라도, 결국에는 그러한 기준을 적용하는 책임은 공무원 자신에게 돌아가게 되는 것이다.

이러한 행정행위의 본질을 생각할 때, 이 문제를 해결하는 데 가장 효과적인 방법 중의 하나가 진지한 〈자기평가〉를 해보는 것이라고 믿어진다. 정부혁신은 바로 이러한 자기평가에서 출발한다.

자기평가 과정은 다음 두 가지 측면에서 분석이 가능할 것이다. 첫째는 개인행동의 윤리적 측면을 고려하는 것이고, 둘째는 특정정책에 본질적으로 내포되어 있는 윤리적 쟁점을 검토하는 것이다.

따라서 전문직 규범 및 윤리적 측면에서 공직자가 유념하여야 할 사항 중 규범으로는 ① 법치행정 ② 행정책임 ③ 헌신 ④ 대응능력 ⑤ 지식과 기술 ⑥ 능력개발 ⑦ 정치적 중립 ⑧ 이해갈등 ⑨ 내부고발 ⑩ 정보공개와 행정비밀 등이 있으며, 공직자의 직업윤리로는 ① 평등 ② 형평 ③ 충성 ④ 책임 등이 있을 것이다.

우리는 1960년대 이후 정부주도의 압축된 산업화정책이 성공하여 후발 산업국가의 선두주자로 자리매김을 하게 되었고, 세계시장의 무역규모면에서 세계 10위권 내외의 위치로 올라섰다. 1960년대 이래 정부주도하에 이루어진 이러한 지속적인 경제성장과 세계시장에서 차지하는 무역규모의 증대는 권위주의 정부로 표상되는 강성국가체제가 자본주의 시장경제체제와 어떤 긍정적 또는 부정적 공과를 낳게 되었는가에 수반된 공직자의 자질 및 자세와 윤리적 측면이 다방면으로 검토되기에 이르렀고, 또한 학문적인 관심의 대상이 되기도 하였다

또 한편으로는 1980년대부터 진행된 국내외적인 정치경제 환경의 변

화에 따라 산업화 과정에서 주도적인 역할을 수행해 왔던 정부와 공직자의 자세와 역할에 대한 비판적인 논의가 일기 시작하였다. 1960년대 이래 추진된 정부주도의 수출 지향적 산업화 과정에서 경제개발에 관련된 개발사업의 선정, 배분, 집행은 물론 그와 관련된 모든 부차적 지원과 규제 등에서 정부와 공직자의 적극적 개입이 미치지 않는 곳이 없을 정도였다.

그러나 국내적으로는 재벌기업을 중심으로 한 민간부문 경제의 급격한 성장과 정치적 민주화, 그리고 국제적으로는 영국의 대처정권의 등장과 함께 시작된 정부의 역할 축소와 시장경제의 중요시 현상이 세계 주요 국가들에게 파급됨으로써, 그 동안 과대 성장해온 우리나라의 정부부문과 공무원의 역할과 규모에 대해 비판적 논의가 일기 시작하였다

또한 정부 내에서도 정부와 공무원의 지나친 권력팽창이 지속적인 경제발전에 장애가 되고 실질적인 복지사회 실현을 위해서는 오히려 작은 정부가 필요하다는 선진국의 경험을 수용해 정부는 작은 정부를 지향하려는 시도가 여러번 추진되었다.

그러나 여전히 21세기의 바람직한 정부상은 신뢰받는 정부, 깨끗하고 투명한 정부, 전문능력과 능력배양이 가능한 정부, 사회통합을 이룩하는 정부, 사실을 정확하게 파악 · 전달하는 정부이다.

그리고 21세기의 바람직한 공직자상은 능력 있는 공직자, 깨끗하고 정직한 공직자, 책임지는 공직자, 개방적 사고의 공직자, 소관원리가 아닌 목적원리를 지향하는 공직자 등이다.

따라서 이러한 공직자들이 혁신적 마인드로 공복으로서의 임무에 충실할 때, 바로 21세기 세계화의 거센 국제조류에서도 경쟁력 있는 거뜬한 정부가 될 것이며, 이러한 정부를 만들어가서 운용해야 대한민국은 웅비할 것이다.

호치민의 교훈

베트남의 지도자 호치민(1890~1969)은 혁명의 시대였던 지난 세기에 가장 소박하고 지혜로운 혁명가이자 공직자로 꼽힌 사람이다. 그는 2차대전 종전 뒤에도 인도차이나를 식민지로 지배하려고 한 프랑스 제국주의에 맞서 9년간의 항전을 이끌었다. 그리고 1966년 미국의 침략에 맞서 10년 전쟁을 승리로 이끌었다.

그를 생각하면 오만한 제국주의에 맞서 정면으로 투쟁하다가 간, 강인한 의지의 인간이 먼저 떠오른다. 그리고 패기 넘치는 젊은이가 포부를 키워가는 과정도 그려진다. 그러나 한 나라의 최고 지도자가 된 뒤에도 〈호 아저씨〉라 불릴 정도로 검소한 옷차림과 소박한 말투와 따뜻한 미소를 잃지 않았을 뿐 아니라, 지나친 낙관론이나 성급한 태도를 경계한 의지와 청빈과 열정과 겸손과 조국애의 순박한 촌로(村老)의 모습이 먼저 떠오르는 것은 무슨 연유일까? 또한 예측할 수 있는 모든 상황을 신중히 검토하고 대비하였던 〈현자〉의 한 사람의 모습도 떠오른다.

1890년 반프랑스 저항운동의 핵심지역인 응에안 성 킴리엔 마을에서 태어난 응우옌신쿵(호의 어릴 때 이름)은 프랑스식 국립학교에 재학 중

이던 18세 때, 조세 반대 시위에 가담해 퇴학당함으로써 기나긴 항쟁의 삶을 시작한다. 프랑스어로 〈자유〉·〈평등〉·〈우애〉란 말을 듣고 가슴이 설렌 청년은 〈그 말이 내포하고 있는 의미가 무엇인지 알기 위해〉 여객선 주방 보조로 일하며 프랑스로 건너갔다.

1911년부터 호는 2년 동안 유럽 · 아시아 · 아프리카 · 남아메리카 등 세계 곳곳을 여행하였다. 그는 전형적으로 〈경험 대학〉을 나온 혁명가였다. 〈나는 대학에서 공부를 하는 행운을 누리지 못했습니다. 그러나 삶은 나에게 역사 · 사회과학 · 심지어 군사과학을 공부할 기회를 주었습니다. 무엇을 사랑할 것인가? 무엇을 경멸할 것인가? 우리 베트남인에겐 독립 · 노동 · 조국애가 필요합니다〉라고 그는 역설하였다.

〈민족주의자의 의자와 국제주의자의 의자 어느 곳에 앉겠느냐?〉라는 스탈린의 질문에 〈두 곳에 함께 앉겠다〉라고 대답한 지혜로운 혁명가 호치민은, 평생 공자를 존경했고, 정약용의 「목민심서」를 애독했으며, 유언장엔 〈마르크스와 레닌 등 존경하는 혁명가들을 만나러 갈 것〉이라고 적은 복합적인 인물이었다. 따라서 그는 진정한 민족주의자이면서도 오만을 경계한 소박한 지도자이자 국민에게 진정으로 사랑받은 공직자였다.

목민관의 규범과 예절

조선왕조 후기의 대 실학자였던 다산 정약용(丁若鏞)선생은 그의 저서인 「목민심서(牧民心書)」에서 주로 지방의 행정을 담당하는 수령을 목민관이라 규정하고, 그들이 공직자로서 반드시 명심하여 실행하여야 할 규범과 예절에 관하여 고금동서의 어떤 학자도 능가할 수 없는 불후의 명언을 남겼다. 고금의 시차가 있어 사람들의 관념이 변화하고 정치나 행정의 이념과 방법이 달라졌지만 다산 선생이 언급한 공직자의 규범과 예절과 윤리

는 변치 않고 더욱 더 그 보편적 가치와 의미를 되새기게 하는 것이다.

다산 선생은 관리들에게 백성의 공복으로서 마땅히 민본(民本)·애민(愛民)의 정신으로 공무를 수행하여야 하며, 항상 청렴하며 자신이 하는 일이 나라를 부강하게 하고 국민의 생활을 편안하고 부유케 하도록 힘써야 함을 강조 하였던 것이다. 다산이 말한 공직자의 공무수행 예절과 윤리에 관한 총 72조, 400여 항목에 걸치는 방대한 내용 중, 특히 교훈적인 의미를 함축하는 12가지를 압축하여 소개하면 다음과 같다.

첫째, 〈율기(律己)〉: 공직자는 절도 있게 행동하고 의복은 단정하게 입으며, 백성을 장중하게 대하고, 틈 있는 대로 정신을 가다듬어 백성을 편안하게 하는 방책을 생각하는 일에 정성을 다하여야 한다.

둘째, 〈율기·청심(淸心)〉: 공직자가 청렴한 생활을 하는 것은 그 본무(本務)이다. 그것은 모든 선행(善行)의 원천이며 모든 덕행의 근본이니 그것이 없이는 절대로 공직자가 될 수 없다.

셋째, 〈절용(節用)〉: 공직자는 자애로워야 한다. 그러자면 반드시 청렴해야 하고 청렴하기 위해서는 절약하여야 한다.

넷째, 〈수법(守法)〉: 법이란 나라의 명령이니 잘 지켜야 한다.

다섯째, 〈예제(禮際)〉: 공직자는 상사나 부하를 대할 때 예를 극진히 갖추어야 한다. 그러나 예는 또한 신중하게 행하여야 한다. 공손한 행동도 예에 알맞아야 치욕을 면한다.

여섯째, 〈양로(養老)·자유(慈幼)〉: 공직자는 노인을 공경하고 잘 돌보아야 하며 어린이들에게 자애롭게 하여야 한다. 그러한 일은 예법에 따라야 한다.

일곱째, 〈진궁(振窮)〉: 홀아비, 과부, 고아, 외톨이 등은 남의 도움을 받지 않으면 스스로 살 수 없으니 이들을 잘 돌보아야 한다.

여덟째, 〈구재(救災)〉: 수재나 화재와 같은 재난을 당한 백성을 잘 구제하여야 한다.

아홉째, 〈속리(束吏)〉: 공직자가 자기의 부하직
원을 단속하는 근본은 자신에게 달려 있다. 자신이
바르면 명령하지 않아도 되고 자신이 바르지 못하
면 명령해도 소용이 없다. 예법을 바로 세우고 은
혜로서 대한 연후에 법으로 단속하여야 한다.

열째, 〈어중(馭衆)〉: 공직자가 대중을 통솔하려면 위엄과 신의가 있
어야 한다. 위엄은 청렴한데서 생기고 신의는 충성에서 나온다.

열한째, 〈찰물(察物)〉: 지위가 높은 공직자는 홀로 고립되어 있다. 주
위에는 그를 속이는 자들이 많다. 그러므로 살필 수 있도록 눈을 뜨고
사방의 여론을 들을 수 있도록 노력하여야 한다.

열두째, 〈체대(遞代)〉: 벼슬이란 반드시 바뀌는 법이다. 바뀌어도 놀
라지 않고 아쉬워하지 않으면 백성들은 그를 존경 할 것이다. 문서정리
도 평소처럼 하다가 해임발령에 맞추어 떠나갈 수 있어야 한다. 문서 장
부를 청렴하고 명백하게 마감하여 후환이 없도록 함이 공직자의 행동인
것이다.

이상에서 살펴 본 바와 같이 조선 후기의 공직자 규범과 윤리의식도
지금과 별 차이가 없다. 정약용은 공직자의 품위유지, 능력배양, 친절,
청렴, 성실과 책임, 법치행정, 상명하복, 내부고발, 인간적 조직관리, 사
회복지 차원의 노약자·아동·장애인 등 사회취약계층 우선 배려, 재
난·재해관리, 열린 의식 견지, 공직 사유화 경계 및 업무방치 엄단 등
현재의 공직자의 규범과 윤리의식 모두를 지적하고 있는 것이다. 바로
공직자의 혁신과 변화의 바람직한 방향이다.

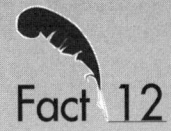

12. 예지의 FACT

혁신은 역사의 준비

12. 혁신은 역사의 준비

『나의 성품은 어렵고도 오똑하며 성기고도 거칠어서 권모없고 술수도 모르는데다 아첨까지도 할 줄 모른다네. 하나라도 마음에 맞지 않으면 잠시도 참지를 못해 남 칭찬하는 이야기가 나오면 입이 벌써 더듬거려진다네. 권세 있는 집 대문에 발이 이르면 발꿈치가 일찌감치 쑤셔대고 높은 이들에게 절하려면 몸이 마치 기둥처럼 뻣뻣해 진다네』

- 허균 -

역사에 도전한 혁신인 허균

가까운 역사인 조선시대를 걸쳐 두 명의 위대한 혁신의 실천가가 있었다. 바로 삼봉 정도전과 교산 허균이다. 두 사람 모두 사회모순을 해결하고 이를 실천하기 위하여 새로운 각종 제도의 개혁과 정비를 통해 사회의 기틀을 다지고자 했다.

이들의 공통점은 백성이 주인임을 항상 명심하고 정치와 제도는 백성을 위해서 존재해야 한다는 신념을 가지고 있었다. 그리고 그것을 학문의 수준에 머물지 않고 몸소 실천하려고 몸부림쳤으며 끊임없이 노력했다. 또한 두 사람 모두 탁월한 천재성을 가지고 있었다.

그러나 삼봉 정도전은 서얼 출신으로 집안은 본래 매우 한미(寒微)했다. 조모는 사비의 딸이었고 어머니와 아내 또한 서얼 소생이었다. 모계(母系)와 처계(妻系)에 천인(賤人)의 피를 받은 까닭에 당시 온갖 멸시를 받았으며, 1362년(공민왕 11) 문과(文科)에 급제하여 환로에 나아간 뒤에도 이 때문에 많은 탄핵을 받았다

그래서 그는 항상 권력에 접근했으며, 그 권력으로 자신의 이상을 실천하려다가 그 권력에 의해 죽임을 당했다. 그의 탁월한 혁신 사상은 속성상 절대 권력은 절대적으로 부패한다는 아니, 이성계에 의한 절대 권력의 부여가 오히려 그에게 죽음을 가져오는 비극으로 승화되었다. 그러나 누가 뭐라 해도 그는 개국 과정과 그 후 개혁과정에 나타난 다재다능하고 박식하며 지나치게 뛰어난 군계일학적인 능력의 혁신적인 실천가였다.

반면에 교산 허균은 조선 중기 최대의 사대부 가문에서 태어나 왕과 세자의 총애를 받으며 성장했다. 그래서 그는 이미 권력을 가지고 있었다. 정도전이 권력을 창출하는 혁신가였다면, 허균은 있던 권력을 버리는 혁신가였다. 정도전은 사회에 권력을 공고히 하는 개혁을 추진하였다면, 허균은 불합리한 권력을 제거하는 개혁을 추진하였다.

그러나 이 두 사람의 말로는 너무나 똑같다. 모두가 반개혁 세력에 의해 처참하게 처형당했다. 이방원은 개혁의 장애인물인 정도전을 제거하고 나서 온갖 혐의를 씌워 그의 현란한 업적을 폄하시켰다. 시호는 물론 한 사람의 일생을 적어 알리는 행장이나 신도비, 묘비의 글조차 없앴으며, 오늘날까지도 그의 출생연도도 알려져 있지 않다. 허균도 그의 혁신 사상으로 인하여 능지처참을 당하고 조선이 망할 때까지도 복권되지 못

한 기피인물로 남아야 했다.

혁신을 추진하고자 하는 강
렬한 의지의 바탕에는 남들이
볼 줄 모르는 시대를 앞서 살
아가는 예지력이 필요하다.
그만큼 거기에는 엄청난 정신적 집중과 고난과 눈물의 자기희생과 불확
실성이 존재한다. 그렇기 때문에 여기서 시대를 앞서 살아간 허균의 혁
신에 대한 열정을 살펴보고자 한다.

다시 말하면 공직자의 혁신을 논하는 과정에서 허균의 사상을 조명해
보는 것은 우리가 앞으로 추진해 나가야 할 혁신에는 엄청난 준비와 노
력과 자기를 버릴 만큼의 열정이 있어야 성공할 수 있다는 것을 강조하
기 위해서이다.

허균(1569-1618)은 조선 중기 훌륭한 사대부 가문에서 성장하였고,
선조와 광해군의 극진한 총애를 받았으며, 삼당시인 〈조선 선조 때의 최경
창(崔慶昌)·백광훈(白光勳)·이달(李達) 3명 시인의 탁월함을 일컫는 말-필자 주〉
중 한사람인 이달에게서 시와 문학을 배웠다. 허난설헌〈조선 선조(宣祖) 때
최고의 여류시인-필자 주〉은 그의 누이였다.

조선 중엽 강릉에서 태어난 허균은 혼란한 시대에 잦은 국난과 외침,
파쟁에 시달리면서도 무능과 자체 내분으로 부패하여 무너져가는 나라
를 걱정하면서 새로운 이념을 제시하였다. 그리고 종교적인 측면에서도
유교사회 하에서 불교와 도교, 천주교 심지어 민속종교를 넘나드는 사
상의 자유로움을 지녔을 뿐 아니라, 오도된 권위와 사회적 질곡에 맞서
개혁과 저항의 혁신가로 평생을 보냈다.

그는 당시의 시대적 한계와 사상의 획일성에 반기를 들고 부패한 정치

와 잘못된 제도를 실천적으로 혁신하려 했으며, 백성이 나라의 근본이며 오직 두려워 할만한 자는 백성뿐이라고 갈파하여 왕조사회를 뒤흔들었다. 더 나아가 바른 정치를 이끌어나갈 호민(豪民)〈백성에는 항민(恒民)·원민(怨民)·호민이 있는데, 호민이 혁신을 일으킬 수 있다고 함 - 「호민론」〉에게 백성이 주인인 민생들의 힘을 보여줄 것을 권고하였다.

또한 미래지향적 이상국가의 실현을 현실정치를 통해 실천하기를 꿈꾸었다. 따라서 그를 선구자나 선각자라고 평하기보다는 실천가요, 행동가요, 혁신가라고 해도 지나치지 않을 것이다.

그의 이러한 시대를 앞서 간 정신과 백성을 사랑하는 위국애민(爲國愛民)의 철학으로 인하여 구태의연한 유교적 타성에 젖어 있던 조선에서는 왕조가 무너질 때까지도 유일하게 복권되지 못했으며, 모두가 언문이라고 천시하던 한글로 이상국가의 꿈을 그린 「홍길동전」을 남길 만큼 열린 사고의 소유자였다.

한마디로 그의 꿈은 평등사회, 개방사회, 국제사회의 열린 마음을 실천하려고 목숨을 바쳐 고민했으며, 그것을 몸소 행동으로 실천하다가 끝내 처형당했다. 그러나 개혁과 혁신의 정신은 오늘날에도 우리에게 많은 시사점을 던져 주고 있다. 그는 지금의 정부혁신의 이념을 이미 400년 전에 우리에게 그 방향을 제시했다고 해도 과언이 아닐 것이다.

결국 허균은 자신이 꿈꾸던 혁신적 사회를 실현하기 위해 자신의 사회개혁사상을 바탕으로, 서자 출신인 서양갑, 심우영 등과 실제로 역모(逆謀)를 꾸민 적도 있었으며, 그로 인해 그렇게 자신을 좋아했던 광해군에 의해서 처형당했다. 그의 역모는 당시로서는 왕권에 도전한 단순한 역모 사건이 아니라, 사실은 부조리한 사회 구조 개혁과 시대를 앞선 그의 혁신 사상을 실현하기 위한 최후의 몸부림이었다.

그는 일찍이 문과에 급제하여 자신의 가문과 학문과 왕의 총애를 바탕으로, 가만히 있었으면 정말 안락하고 행복한 삶을 영위할 수 있었을 것이다. 그러나 그는 자신이 꿈꾸었던 혁신적 사회를 위해 그가 가지고 있던 모든 평안과 부와 명예를 스스로 포기했다.

그는 불합리하고 타성에 젖은 유교 윤리와 예학(禮學)에 사로 잡혀 있던 당대 사대부들의 편협한 시각에서 벗어나 불교·도교·천주교 등 여러 사상을 수용했으며, 소외된 백성의 입장에서 유교 사회의 기본 가치관을 뒤흔드는 새로운 혁신사상을 주장했던 혁신적인 지식인이었다.

그러한 혁신적 마인드 때문에 시대를 거역했던 허균은 파란만장한 생애를 살다가 갔으며, 그로부터 상당 기간 시대와 역사로부터 외면당했다. 그러나 그는 국민을 사랑하는 민본주의와 주권재민 사상과 공직자의 겸손과 봉사정신과 자유 평등 사상을 이미 400년 전에 몸소 실천하려고 했던 진정한 시대를 앞서 간 실천적 지식인이자 혁신적인 지도자였다.

허균의 삶의 궤적은 임진왜란 이후 조선의 봉건체제가 흔들리고 당쟁이 격화되면서 유교사회의 이념과 질서가 동요되던 시대적인 상황에 맞추어 있었다. 그가 살다간 광해군 시절은 임진왜란을 치른 뒤 봉건체제가 뿌리부터 뒤흔들리면서 새로운 혁신의 필요성이 제기되던 시대였다.

따라서 허균은 당대 모순과 문제점을 꿰뚫어 보면서 이념적인 개혁의 방향을 제시했는데 그 내용은 민본사상과 국방정책, 신분계급의 타파, 인재등용과 붕당배척 이론 등으로 요약할 수 있다. 그는 ① 정론(政論) ② 병론(兵論) ③ 학론(學論) ④ 호민론(豪民論) ⑤ 유재론(遺才論) 등 주요 논설에서 자신의 핵심적인 혁신사상을 조명하고 있다. 특히 주목하는 부분은 「호민론」에서 찾아 볼 수 있는 그의 백성을 사랑하는 민본사상이다.

『천하에 두려워 할만한 자는 오직 백성뿐이다. 백성은 물이나 불, 범이나 표범보다도 더 두렵다. 그런데도 윗자리에 있는 자들은 백성들을 제멋대로 업신여기며 모질게 부려먹는다. 도대체 어째서 그러한가?』

또한「유재론」에서는 인재 등용의 불평등을 비판해 인간차별에 대한 국가와 사회의 모순된 제도를 부각시키고 있다.

『하늘이 재능 있는 사람을 내었는데, 사람이 이를 가문과 과거로 한정시키는 것은 옳지 않다』

그의 이러한 민본사상과 평등 및 인간 중시사상은 「홍길동전」에서 잘 나타나고 있다. 당시 그는 이단으로 지목되던 불교와 도교의 사상을 적극적으로 수용했는데, 불교를 믿는다는 이유로 사헌부의 탄핵을 받아 파직당하고서도 자기 신념을 굽히지 않았다.

그러나 그의 혁신사상과 체제를 개혁하려는 자유로운 삶에 대한 대가는 너무 비쌌다. 그는 매번 탄핵을 받아 궁지에 몰렸으며 급기야 1618년 8월 그의 심복이 남대문에 백성들을 선동하는 격문을 붙였다는 것이 드러나 잡혀 들어갔다. 광해군이 친히 허균의 심복들을 국문했고, 이이첨 등은 망설이는 광해군을 협박하여 허균의 처형을 서둘렀다.

결국 허균은 역적모의를 하였다 하여 동료들과 함께 저잣거리에서 능지처참(대역 죄인에게 내리던 극형, 머리·몸·손·팔다리를 토막 쳐서 죽임-필자

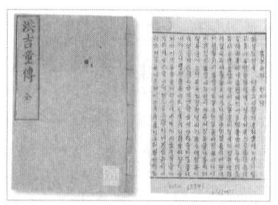

주)을 당했다. 따라서 파란만장했던 조선의 한 지식인을 통해 〈제도와 관행과 타성 속에서 인간은 얼마나 자유롭고 안락한가?〉를 생각해 볼 수 있는 역설을 만날 수 있다.

혁신은 시대를 앞서 살아가는 예지력

참여정부의 혁신은 이제 시작에 불과하다. 우리는 다시 뛰어야 하며 새로운 기적을 이루어내야 한다. 노 대통령의 변화와 혁신과 전진은 민족의 생존과 번영을 담보한 우리의 희망이며 도전이다. 그렇기 때문에 가장 빠른 시간 내에 가장 확실하게 가시화 되어야 할 것이다.

노 대통령은 국회연설을 통해 정부혁신과 부패척결을 강조했다. 따라서 정부혁신과 부정부패 척결을 달성하기 위해서는 정부로서 무엇인가 원천적인 대처 방안을 강구하여야 한다. 대통령의 혁신의지에 공직사회의 구체적 방안 제시가 미흡하거나 한 박자 늦은 굼뜬 대응은 혁신을 실패로 이끌 수 있다.

그러므로 공직사회는 혁신의 활성화를 비롯한 정부혁신에 대한 이념과 방향을 분명히 하고서 공직사회의 전반적인 분위기 진작을 위해 구체적인 실천 방안을 가지고 혁신에 매진해야 할 것이다.

현재 정부가 추진하고 있는 정부혁신의 목표와 비전과 기본구상은 이미 400년 전에 허균이 자신의 논설인 「관론」을 통해 주장했다. 어떻게 보면 혁신이란 효율성을 위하여 능력 있는 인재를 고루 등용해 쓰고 함부로 버리지 않는 것이라는 「유재론」의 주장이 가장 핵심적인 것인지도 모른다. 왜냐하면 혁신은 어차피 사람이 이끌어 가고 사람을 위해서 혁신을 추진하는 것이기 때문이다.

허균은 「호민론」에서 혁명을 강조했다. 〈천하에 두려워 할 것은 백성 뿐〉이라고 백성을 우습게 여기는 집권자들에게 경고를 보낸 이러한 국민을 사랑하고 존중하는 마음이야 말로 진정한 혁신적 마인드로 거듭날 수 있을 것이다. 여기서의 혁명은 정권을 탈취하거나 권력을 탐하는 것이 아니라 바로 국민과 국가를 위한 새로운 사회와 미래의 비전을 위하여 몸을 바쳐 열정을 쏟는 혁신적인 의식혁명을 말하는 것이다.

혁신은 언제나 깊은 학습이 필요하다. 허균은 여러 차례 중국을 드나들면서 수많은 책을 사들여 읽었다. 중국 지식인들과의 폭넓은 교유를 통해 국제적인 식견을 키웠다. 국제화에 관해 허균은 당시로선 가장 이상적인 인물이었다. 그래서 그러한 깊은 학문적 바탕으로 그는 관습과 타습에 젖은 유교사회에 마음을 머물지 않고 조선사회의 체제를 벗어난 새로운 삶의 방법을 혁신적으로 꿈꾸었던 것이다.

그러나 이러한 허균의 혁신은 반대세력의 방해로 끝났고, 그로 인해 조선말 개화사상은 근 300년이나 늦어졌다. 허균은 사대부였고 안정과 출세가 보장된 체제 안에서도 민생 중심의 혁신을 끝없이 시도했다. 그는 기득권을 가진 사대부들이 배제된 새로운 사회를 열망했던 것이다. 진정 시대를 앞서간 선각자였고 예지력이 충만한 혁신가였다.

혁신은 열린 마음과 개방적 포용의 사고를 가져야 한다. 따라서 허균은 먼저 당시의 소외 받는 자들에게 동정을 보였다. 특히 그는 후실의 아들이라 서자가 아니었음에도 불구하고 서자들과 가까이 지냈으며, 당시에 배척받았던 불교를 받들었다. 또한 사회 하층민과도 교분을 나누었다. 이는 당시로서는 하여간 기득권을 가졌던 사람으로서 그런 생각을 했던 것은 가히 혁명적이라 할만하다. 그래서 그는 반역자로서 사형을 당했고 조선왕조에서는 끝까지 복권이 되지 못하였다.

혁신은 국민을 위한 의식혁명

「정론(政論)」「관론(官論)」「병론(兵論)」「유재론(遺才論)」「후록론(厚祿論)」「소인론(小人論)」 등으로 이어지는 허균의 정치·사회 혁신사상은 우리가 흔히 말하는 사상론에서 오해하기 쉬운 것처럼, 전에 없었던 독창적이고 혁명적인 사상론은 아니었다. 그것은 전통적 왕정의 토대를 긍정하고 이를 튼튼히 할 방책을 논한 것이다. 바로 의식 혁명인 혁신을 주장한 것이다.

그의 주장은 「정론」에서는 제왕과 신하의 관계를 말하고, 「관론」에서는 관제와 관원을 줄일 것을 주장하며, 「병론」에서는 무사안일에 빠져 있는 군제의 현실에 비판을 쏟아 붓고 있다. 그러나 이 논설들은 결론적으로 하나같이 임금(리더)의 통치 능력과 책임을 강조했고, 이점은 「학론(學論)」에서부터 일관되어 있는 그의 지론이다. 이 점에서 그의 주장들은 누구나 흉내 내기 어려운 혁신적 정치·사회사상으로, 백성의 처지에서 정치와 사회를 바라보는 그의 민본사상과 이어져 있다.

「임금이 참으로 현명해서 公과 私를 판별한다면, 참과 거짓을 알아내기가 어려운 것은 아니다. 이미 공과 사를 판별하고 참과 거짓을 알아낸다면, 반드시 궁리·명도하는 사람들이 나와서 자기의 배운 바를 행하게 되고, 외양만 번지르르하게 꾸미는 자들은 감히 그들의 꾀를 쓰지 못하게 되어, 거짓은 말끔히 가시고 나라의 시비도 또한 이에 따라 정해진다. 그러기에 이런 모든 기틀은 임금 한 몸에 달려 있는 것이요, 이것 또한 마음을 바르게 갖는 것에 불과한 것이다」

- 學論 -

「그렇다면 어찌하면 옳다는 것인가. 그것은 백성을 잘 보살피고, 믿음으로 신하에게 직분을 맡기는 것이다. 이 두 가지를 끝까지 잘 실천하는 것은 지킬 때는 지키고〈집(執)〉, 끊을 때는 끊는 것〈단(斷)〉이다」

- 政論 -

「이제 우리나라는 정부기구가 몇 천 아문이나 되니, 중국의 5배가 되는 셈이다. 이러니 권한이 세분되고 녹(祿)의 낭비가 많은 것은 괴이할 것이 없다. 국가를 위하는 자는 당제(唐制)의 채택을 경계하고, 명나라의 관제를 본받는다면 바른 정치를 할 수 있다고 하겠다」

- 官論 -

「그러면 어떻게 하면 이런 폐단을 고칠 수 있는가? 고려 때의 병제를 채택한다면 군사는 강해질 수 있고, 장수를 잘 선택한다면 나라는 독립을 유지할 수가 있겠다 -〈중략〉- 이를 볼 것 같으면 병졸을 잘 다스리고 장수를 잘 거느려 나라를 강하게 하는 것은 궁극적으로 임금에게 달려 있는 것이다」

- 兵論 -

위의 글들에서 학론(學論)과 병론(兵論)에서는 직접 〈임금(리더)〉의 책임을 말하고 있고, 정론(政論)에서는 〈백성을 보살피고 신하에게 직분을 맡기는〉 사람이 임금임을 누구나 알 수 있는 문맥으로 표현했다. 그리고 관론(官論)의 글 가운데서도 〈나라의 기구를 줄이고 바른 정치를 할 수 있는〉 자는 바른 임금임에 틀림없다고 했다. 바로 요즘 말하는 정부재창조론의 주요 내용들이다.

허균은 「정론」에서 〈제왕의 위정(爲政)〉에는 반드시 훌륭한 재상의 도움이 있어 왔던 역사를 더듬고, 하·은·주 삼대를 본받아 빛나는 치적을 이룬 임금으로 세종과 선조를 들었다. 그리고 세종을 도운 황희와 허조며, 선조를 도운 이율곡과 유성룡의 보기를 들어 스스로의 주장을 뒷받침하는 방법을 삼았다.

황희와 허조는 유자(儒者)도 재신(材臣)도 아니었지만 세종임금의 신임이 두터워 임금이 빛나는 치적을 이루도록 힘을 다하여 보좌했다고 허균은 말했다. 그리고 만약 이런 군신 사이의 신의가 아니었다면, 후대 사람들은 황희와 허조가 두 왕조를 섬겼다고 지탄했을 것이며, 세종 때와 같은 치적도 있을 수 없었을 것이라고 평가했다.

　또한 그는 선조 임금이 위정에 밝았다고 전제하고, 보좌하는 많은 신하 가운데 이율곡을 특히 신임하고 유성룡에게 전적으로 일의 책임을 맡겼기 때문에, 왜란의 소용돌이 속에서 시세에 적절히 대처할 수 있었다고 평가했다. 유성룡은 이순신을 등용한 것 하나만으로도 중흥의 대기(大機)를 일으킨 사람이라 하고, 임진왜란이 일어나서야 이율곡의 수십 년 앞을 내다보는 선견지명에 놀랐다고 했다.

　이야말로 왕도론(王道論)이며, 오륜의 군신유의(君臣有義)를 재론한 것이다. 다만 임금의 능력과 책임을 백성 편에서 강조하는 데 그의 정치사상의 특색이 있었다고 할 수 있다. 다음으로 이어지는「유재론」「후록론」「소인론」은 벼슬아치를 선발하고 대우하는 정치·사회제도의 혼란상과 간신·소인들이 들끓는 흐트러진 사회상을 논파하고 있다.

　이 글들 속에서는 사회 병폐화한 과거제도와, 문벌의 뇌물과 붕당제도의 병폐를 논하고, 구체적으로 김안로, 윤원형, 유영경 들을 권신 소인배로 지목하여 비판하기도 했다. 여기서 지목한 김안로는 기묘사화(1519)를 일으켜 조광조 등 젊은 사림파의 선비들을 잡아 죽이고 득세하였던 권신으로, 세상에서는 허항·채무택과 함께 정유삼흉(丁酉三凶)으로 일컬어진 인물이었다.

　윤원형은 조선 명종 때의 권신으로 을사사화(1545)를 일으켜 사류들을 대량으로 죽이고 친 누님인 중종계비 문정왕후를 믿고 김안로와 세력을 다투며 20년 동안 살생의 권한을 휘두른 장본인이었다. 또한 유영

경은 소북파의 영수로 임진왜란 뒤에 영의정이 되어 세력을 떨치면서 왕세자였던 광해군을 물리치고 영창대군을 옹립하려다 실패하고, 그 죄를 대북파의 정인홍 등에 뒤집어 씌웠던 인물이었다.

특히 이 글들에서도 〈임금(리더)이 사정과 시비와 공사를 판별해서 살핀다면 저들 소인들이 어찌 감히 그 뜻을 피할 것인가〉라며, 임금을 지목하여 책임을 지웠다는데 주목할 바가 있다. 이 글들 가운데 가장 주목되며 그의 사상을 뚜렷이 한 글은 「유재론(遺才論)」이다.

이 글은 먼저 나라의 벼슬이 천직(天職)임을 전제하면서, 인재 등용의 요체를 능력주의와 공정한 선발에서 찾고 있다. 그는 조선조에 들어와 과거제도와 문벌의 병폐가 인재를 숨게 하는 원인이 되었다고 진단하고, 불공평한 인사에 〈원망을 품은 사내와 홀어미가 나라의 반〉을 차지하고도 사회의 불만을 없애기 어려운 현실사정을 안타까워하고 있다.

혁신의 열정은 소박한 열린 마음

그는 특히 비천한 집안의 출신이라고 하여 품성이 모자라는 것이 아니라고 강조하여 문벌제도를 비판하며, 옛날의 앞선 혁신가들은 인재를 초야에서 구하고 더러는 병졸이나 항복한 오랑캐의 장수 중에서 뽑았다는 보기를 들어 과거 등 인재선발제도를 문제 삼았다. 비천한 출신에서 어진 재사가 많이 났다는 것을 특히 강조하기 위해서 중국의 보기를 여럿 들었으며, 그는 하늘이 사람을 냈는데 사람 스스로 그를 버리는 것은 하늘을 거역하는 것이라고 했다. 〈하늘을 거역하고서도 하늘에 잘 될 것을 비는 것은 있을 수 없는 일〉이란 말이 이어지는 데서는, 이 〈유재〉의 결과가 하늘의 저주에 값한다는 강한 표현을 서슴지 않았다.

그는 결론적으로 하늘의 뜻을 받들어 행해야만 나라가 영속할 수 있다고 말했는데, 그가 이 글에서 거듭 쓰고 있는 이 〈하늘〉의 뜻이야 말로 후대 중인·서자들의 인간선언이라 할 「천기론(天機論)」의 맥락을 예고하는 언설이었다. 그는 특히 이 논설에서 〈미천한 집안에서 태어났다고 해서 품성이 모자라는 것이 아니다〉라고 하고, 또 〈어진 인재는 미천한 출신에서 많이 나와 등용되었다〉라고 상기시키면서, 서손(庶孫)과 개가해서 난 자식의 벼슬길을 막는 차별제도를 신랄하게 비판했다.

더구나 〈조선(我朝)에 들어와서는 인재등용의 길이 더욱 좁아졌다〉라고 하는 대목에서는, 조선 초 세조 때에 「경국대전」을 만들어 적서 차별을 영세불변의 제도로 만든 주자학의 명분론을 밑바닥에서 뒤흔드는 혁신적 사회사상을 바탕에 깔고 있었다.

〈일개 필부가 원한을 품어도 하늘이 감상하는 것인데, 하물며 원망을 품은 사내와 홀어미가 나라의 반을 차지한다〉는 대목에서는 〈원민〉과 〈호민〉을 말하는 「호민론(豪民論)」으로 이어질 터전을 예고하고 있다. 실제로 이런 불만은 종실의 서자 이몽학의 난(1604년경)〈1596년(선조 29) 이몽학이 불만에 찬 민심을 선동하여 충청도에서 일으킨 난-필자 주)과 1613년 박응서·서양갑·심우영 등 고관의 서자들로 모인 〈여강칠우〉의 심문사건과 관련하여 영창대군을 죽이는 계축옥사〈1613년(광해군 5) 사색당파(四色黨派) 중 하나인 대북파(大北派)에서 일으킨 옥사(獄事)-필자 주)로 이어졌고, 이런 사회적 불평등에 대한 항거의 제재는 허균의 사회소설 「홍길동전」의 주제로 형상화되었다. 그는 여기서 이 사회의 부조리에 대항하여 혁신을 감행토록 했던 것이다.

허균의 사회 혁신사상을 가장 잘 드러내 준 논설이 「호민론(豪民論)」이다. 〈호민론〉은 그의 민본사상을 집약한 글이다. 〈천하에 가장 두려운 것은 오직 민중뿐이다〉라고 이렇게 시작되는 「호민론」에서, 허균은 〈民〉

에는 항민(恒民)·원민(怨民)이 있다 하고, 〈천하에 가장 두려운 민중〉 가운데서도 〈호민〉은 참으로 무서운 존재라고 규정했다.

〈항민〉은 돌아가는 정세에 어둡고 법과 윗사람을 순순히 따르는 백성이어서 두려운 존재가 아니다. 또 〈원민〉은 피땀 흘려 모은 재산을 갈취당하고, 윗사람을 원망하는 백성이지만, 이 또한 별로 두려운 존재는 아니라고 했다. 〈호민〉이야말로 세상 되어 돌아가는 꼴을 보고 불만을 품고 세상을 뒤엎을 마음을 가진 자이며, 기회가 닥치면 소원을 풀어볼 계획을 가진 자여서 참으로 무서운 존재라 했다.

그러나 호민이 한 번 기회를 타고 분연히 일어나 논밭 둔덕에서라도 올라 크게 소리 지르면, 〈원민〉도 모여들고 〈항민〉 또한 따라서 호미와 쇠스랑을 들고 따라와 모두 두려운 존재가 될 수 있다는 것이 그의 「호민론」의 절정을 이룬다. 결국 이 민중들은 일어서서 무도한자들의 목을 베고도 남음이 있다는 것이다.

사회적 불만은 혁신으로 치유

그는 한(漢)나라의 황건적과 당나라 때 왕선지와 황소의 난을 보기로 들면서, 하늘이 관직자(공무원)를 세운 것은 백성을 부양하라고 한 것인데, 그 백성을 괴롭혀 자기 욕심만 채우려 하는 나라는 이런 호민의 봉기에 망하지 않을 수 없는 법이라고 했다. 그것은 모두가 민중을 너무 혹사하고 착취하여 제 배만 불리다가 호민들의 봉기를 만나게 된 보기라고 했다. 그리고 윗자리에 있는 사람들은 이런 민중을 두려워하지 않고, 또 우리나라에는 호민이 없다고 하니 한심하다고 하고, 민중을 무서워할 줄 알아야 겨우 걱정을 면할 수 있는 것이라는 위협적 결론을 내리고 있다.

특히 주목되는 점은 그가 호민의 보기로 견훤과 궁예 같은 인물을 들고 있는 점이다. 견훤과 궁예는 9세기 말 신라 말기의 어지러운 세상을 틈타고 반란을 일으켜 후백제와 후고구려의 건국을 뜻했던 인물들이다. 실제로 견훤은 전공을 세워 비장벼슬을 얻었으나 신라의 내정이 문란한 틈을 타서 군사를 일으켰고, 궁예는 신라의 왕자로 궁중의 내분에 쫓기면서 중으로 양육되어, 신라 왕정에 깊은 원한을 가지고 기회를 엿보던 인물이었다.

허균이 왕건이나 이성계를 들지 않고, 견훤이나 궁예를 든 것은 그의 혁명적 사상과 한계를 함께 보이는 대목이다. 견훤이나 궁예는 어지러운 세상에 원한을 품고 봉기한 인물이면서도, 역사의 정통성을 확보하지 못함 〈호민〉이었기 때문이다.

〈호민〉이란 전부터 있어온 말로, 세력이 있는 백성을 뜻했다. 〈항민〉이나 〈원민〉도 있을 수 있는 말이었다. 그러나 이 논설에 나타난 〈호민〉의 개념과 「호민론」의 주장은 허균의 새로운 〈백성〉의식과 사상을 담고 있다는 점에서 허균의 사상을 대변한다.

그는 우리나라에 호민이 사납게 일어나 나라의 근심거리가 된 일이 없었던 까닭을 말하는 대목에서, 백성들이 게으르고 속이 좁으며, 절개와 협기가 없다고 하였다. 이를 거꾸로 말하면 부지런하고 속이 넓으며 절개와 협기가 있는 민중이 곧 호민임을 알 수 있게 하는 말이다. 그리고 오늘날은 옛날과 달라졌고, 또 호민이 일어나 백성을 충동할 수 있는 일이 〈바로 눈앞에 있을지도 모를 일〉이라고 하여, 혁명적 긴장감을 고조시켰다.

또 한 가지 허균의 정치 · 사회의 혁신사상은 민권 · 민본 사상이라 할 때 주목할 점이 그의 백성을 보는 관점이다. 〈民〉은 〈君〉에 대한 대칭적 상대개념이며, 전통적 유교윤리는 民을 다스리는 이상을 중심에 두고 있다. 그리고 〈안민(安民)〉이니 〈친민(親民)〉이니 하여, 고대 중국의 천명사상에 바탕을 둔 위민사상(爲民思想)을 이상으로 삼고 있는 것이 사실이다.

일찍이 조선의 건국이념을 세운 바 있는 정도전은 〈백성이 나라의 근본이며 군주의 하늘〉이라고 했고, 이 사상은 조광조와 이율곡으로 이어졌다. 그러나 유교의 전통적 〈민〉 사상은 봉건적 〈사민관(四民觀)〉에 바탕을 두었고, 〈士〉와 〈농·공·상〉 사이의 신분차이를 특징으로 삼고 있었다.

또한 〈농·공·상〉 사이에도 〈농〉을 본업으로, 〈공·상〉을 말업(末業)으로 나누는 본말론적 차등의식을 바탕에 두고 있었다. 이것은 실학파의 태두라 하는 반계 유형원(1622~1673)이나 성호 이익(1681~1763)에 이르기까지 신분차이를 기본적으로 인정하는 추세였고, 홍대용(1731~1783)의 시대에 와서 비로소 수직적 신분개념이 직능을 기초로 한 수평적 신분개념으로 전환되는 구상을 보였다고 평가된다.

그런데 이들보다 훨씬 일찍이 허균은 〈민〉의 개념을 〈군〉과 대칭개념인 〈백성〉으로 상정하고, 사·농·공·상의 사민개념에서 훌쩍 벗어난 〈원민〉〈항민〉〈호민〉이란 평등한 백성 개념으로 파악했다. 물론 〈원민〉이나 〈항민〉에 대하여 〈호민〉이 깨어 있는 지식인으로 〈四民〉의 〈士〉에 가깝다는 이해가 있을 수 있다. 그들 사이에 슬기로움이나 깨달음에 차이가 있을 수 있지만, 신분도 직능도 차별이나 차이가 없는 평등한 〈민〉의 개념이 상정되었다는데 주목할 수 있다.

공익을 위한 실학은 혁신의 학문

다음으로 주목되는 그의 사상으로 실학사상을 들 수 있다. 본격적 실학의 시대는 그가 죽은 4년 뒤에 태어난 반계 유형원(1622~1673)에서 시작된다고 하나, 허균은 그의 진보적 현실주의와 〈참〉의 학문론, 자각적 역사인식, 농사 등 이용후생의 저작들에서 벌써 실학시대를 예비하고 있었다고 평가된다.

그의 학문은 유학의 정통에 뿌리박고 있으면서도, 이단으로 탄핵받을 만큼 불교 · 도교 · 서학 · 양명학 · 민속종교에 이르기까지 폭넓었다. 학문의 이런 백과전서적 성격이 벌써 실학의 중요한 성격을 드러내는 것이며, 또 실학적 성격 때문에 이런 학문적 폭을 포용할 수 있었던 것도 지나칠 수 없는 대목이다.

그의 학문적 성격, 그 가운데서도 실학적 성격의 실마리는 그의 「학론(學論)」의 첫머리에서 뚜렷이 읽을 수 있다.

「옛날의 학자들은 자기 한 몸만을 착하게 하려하지 않았다. 이치를 궁구해서 시기에 적절히 대처하고, 도를 밝혀서 후세의 학문의 길을 열어, 천하 후세로 하여금 분명히 우리 유학의 높일만함을 알게 하고, 도맥(道脈)이 나로 말미암아 땅에 떨어지지 않게 하였다. 이것을 유학자의 선무(先務)로 삼았으니, 그 뜻이 공번되지 않을 것인가?」

「요즘의 이른바 학자들은 우리 유학을 높이려 하지도 않고 또 자기 한 몸을 착하게 가꾸려 하지도 않는데… 단지 입과 귀로만 주워 모으고 언동만 번지르르하게 꾸미면서… 이렇게 존성(尊姓)과 유도(傳道)의 실(實)에는 조금도 관심을 두지 않는 것은 그 뜻이 사(私)에서 나왔기 때문이다. 이로 보아 옛날의 학자들과 요즘 학자들 사이에 그 공과 사가 분별되고 진위(眞僞)가 판별된다」

　여기서 허균은 두 가지 공부와 학자들을 말했는데, 하나는 〈자기 한 몸을 위한 사적 공부〉와 〈남을 위한 공적 공부〉이고, 다른 하나는 〈세상을 현혹시키고 명예나 탐내는 허학〉과 〈존성, 전도의 실학〉이다. 그러나 그는 결국 자기만을 위한 사적 공부는 참 학문이 아니며, 남을 위한 공적 공부가 참 학문임을 말하고 있다.

　한 마디로 그는 실학의 중요성을 강조하고 있다. 그는 진유(眞儒)와 위학자(僞學者)라는 표현을 쓰고 있지만, 실학자(實學者)와 허학자(虛學者)를 나누어 그의 학문론을 폈던 것이며, 말할 것도 없이 〈남을 위한 공부〉, 〈참 학문〉을 주장하는 것이다. 그가 말하는 〈참 학문〉, 〈존성과 전도〉의 학문은 존성으로 천기를 오로지 보존하는 공부를 가르치는 것이며, 〈전도〉로서 유학이 도맥을 잇는 공부라고 보아 틀림이 없다.

　그것은 그 당시 거짓됨이 막다른 골목에 다다라, 드디어는 임금(리더)으로 하여금 〈도학〉을 싫어하게 하고, 임금이 쓸만한 인재가 없다고 믿게 만들었다. 그리하여 도학의 선비들이 화를 입기도 하고, 그들의 포부를 펴서 요순시절과 같은 세상을 만들 수 있는 기회를 얻을 수 없게 만들기도 했다. 그래서 세상이 썩도록 버려졌다.

　그는 구체적으로 광해군 때에 김굉필·이황·이언적·정구·정여창 등을 사당에 배향한 일을 들어 참 학자의 기준을 묻고, 또 김종직론을 따로 써서 벼슬을 싫어하는 것처럼 거짓으로 꾸미고 마음가짐이 교활하다 하여 거짓학자로 꾸짖기도 했다. 이야말로 죽음을 두려워하지 않는 참 학문의 선언이었다고 할 만하다. 다음으로 현실을 중시하고 일상성에 대한 관심이 컸던 점에서 그의 실학사상의 모습을 읽을 수 있다. 그의 현실 중시의 언설들은 그의 여러 글들에 보이는 실제 사실들의 비판과 현실 혁신의 이론들에서 두드러져 있다.

혁신은 진보의 현실적 참 공부

이상으로 허균의 정치·사회사상을 종합해 보면 정치·사회의 혁신사상과 민권·민본사상, 인간관으로 주정론(主情論)과 천기론(天機論), 현실주의적 실학사상 등으로 요약할 수 있다. 그러나 이런 그의 사상들은 임진왜란을 전후한 역사적 변화의 시기에, 이를 인간성과 사회구원의 방식으로 그가 주장하고 나섰다는데서 사상사적 자리매김을 할 수 있다.

그는 문인학자이며 정치가이며 공직자이며 사상가였다. 이밖에도 그는 유교의 바탕에서 자라고 생활을 영위하면서도, 불교와 도교와 서학이며 민간신앙에까지 두루 모두 관련한 일종의 종교적 다원주의자였고, 특히 뛰어난 시인으로 그의 문학사상에서 역사적 발자취를 남긴 사람이었다. 이로써 그는 당시에 보기 드문 열린 마음의 소유자였다.

그의 문학사상에서는 물론 현실중시의 사실주의를 확인할 수 있고, 사회제도에 저항하는 비판정신과 민중주의를 발견할 수 있다. 그가 강릉에 피란하면서 겪은 임진왜란의 체험을 한시에서 가장 치열하고 적극적으로 현실을 반영하여 사실주의에 이르렀고, 하층민의 비참한 전쟁체험을 그려서 근대문학을 지향하는 결정적 전환을 이룩했다고 평가된다.

그는 또한 인간성에 기울였던 높은 관심으로 혁신적 이상주의자이도 했다. 그의 중요한 사상은 「호민론」과 같은 원론적 〈민론〉에서부터 인물론과 여러 전기들처럼 역사적이고 구체적인 인물들의 평가와 앞전을 통해서 가장 구체적으로 논의되었다.

그는 긍정적인 인물들과 비판받을 인물들을 과감히 나누어 현창하고 비판했으며 그의 논설들이나 시론들까지도 구체적으로 이런 작업을 통해서 이루어내고 있다. 결국 그는 참 마음으로 돌아가면 참 세상을 이룰 수 있다고 믿은 희망의 사상가였고 공직자였으며 정치지도자이면서 진정한 혁신가였다.

이제까지 우리는 조선 중기의 실천적 혁신가였던 허균의 삶과 자기 이상을 실현하기 위한 피나는 노력과 투쟁과 좌절을 살펴보았다. 그는 그만큼 예지력과 실천력과 이상 사회를 향한 열정으로 똘똘 뭉친 혁신가였다.

그럼 왜 공직자의 혁신의 방향을 잡아가다가 허균의 사상을 접해 보았는가? 하는 의문에 접하게 된다. 그것은 바로 그의 혁신에 대한 열정과 정성과 추진력과 목숨 바쳐 이룩하려는 의지를 살펴보고자 한 것이다.

앞에서도 언급했지만 혁신은 그렇게 간단히 성공할 수 있는 것이 아니다. 누군과의 눈물과 준비와 열정이 있어야 혁신은 성공할 수 있는 것이다. 허균의 목숨 바친 그러한 노력은 바로 실학사상으로 이어졌으나, 그러한 숭고한 혁신적 마인드를 이해하지 못한 임금(리더)과 안동김씨의 세도정치가 조선 몰락의 길을 재촉했다.

그러나 허균의 혁신 사상은 조선 말 개화사상으로 이어졌으며, 그러한 사상은 위정척사와 독립사상으로 이어졌고, 이러한 노력과 열정이 해방 후 민주화의 투지와 오늘의 우리 사회를 있게 만든 산업화의 열기로 이어졌는지도 모른다.

혁신은 겸손과 포용과 열망으로 뭉쳐진 인간의 공동의 지향점이다. 허균은 이러한 점에서 열정을 바친 진정한 시대의 혁신가였다. 그는 가난하고 핍박 받는 백성들을 위하여 자신이 가진 당대 최고의 권력과 안위와 가문과 부와 명예를 모두 초개같이 버렸
다. 그리고 모든 백성이 행복하고 평등하고
희망있게 살 수 있는 이상사회를 만들기 위하
여 자신의 목숨까지 바쳤다.

혁신은 이러한 자기 자신을 버릴 줄 아는 희생과, 자기를 낮출 줄 아는
겸손과 자신의 모든 것을 불사를 수 있는 열정이 없고서는 성공할 수 없
다. 이제까지 역사를 통하여 성공한 혁신을 찾아보기 어려운 이유가 여
기에 있는 것이다.

이제 정부혁신의 바람직한 성공을 바라면서, 그래서 우리 사회와 우리
대한민국의 웅비를 바라면서, 우리 국민 모두의 행복을 바라면서, 지금
정부가 추진하고 있는 전반적인 혁신 과정에 대한 염려와 우려의 지적
이 다시는 없었으면 한다.

최근 참여정부의 최고 국정방향으로 자리 잡은 정부혁신의 최대 걸림
돌은 어떤 것일까? 하는 문제에 대하여 아마 다음의 세 가지 사항을 지
적할 수 있을 것이다.

아직까지 공직사회가 본격적으로 혁신되지 않는 첫째 이유는 공무원
이 일을 벌이고 혁신하면 그만큼 본인만 힘들게 된다는 것과, 둘째 이유
는 현실과 이상이 상충하는 상황에서 공직의 경우 현실에 보다 가깝게
결정을 내린다는 것과, 셋째 이유는 지나치게 완벽을 추구한다는 것으
로 요약할 수 있을 것이다. 참으로 적정한 지적이라 생각되어 진다.

그러나 이러한 혁신의 걸림돌의 문제에서 현재 추진되고 있는 정부혁
신이 자칫 잘못하면 혁신의 매몰적 함정에 빠질 수 있는 위험성을 유추
해 볼 수 있다. 앞에서 언급한 혁신의 매몰적 함정은 대략 다음과 같이
아홉 가지로 요약할 수 있다. ① 리더의 조급성 ② 혁신 조직의 가치상
충 ③ Top의 좌충우돌 ④ 비현실적 기법의 모방 ⑤ 실천이 없는 로드맵

양산 ⑥ 자가당착적 만족 ⑦ 공급자 중심의 혁신 ⑧ 윤리성이 미비된 혁신 ⑨ 혁신역량의 융합력 결여 등이 바로 그것이다.

따라서 만약 정부개혁의 산실인 각 부처 혁신담당관실은 공직 내 3D 업종이라는 우수개 소리와 그만큼 힘들게 일하지만 정당한 보상이 주어지지 않는다는 말이 나오거나, 좋은 방향은 알지만 실제 그렇게 하지 않는다는 지적이 있었거나, 혁신을 잘 추진하여 좋은 결과를 달성하였는데도 어떻게 결과를 딸 것인가를 갖고 너무 오랫동안 토론을 하였다는 말이 나오면, 앞으로 혁신은 성공하기 어려운 걸림돌을 만나게 될 것이다.

일반적으로 혁신은 혁신 주체 5%가 이끌어 간다고 한다. 그러나 그 혁신 주체는 전체 분위기를 위하여 지원해주고 도와주고 협조하고 유도해 주는 것이지, 각 부처에서 혁신담담관실 몇 명이 일찍 3D 업종과 정당한 보상을 운운 하면서 모든 혁신을 다한 것 같은 발언과 생각을 하였다고 하면, 그러한 오만은 절대로 혁신 추진과 성공에 도움이 되지 않을 것이다.

그러면 전체 조직원의 냉소주의와 암묵적 배타심만 불러와 결국 혁신은 중도에 그만둘 수밖에 없다는 지적이 역사적으로 수없이 많았는데도, 또 그 같은 실수를 반복해서는 안 될 것이다. 따라서 이제 혁신은 출발이기 때문에 벌써 보상을 논하고 자가당착적 만족에 스스로 빠지려고 하는 유혹을 가장 경계해야 할 것이다.

또한 혁신의 좋은 방향은 알지만 실제 그렇게 하지 않는다는 지적이 있을 수 있다. 거기에는 그렇게 하지 못한 다양한 원인과 이유와 제약요인이 있겠지만, 결국은 혁신 조직의 가치상충이나 Top의 좌충우돌이나 비현실적 기법을 적용했다거나 실천이 없는 로드맵을 양산했다거나 공급자 중심의 혁신을 했다거나 윤리성이 부족했을 경우가 있을 것이다. 따라서 바람직한 방향으로 가지 못한 이유로 현실에 가깝게 결론을 내린 것에는 위의 유혹 중 하나이거니 혹은 복합적으로 얽혀 있을 수 있을 것이다.

그러므로 현실에 가깝게 결론을 내리기 전에 조급하게 생각하지 말고 백년대계를 바라보면서 심층적으로 체계적으로 종합적으로 다면적으로 결론을 유출하여 리더가 생각하는 바라직한 방향으로 결론을 내려야 할 것이다. 왜냐하면 다음 정권에서 또다시 개혁이나 변화나 혁신을 새롭게 등장시켜서는 안되기 때문이다. 지금의 혁신으로 백년대계의 초석을 다져야 할 것이다.

마지막으로 혁신성과를 어떻게 딸 것인가를 갖고 오랫동안 토론을 했다고 한다면, 지적은 맞는 것 같다. 바로 실천을 잘 하였으나, 혁신 결과를 가지고 어떻게 할 것인가를 두고 서성거렸다는 말인데, 혁신에는 실천이 가장 중요하다는 것을 한편으로 강조하고 있는 말이다.

그러나 실천이 아무리 중요해도 혁신 성과를 그냥 따기 전에 정당한 명분과 윤리성과 수요자에 적합한 성과였는지를 다시 한번 생각해 보고, 혁신의 이념과 방향을 재점검 해보는 신중한 혁신 결과 처리도 또한 중요함을 다시 한번 생각하였으면 한다. 그리고 정말 몸을 바친 열정과 노력과 눈물을 혁신의 추진에 바쳤는지 혁신 주체들이 먼저 스스로 자문해 보았으면 한다.

끝으로 허균이 몸으로 보여준 혁신의 열정과 자기희생과 노력과 눈물이 진하게 배어 있지 않은 조급성, 가치상충, 좌충우돌, 비현실적 모방, 실천이 없는 로드맵 양산, 자가당착적 만족, 공급자 중심의 혁신, 비윤리적 혁신은 반드시 실패한다는 역사적 교훈을 결론적으로 다시 한번 강조하고 싶다. 여기에서 허균의 예지력은 역사를 통하여 빛나고 있는 것이다.

지금까지 살펴 본 허균의 예지력 있는 혁신 사상은 오늘 우리가 추진하려고 하는 정부혁신의 방향과 이념에 아주 적합한 내용들이 많다. 혁신은 국민을 사랑하는 마음에서 출발하여야 하며, 열린 마음의 개방적 사고로 접근해야 한다는 것이다.

또한 허균이 주장하는 혁신은 사회체제 전복의 혁명이 아니라 기존의 체제 안에서 효율성과 평등과 자유를 구축하려는 새로운 시스템적 접근을 강조하였다. 그리고 리더와 조직원과의 신뢰, 조직의 효율적 운영과 Slim화, 공직자의 무사안일과 부정부패 추방을 혁신의 마인드로 삼았다.

그리고 허균은 지도자의 리더십과 책임을 중요시하였고, 수요자(국민) 중심의 권한 이양, 훌륭한 장관들의 역할 강조, 대통령과 장관들과의 신임과 충성, 간신과 무능력자의 배격, 공사 구별의 엄격함, 능력주의 인사관리를 혁신의 핵심 이념으로 삼았다.

혁신의 견인차 정부혁신본부

결론적으로 공직자의 혁신에 관한 의지와 열정을 수렴하면서 허균의 실사구시적인 혁신사상과 결부하여 현재 혁신의 견인차 역할을 다하고 있는 참여정부의 정부혁신본부의 임무와 비전과 추진방향을 대비시켜 보는 것도 의의가 클 것이다.

정부혁신을 선봉에서 추진하는 정부혁신본부는 대통령직속 정부혁신지방분권위원회와 함께 정부혁신을 효율적으로 추진하기 위해 2004년 3월 11일 행정개혁본부를 거쳐 정부혁신을 기능별, 과정별, 프로세스별로 특성적으로 적극화 하고자 2005. 1. 1일 정부혁신본부로 출범했다. 다음은 정부혁신본부의 혁신추진 이념과 방향이다.

정부혁신본부는 그동안 혁신의 추동력 확보를 위한 각 부처 혁신기획관 설치, 각종 워크숍 실시, 행정기관 지식관리 실태조사, 일하는 방식 개선 사례집 발간, 혁신포탈구축, 행정정보 공동이용 서비스 제공, 정보화 마을 조성확산 등 혁신의 전략적 사업에 매진하여 왔다.

특히, 각 부처의 〈변화와 혁신〉을 선도·지원하는 본부로서 막중한 책임감과 특별한 소명의식을 견지하고 정부혁신을 선진한국으로 가는 초석으로 보듬고 있다.

이제 혁신하지 않고는 앞으로 나갈 수도 없고 살아남을 수도 없으며, 이것이 또한 냉혹한 국제 현실이다. 세계 40위권에서 맴돌고 있는 우리 한국의 정부능력의 효율성 평가가 최소한 20위권 안에 진입 한다는 목표를 가지고 정부역량을 강화하는데 힘을 집중하지 않을 수 없다.

따라서 지금의 역사를 창조하고 있는 우리가 반드시 역량 있는 정부를 만들어 국민들에게 보다 더 착실히 봉사함으로써 떳떳하게 월급 한 번 받아보고 자랑스럽게 참여정부를 얘기할 수 있도록 그러한 혁신분위기를 만들고 자 한다.

2003년에는 로드맵을 만들었고, 2004년에 와서 혁신관리 과정을 도입하는 등 혁신의 분위기는 만들어졌지만 새로운 시스템은 아직도 미흡한 점이 일부 있다. 그러나 2005년도에는 혁신의 결과를 적용한 성과와 그 과정에 대한 매뉴얼을 내놓는 방향에서 성과와 결과를 점검하는 해가 되도록 노력하고 있다.

그리고 혁신에 헌신하고 열정을 바쳐 혁신을 성공시킨 리더와 혁신관리를 성공적으로 해낸 실무 지도자를 발굴하고자 한다. 혁신리더와 실무 지도자의 데이터베이스를 따로 관리하여 앞으로 혁신이 필요한 부서

에서 리더를 발굴할 때 혁신인재 데이터베이스를 먼저 검색해보고, 점검하는 과정을 제공할 것이다.

정부혁신본부는 앞으로 모든 정책을 수립할 때 이 정책이 왜 필요한지, 어떤 결과가 예측되는지 등을 고민하고 분석하는 노력을 기울이고자 한다. 이러한 과정을 통해 모든 공직자가 자신이 입안하고 추진하는 정책에 대한 확신을 가지고 임하는 태도를 견지시키고자 한다.

혁신관리, 프로세스 관리, 정책품질, 정책홍보 등이 다소간 생소한 부분도 있을지 모르지만, 총론적으로 분야별 학습과 연구와 탐색으로 부처의 관심과 끊임없는 토론을 이끌어내도록 할 것이다. 그리고 각론적으로 부처에서 제대로 적용할 수 있도록 특성화된 매뉴얼과 프로세스를 개발하도록 도와주고자 한다.

거기에서 성공한 사례는 교육프로그램에 넣어서 확산하고 공유할 수 있도록 하고자 한다. 또한 혁신은 혼자만의 혁신이 따로 있는 것이 아니고, 각 부처에서 모두가 다 함께 개발해서 배우고 노력함으로써 새로운 혁신과정을 진행시켜야 한다는 것을 강조하고자 한다.

정부혁신본부는 혁신을 한 건 한 건 계속 장려하고자 하지만, 그와 더불어서 다함께 참여하는 조직문화를 만들어 혁신의 일상화를 만들어 나가는 것이 중요하다고 생각하고 있다.

지금 우리가 행복하고 우리 후손들이 세대를 더한 평화로운 안위를 만끽하자면 혁신을 지금 하지 않을 수가 없다. 현재의 주변 환경은 우리에게 혁신하지 않으면 살기 어렵다는 것을 호소하고 있다. 따라서 꼭 해야 할 혁신이라면 지금 우리가 자발적으로 하자는 것이다. 후손에게 미루지 말고 우리가 혁신을 성공시켜 우리 후손들이 대를 이어 자유와 행복을 느끼도록 그러한 기틀을 우리가 앞장 서 닦아 주자는 것이다. 이 길을 정부혁신본부가 먼저 가고자 한다.

앞으로도 일 잘하는 정부, 신뢰받는 정부가 되기 위한 정부혁신은 중단 없이 진행될 것이다. 따라서 정부혁신본부는 정부의 혁신역량을 한데 모아 선진한국으로 나감으로써 국민과 우리 후손들에게 행복을 안겨주고자 정부의 향도 역할을 자임하고자 한다.

정부혁신본부는 혁신의 도우미로 각 부처의 혁신활동을 지원하고 고충을 해결해 주는 창구역할을 하고자 한다. 혁신기법 및 프로그램을 개발·보급하고, 혁신의 장애요소가 있다면 제거해 주면서, 혁신을 극대화하기 위해 효과적인 인센티브도 부여할 수 있도록 지원에 앞장서고자 한다.

그리고 혁신마인드의 확산을 위하여 혁신관계자 및 장·차관과 실·국장 토론회도 지속적으로 개최하고, 또한 부처별 단기성공(Quick Win) 과제를 발굴·추진하면서 이밖에 정책의 품질을 높이고 정책의 홍보와 더불어 실패를 반복하지 않기 위해 〈정책품질매뉴얼〉을 개발하여 적극 활용하고 있다.

또한 전자정부를 세계5위에서 더 앞으로 나아가고자 전략적으로 추진하고 있으며, 국민 참여의 활성화를 위해 온라인 정보공개와 온라인 민원접수 및 CRM과 BSC의 경영개념도 도입하고 〈성과와 고객중심〉이라는 경영적 혁신 개념도 도입하고자 한다.

지금 정부혁신본부는 학습과 토론을 통해 혁신마인드를 실행·확산 및 성과가시화를 위하여 생활혁신으로 실제 행정문화와 정책에 접목해 나가고 있으며, 이는 관련 정보를 공유한다는 측면에서도 의미가 크다고 할 것이다. 또한 진단·변화관리, 갈등관리, 업무 및 기록관리, 의제관리 등도 적극적으로 시스템 및 프로세스화 하여 각 부처의 고객인 국민의 요구에 적극적으로 부응하고자 한다.

현재 정부혁신 추진의 시각은 외부의 큰 기대가 격려가 되기도 하지만 한편으로는 부담요소로 작용하기도 한다. 사람들은 단기간에 큰 성과를 기대하지만 혁신이란 시간도 필요하고 믿고 기다려주는 것도 큰 협조가 된다. 또 혁신에 대한 생각이 장·차관, 실·국장 등 계층별로 차이가 있기도 하고 개인별로 차이가 있기 때문에 모든 사람들이 같은 수준은 아닐지라도 비슷한 방향이 되도록 학습에도 노력하고 있다.

이른바 〈혁신의 피로감〉 도 있다. 우선 혁신 주체들의 피로를 얘기할 수 있는데, 이는 혁신에 대한 가치관과 인식을 확실히 하고 효과적인 추진 기법과 체제를 갖추면 그만큼 피로감을 경감시킬 수 있을 것이다. 그리고 혁신의 가장 큰 수혜자가 바로 직원들 이라고 생각하면 피로감은 오히려 자신에게 인센티브를 주고, 근무환경도 개선시켜서 생산성도 향상시켜 줄 것이다.

또 개혁을 기다리는 국민에게도 피로감이 있을 수 있다. 그렇기 때문에 장기적 과제만이 아니라 단기성과를 보여줄 필요가 있다. 하지만 개혁은 시간이 필요한 것이라는 것을 모두가 이해해 주고 믿고 기다려 줄 인내심도 가져야 한다.

앞으로 지속적인 혁신을 위하여 혁신성과에 기초한 합리적 보상체계를 시스템화할 계획이며, 혁신마일리지 제도로 개인의 아이디어가 존중되는 시스템을 마련하고 혁신을 선도할수록 이익이 된다는 점을 계속 선도할 예정이다. 또 중앙정부, 지자체, 정부투자기관, 민간, 외국 등 5개 분야의 혁신사례 학습단을 만들어 운영하고, 이와 함께 지구촌의 정부혁신 추세와 우수사례를 적극적으로 벤치마킹하기 위해 〈World Policy Watch〉 제도를 실시해 우리 실정에 맞게 적용할 방침이다.

또 우리의 노하우를 가지고 개발도상국에 컨설팅도 해주고 공동으로 협력사업도 추진하기 위해 현재 공공부문 개혁과 관련한 OECD 아시아

지역센터를 만들고자 한다. 또한 제6차 정
부혁신 세계포럼과 제13차 APEC 정상회
의 등에도 적극적으로 정부혁신을 전파·
홍보하고자 한다.

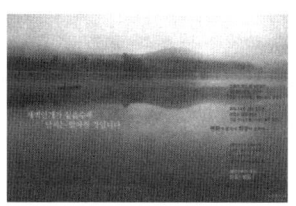

　앞으로도 정부혁신본부는 참여정부의 혁신철학과 이념을 바탕으로 혁
신의 촉진자, 실천자로서의 역할을 다할 것이며, 따라서 정부는 최고의
서비스 기관이 되고, 혁신 공무원은 가장 유능한 행정의 서비스맨이 되
도록 혁신을 지속적으로 선도하고자 노력하고 있다.

이제 정부도 국민의 신뢰와 사랑을 받고 싶다

　시대정신과 가치관이 바뀌었다면 그 변화를 수용할 줄 알고 형편에 따
라서는 서슴없이 물러날 줄도 아는 용기가 필요하다고 한다. 시대의 흐
름이 바뀌었는데도 법에 보장된 정년과 신분보장에 안주하여 유유자적
한다면 공직자가 될 자격이 없다.

　이제 우리는 기층의 민생 속으로 들어가야 한다. 곤경에 처한 기층 민
생의 입장에 서야 한다. 서민의 고통에 관심을 갖고 그것을 서로 나누어
야 한다. 국민을 향한 각별한 애정을 강조해야 한다.

　말로만 〈공복〉이라는 겉치장에 안주하지 말아야 한다. 공직자들은
〈아낌없이 주는 나무〉 같이 민생 속에 깊이 뿌리를 내려 바람을 막아주
고 열매를 맺고, 그늘을 제공하다가 마지막에는 아름답게 목재를 던져
주면서 사라지는 처연한 존재인지도 모른다.

　이제 공직자의 헌신과 열정은 시대의 흐름인 바, 그것은 사랑과 노력
이며, 봉사와 희생을 동반한다. 이웃을 위한 사랑과 직장을 위한 헌신,
그리고 지역사회를 위한 봉사와 나라를 위한 희생은 공직자에게 최고의

가치이자 덕목이 아닐 수 없다.

공직자는 국민의 피땀 흘린 세금으로 먹고 산다. 지금 보내고 있는 시간은 얼마의 가치를 지니고 있을까를 항상 염두에 두어야 한다.

정부 수립 후 이제까지 국민들은 정부가, 공무원들이 시키면 시키는 대로 따라야 했다. 공무원들도 정권이 시키는 대로 순응해야 했다, 그래서 국민들은 정권의 하수인이요, 부정부패의 장본인으로 원망과 질책의 대상으로 보고 있다. 〈정년 때까지 신분보장을 받으면서 뭐가 부족해서 부정을 하고 국민 서비스에 인색한가〉라고 생각하고 있는 것이다.

그만큼 오늘날에 이르기까지 〈관리〉들로부터 불이익을 받아 왔다고 국민들은 인식한다. 지금도 관의 실정은 관료주의의 경직성을 비롯해 서민들에게 성큼 다가서지 못하고 있는 것이 현실이다. 공무원 하면 부정과 부패를 연상할 만큼 국민들의 신뢰를 받지 못하고 있는 것이다.

썩을 대로 썩은 공무원 사회를 바꿀 수 있는 유일한 길을 마련해야 한다고 시민단체를 포함한 국민들은 요구하고 있다. 그리고 국민들의 공무원 변화요구 의식은 날로 급증하고 있다.

그러면 오늘날 공무원 사회가 이지경이 된 책임에서 자유로운 자는 누구인가. 그러나 실질적 〈공복〉인 공직자들의 책임이 가장 클 것이다. 따라서 이제는 이러한 한계를 극복하고 완벽한 공직으로서 출발하아야 한다. 만약 그렇지 못하다면 국민들이 용서하지 않을 것이다.

심하게 말하는 경우에는 철밥통들이 국민을 열 받게 한다고 말한다. 이제 우리 공무원들은 누울 자리를 보고 다리를 뻗어야 한다. 공무원들은 국민의 눈치를 살펴야 한다.

신용불량자가 500만 명이고 대졸자 취업률이 50%도 안 되는 상황에서 당신들이 지금 누구 염장을 지르는 것인가? 라고 국민들은 말할지도 모른다. 받는 봉급의 반만 주어도 감지덕지하며 목을 빼고 기다리는 대졸 취업 준비자들이 서울부터 부산까지 늘어서 있는 판이라고 목소리를 높일지도 모른다. 이 나라에서 당신들처럼 신분과 정년이 보장된 철밥통이 얼마나 되나? 라고 항변할지도 모른다.

이제 공무원은 국민의 공복으로서의 의무감과 사명감으로 거듭나야 한다. 그들의 시각에서 보면 공직자들은 어려운 민생들이 내는 세금으로 남부럽지 않게 사는 사람들일지도 모른다.

이제 국민들 앞에서 부끄럽지도 않도록 해야 한다. 국민의 세금으로 철밥통 노릇을 하면서 국민들이 먹고 살기 힘들 때 최소한 미안해 할 줄은 알아야 한다는 것이다.

지금 우리는 선진한국을 건설해야 한다. 국가의 성장 동력은 떨어지고 정부는 국가경쟁력을 갖추고자 혼신의 힘을 기울이고 있는데, 공직자들은 현실에 안주하려고만 하지 않았는지 반성해 볼 필요가 있다.

국민은 지금 〈생각의 혁신〉을 원하고 있다. 다 아는 바와 같이 우리는 국민에게 신뢰와 사랑을 받기 위해 정부혁신을 대통령의 고유과제로 삼아 강도 높게 추진하고 있다. 이제는 혁신의 실행·확산이다. 이를 통하여 성과를 가시화하고, 정책품질을 높여야 한다.

그래서 국민의 신뢰와 사랑을 받아야 한다. 이제는 차라리 신뢰와 사랑을 받기 위해서라기보다 〈신뢰와 사랑을 받고 싶다〉 라는 편이 더 적합할지 모른다. 신뢰와 사랑을 원하다 보면 그러한 길이 보이기 때문이다. 공무원들이 신뢰와 사랑을 받을 수 있는 길은 국민들을 행복하게 만드는 것이다. 이제 공무원들은 국민의 가슴속으로 파고 들어가야 한다. 그리하여 혁신의 꽃을 국민의 가슴에서 피워 올려야 한다.

그러자면 공직자의 생각부터 바뀌어야 한다. 혁신을 하면서 생각의 변혁이 없으면 결국 기만으로 전락하고 만다. 이제는 더 이상 국민을 실망시켜서는 안 된다. 국민의 동참을 먼저 끌어내어야 한다. 혁신을 하더라도 국민들이 이해를 못하면 적극적으로 홍보하고 이해시킨 후 함께 추진해야 한다.

혁신을 할 때는 무엇보다 생각이 먼저 바뀌어야 한다. 그렇지 못하면 형식적으로 그치고 제도와 규제를 강제하는 데 머물게 된다. 그러한 혁신은 공무원들을 귀찮게 하고 국민을 실망시키게 된다. 더 이상 국민을 위하지 않는 혁신은 존재 이유가 없다. 고객이 없는 행정은 사라져야 한다.

공직자는 국민의 뜻을 받들고 늘 민생의 소리를 들어야 하는데 지난 정권까지의 개혁과 혁신은 그런 의미에서 고객(국민)의 요구를 소홀(외면)히 했다. 그들만의 잔치로 전락하고 말았다는 시각이 많다. 그래서 성공하지 못했고 지속적으로 추진되지 못했다.

지난 2년간의 혁신의 성과가 아직까지 국민의 기대에 못 미치고, 피부로 느낄 수준은 아니지만, 금년부터는 더 가까이 국민에게 다가가도록 노력해야 할 것이다. 참여정부의 혁신 3년차인 2005년도에도 혁신을 한다고 차는 왔다 갔다 하는데, 그 차를 보고 국민들의 관심과 기대는 올라갔는데, 나중에 알고 보니 빈차만 왔다 갔다 하여 분노와 실망을 국민에게 던져서는 안 될 것이다.

이제는 〈생각의 혁신〉이다. 생각 없는 형식적 혁신은 배격되어야 한다. 그래서 혁신의 마지막 단계는 〈의식의 혁신〉이며, 이러한 의식이 바탕이 되어 하나의 문화와 전통이 되도록 우리 모두가 아름답게 가꾸어 나가야 하겠다. 바로 법과 시스템을 바꾸는 〈제도혁신〉과 생활을 바꾸는 〈생활혁신〉을 넘어 마지막에 '의식혁신'이 뒤따르도록 하여야 한다. 그래서 결국 혁신은 국정의 근본 철학이 되어야 한다.

다윈은 「종(種)의 기원(起原)」에서 생물의 생존능력은 물리적 힘이나 두뇌가 우수한 것에서 오는 것이 아니라고 했다. 반면 환경적 변화에 빨리 적응하고 스스로 변화를 창조하는 종이 끝까지 살아남는다고 갈

파했다.

우리는 한 시대의 사회적 · 문화적 소산에 공통되는 인간의 정신적 태도나 양식(樣式) 또는 이념을 시대정신(時代精神)이라고 한다. 시대정신을 역사의 과정과 결부시켜 그것을 개개의 인간정신을 넘어선 보편적 정신세계가 역사 속에서 자기를 전개시켜나가는 형태로 본 최초의 사람이 헤겔이었다. 그리고 헤겔은 그것을 민족정신과 결부시켜 시대정신을 강조했다.

단재 신채호 선생은 〈역사라는 것은 인간의 심적 상태의 산물이다〉라며, 해당 시대 국민들의 생각이 그 시대의 역사를 만든다고 했다. 특히 지도자의 생각이 중요하며, 지도자가 발전 친화적인 시대정신을 가져야 역사의 발전이 있다고 주장했다.

시대정신이 깃든 변화의 열정이 역사를 창조한다. 오늘날 우리는 세계화라는 거대 화두를 입에 물고 산다. 정보통신 및 교통의 급속한 기술발전은 시간과 공간의 제약을 넘어 지역간 · 국가간 접촉과 교류를 확대 · 심화시키고 있다. IT(정보기술)는 신성장동력의 창출, 통신 · 방송 서비스의 고도화, 지식정보화의 전면화 등을 몰고 있다. 교통기술의 발전에 따른 인적 · 물적 교류의 확대에 이어 정보화시대의 도래는 각 부문과 지역을 네트워크로 연결하고 있다.

이러한 변화는 과거의 연장선 위에서 서서히 진행되는 것이 아니라 동시다발적으로 여러 분야에 걸쳐 복합적으로 컨버전스 되고 있으며, 그 변화의 속도가 생각만큼이나 가속화됨에 따라 종래에 경험할 수 없었던 전혀 새로운 변화라는 점에서 역사의 대전환으로 느낄 수도 있다.

따라서 세계화라는 프리즘을 들고 생존이라는 형상을 잡으려고 발버둥치고 있는 것이 현재 우리의 모습이다. 일부는 그 길이 지구촌의 유일한 번영의 길이라고 하고, 일부는 앞으로 세계화는 머지않아 몰락할 것이라고 예단하기도 한다.

그러나 지금 지구촌의 세계화 질서 안에서 우리가 우선적으로 살아남자면 먼저 국가경쟁력이 가장 중요하다는 것에는 이론(異論)의 여지가 없을 것이다. 따라서 우리는 국가경쟁력으로 급변하는 시대적 파고를 이겨내어야 한다. 그리고 창조적 국가 위상을 정립해야 선(善)기능적인 세계화의 길로 나아갈 수 있다. 이것이 바로 우리가 살아남을 수 있는 마지막 생존 전략이자 성장 동력을 마련하는 길이다.

먼저 사고와 관행이 변해야 혁신은 성공한다. 이제부터 정부혁신은 콘텐츠가 있는 혁신이 되어야 할 것이다. 따라서 앞으로는 정부, 기업, 국민 모두가 혁신에 자발적으로 동참하고, 국가경쟁력 약화가 나타나면 바로 문제점을 혁신하여야 하며, 모든 국민이 국가의 신성장동력 창출에 매진하여야 할 것이다.

이와 함께 최고책임자의 의지와 참여, 혁신전문가의 도움, 인센티브와 혁신문화의 접목을 혁신성공의 3대 요소로 삼아야 한다. 그리고 정부혁신에 참여하고 성과를 거두는 구성원에게 인사, 예산, 격려, 상훈 등의 인센티브를 부여해야 할 것이다.

국민의 힘으로 참여정부는 출범하였다. 이는 과거 권위주의 체제의 종말을 고하는 하나의 상징이었다. 세계가 급변하고 있는 상황에서 이는 도저히 지나칠 수 없는 현상이었다. 따라서 비효율과 저생산의 관행체제, 부정부패, 무원칙·무능력·무질서의 한국병을 척결하기 위해 참여정부는 혼신의 힘으로 정부혁신을 단행하고 있는 것이다.

지금 우리의 문제를 과감히 수술하여 환골탈태하는 길은 강력한 혁신 이외에는 다른 방안이 있을 수 없다. 참여정부 출범 이후 지금까지 모든 정부운용은 혁신의 연속이었다. 그 결과 다양한 혁신과제가 도출되었고 많은 문제점들이 치유되고 있다. 그러나 해방 후 지금까지의 고질화된 한국병이 단시일 안에 근절될 수는 없을 것이다. 따라서 참여정부는 중단 없는 지속적인 혁신과 변화로 한국병을 근절하고자 하는 것이다.

지금의 정부혁신을 올곧게 추진하면 대한민국은 분명 희망이 있다. 따라서 광복 60주년인 올해를 선진한국으로 가는 새로운 출발점으로 만들어야 한다.

참여정부의 정부혁신은 그동안의 다른 정부와의 차별적 개혁으로 제6공의 단순한「업무개선」, 문민정부의 인위적「조직개편」, 국민의 정부의 획일적「인력감축」등과는 상당한 차이를 두고, 사례학습 중심으로 자발적인 창의를 바탕으로 한 법과 제도에 의한 시스템 중심적인 특성을 가지고 있다.

그러나 지금까지의 혁신 추진에 대한 반성도 없지는 않다. 혁신성과 측면에서 아직 만족할 만한 기대에 미치지 못하고 있으며, 혁신활동 측면에서는 홍보부족과 대민접촉으로의 확산이 미흡하다. 혁신과정 측면에서는 부처간, 계층간, 상하 기관간 혁신수준의 차이가 상당하며, 혁신관리와 지원 측면에서도 지속화를 위한 종합적·체계적 혁신관리가 아직은 미흡한 실정이다.

따라서 2005년도에는 이러한 긍정적 요인과 반성적 요인을 융합하여 긍정적 요인은 혁신의 기반으로 삼고, 부정적 요인은 도전으로 인식하여 정부혁신의 기회로 컨버전스화 할 방침이다. 이러한 융합을 통하여 정부혁신의 3차 년도에는 우리의 결집된 혁신역량을 선택과 집중을 통하여 최고도로 정부혁신을 가속화하고 성과 가시화를 도모해야 할 것이다.

2005년도에는 일과 혁신의 접목으로 성과를 가시화하고 실행을 구체화하기 위하여 5대 추진전략을 중점화하고자 한다. 핵심 선도과제의 중점 추진, 혁신수준별 차별화된 전략, 지방과 산하단체로 정부혁신 영역의 확대, 혁신관리의 시스템화, 민간 혁신 네트워크 구축을 강화하고자 한다.

그러나 이러한 체계화된 정부혁신의 전문적 전략도 결국은 사람이 움직여 나가야 한다는 것을 우리는 명심할 필요가 있다. 아무리 전략과 시스템과 절차가 좋아도 혁신을 추진하는 사람의 열정과 헌신이 없이는 성공할 수 없다.

따라서 혁신을 성공하기 위해서는 결국 우리의 열린 마음으로 열정과 준비와 희생의 단호한 의지로 접근하여야 한다.

이제부터 정부혁신은 시대정신이 깃든 역사적 소명으로 추진하여야 할 것이다. 시대정신은 그 시대 역사의 방향이라고 했다. 열정적 가슴으로 시대정신을 자발적으로 인식하여 「참여혁신」을 이룩하고 행정의 모든 분야에 일상적으로 혁신을 도입·실천하는 「생활혁신」을 실천하며, 그 성과를 우리의 고객인 국민들에 소박하게 제공하여 국민들에게 사랑과 신뢰를 확보하는 「감동혁신」을 달성하여야 할 것이다.

혁신의 향도(嚮導)는 바로 우리 공직자들이다. 따라서 현실에 안주하여 물리적 힘이나 두뇌가 우수한 것만 자랑하다가 도태되지 말고 환경적 변화에 빨리 적응하고 스스로 변화를 창조하는 생존동력을 구사하여야 할 것이다.

정신은 마음이며, 마음은 삶의 양식이고, 삶의 양식은 우리가 살아가야 할 방향이다. 이러한 인간의 흔적이 역사이며, 이 흔적을 아름답고 번영되게 다듬고 장식해야 할 책무가 우리 공직자의 길이며, 이 길로 우리 모두는 정부혁신을 성공하기 위하여 바쁘게 걸어가야 한다. 대한민국과 우리와 우리의 후손의 밝은 미래를 위여 우리의 열정을 바쳐야 하는 것이다.